議會制度

邱昌渭著

民國滬上初版書·復制版

議會制度

邱昌渭 著

SJPC
上海三联书店

图书在版编目(CIP)数据

议会制度 / 邱昌渭著. ——上海:上海三联书店,2014.3
（民国沪上初版书·复制版）
ISBN 978-7-5426-4581-4
Ⅰ.①议… Ⅱ.①邱… Ⅲ.①议会制 Ⅳ.①D034.3
中国版本图书馆CIP数据核字(2014)第029663号

议会制度
著　　者 / 邱昌渭
责任编辑 / 陈启甸 王倩怡
封面设计 / 清风
策　　划 / 赵炬
执　　行 / 取映文化
加工整理 / 嘎拉 江岩 牵牛 莉娜
监　　制 / 吴昊
责任校对 / 笑然

出版发行 / 上海三联书店
(201199)中国上海市闵行区都市路4855号2座10楼
网　　址 / http://www.sjpc1932.com
邮购电话 / 021-24175971
印刷装订 / 常熟市人民印刷厂

版　　次 / 2014年3月第1版
印　　次 / 2014年3月第1次印刷
开　　本 / 650×900　1/16
字　　数 / 350千字
印　　张 / 26.75
书　　号 / ISBN 978-7-5426-4581-4/D·245
定　　价 / 128.00元

民国沪上初版书·复制版

出版人的话

如今的沪上，也只有上海三联书店还会使人联想起民国时期的沪上出版。因为那时活跃在沪上的新知书店、生活书店和读书出版社，以至后来结合成为的三联书店，始终是中国进步出版的代表。我们有责任将那时沪上的出版做些梳理，使曾经推动和影响了那个时代中国文化的书籍拂尘再现。出版“民国沪上初版书·复制版”，便是其中的实践。

民国的“初版书”或称“初版本”，体现了民国时期中国新文化的兴起与前行的创作倾向，表现了出版者选题的与时俱进。

民国的某一时段出现了春秋战国以后的又一次百家争鸣的盛况，这使得社会的各种思想、思潮、主义、主张、学科、学术等等得以充分地著书立说并传播。那时的许多初版书是中国现代学科和学术的开山之作，乃至今天仍是中国学科和学术发展的基本命题。重温那一时期的初版书，对应现时相关的研究与探讨，真是会有许多联想和启示。再现初版书的意义在于温故而知新。

初版之后的重版、再版、修订版等等，尽管会使作品的内容及形式趋于完善，但却不是原创的初始形态，再受到社会变动施加的某些影响，多少会有别于最初的表达。这也是选定初版书的原因。

民国版的图书大多为纸皮书，精装（洋装）书不多，而且初版的印量不大，一般在两三千册之间，加之那时印制技术和纸张条件的局限，几十年过来，得以留存下来的有不少成为了善本甚或孤本，能保存完好无损的就更稀缺了。因而在编制这套书时，只能依据辗转找到的初版书复制，尽可能保持初版时的面貌。对于原书的破损和字迹不清之处，尽可能加以技术修复，使之达到不影响阅读的效果。还需说明的是，复制出版的效果，必然会受所用底本的情形所限，不易达到现今书籍制作的某些水准。

民国时期初版的各种图书大约十余万种，并且以沪上最为集中。文化的创作与出版是一个不断筛选、淘汰、积累的过程，我们将尽力使那时初版的精品佳作得以重现。

我们将严格依照《著作权法》的规则，妥善处理出版的相关事务。

感谢上海图书馆和版本收藏者提供了珍贵的版本文献，使“民国沪上初版书·复制版”得以与公众见面。

相信民国初版书的复制出版，不仅可以满足社会阅读与研究的需要，还可以使民国初版书的内容与形态得以更持久地留存。

2014 年 1 月 1 日

主編者
美國威斯康辛大學政治學博士
前上海光華大學政治系主任
王造時

美國哥倫比亞大學政治學博士
國立北京大學政治系主任
邱昌渭 著

議會制度

中華民國二十二年十月出版

序

這本書的稿子，是著者在東北大學與北京大學講授「議會制度」一時的講義。著者的目的，在解釋甚麼是議會制度——他是怎樣運用的，他的缺點在甚麼地方，他現在的趨勢是怎樣。著者覺得凡是一種政治組織，如經過一個國家的採用，與經過不少次數的革命奮鬬爭取得來，姑無論其利弊如何，總值得我們的研究。况且現在行使議會政治的國家，不止一個，而這些國家，有的是世界上首屈一指的強國，我們對於他們所運用的政治制度，更有確切認識的必要。

著者在本書內，毫無主觀的主張，對於中國民十三以前與民十三以後的情形，尤無所取材。中國是否宜行使議會政治，更非本書討論的範圍。本書討論的範圍是，怎樣纔算是議會政治。我們要知道，民十三以前的中國，雖曾有過議會，但沒有成立議會政治；雖曾有過內閣，但沒有構成內閣制。

在圖書設備不完全如現在的中國的環境裏，著者敢於將這部稿子出版問世，未免有點膽大！茲著者謹以十二分的誠意，希望讀者對於本書的錯誤，不吝指教爲幸。

民國二十一年六月二十日序於北京大學

目次

第一章　議會制度的歷史觀

第一節　議會制度原始的研究

議會二字在英文中謂之巴力門（Parliament）。巴力門一字，從法文Parlement脫胎而來。古時英文寫法亦爲Parlement。其字母與原來法文Parlement完全相同。法文的Parler就是講話（To speak）之意。彼此講話，謂之Parlement。後因時間的演進，意義漸變，凡一羣的人集合議事，名之爲Parlement。

在歷史的過程中，巴力門爲一種制度名稱的表現。惟各國對於此種制度的觀念，并不一致。法國人認巴力門爲A Court of Law——乃一司法院。英國民族認巴力門爲A Legislature——係一立法機關。

議會名稱的來源如此，但對於議會組織的原始，學者意見，迄今仍未一致。概括起來，約有兩說：

（一）議會的發生，始於歐洲中世紀時。因受英國歷史事實的影響，由君治制度（Royal administnation）演變而成今制。

（二）議會組織，形成於古時條頓民族的自由人民大會制度。此種大會制度，由盎格洛・色克遜人移植英國。後因時代的演進，而成爲今日之議會制度。

當十九世紀中葉時，第一派學說盛行一時。自十九世紀中葉後，第二派學說起而代之。最近美國學者福特氏（H. J. Ford）著代議政治一書，亦力闢第二說之僞。議會政治爲國民代表制，爲現代民主政治的中心點，苟此制而係條頓民族的創造物，後經盎格洛・色克遜人的傳播，則此制的精神與實質，應演映於英國政治學說，及政治制度上。但吾人若證以英國歷史事實，則頗感缺乏演映的痕跡，遠且不論，當十七世紀時，英國在司徒瓦皇族統治下，力行君權神授學說，蹂躪議會職權。反對之者，斥君主專制政治，於君主人民兩無好處。但當時反對派中，並無一人引述先日條頓民族的自由人民大會制度。愛德華・柯克（Sir Edward Coke）爲英國十七世紀著名律師，亦爲反對君治之健者。在所著政府論（Institutes）中，雖痛擊當日君主，但柯氏並未引述先日條頓民族之創制，惟只訴諸聖經，以冀自贖而已。

但歐洲十七世紀時，政治與宗教未曾分離，言政治者必及宗教。柯氏訴諸聖經，乃係當日思想上的習慣使然，柯氏之不引述條頓民族的創制，卽不能謂爲此制未曾存在之斷定。是以，吾人必須另覓事實，以爲證明。

米爾登(John Milton, 1608-1674)爲英國十七世紀時第一流的著作家。一六四九年前，米氏就開始著英國史，述英國開國時的習慣法度，以迄諾曼人侵英時代爲止。一六七〇年書成。在此書中，米氏歷數英國開國時政治的專制情形，認當時盎格洛·色格遜人民的生活，不外爲奴隸的生活。至於盎格洛·色克遜民族所傳播的代議制，則未之發現。匪特此也，卽以米氏在所著書中關於議會的原始論觀之，所持主張，與條頓民族創制論恰相反對。米氏謂議會『原來指貴族平民與諾曼君主的會議而言，此會議由諸曼君主高興的時候召集。』所謂條頓民族式的人民大會，則未提及。

說者謂條頓民族的制度，雖已失其歷史的遺傳。但條頓民族的自由精神，則爲議會制度發育的原動力。按之十七世紀時的英國政爭史，此說亦難徵信。英國十七世紀時，君主與議會衝突，並非爲人民的自由而爭，乃彼此爲獲得治權而爭。英國當時長老會派因英皇不予承認長老會，故彼等與人民爲友。後因人民拒絕接受長老會，彼等又見風改舵，擁護英皇。長老會派反對獨立教會派人的理由，是因爲獨立派圖謀伸張民權。長老會派認平民政治，恰如手足倒置，必召紛亂。

卽以獨立派領袖分子而論，亦多反對民治者。巴特(Richard Barter)爲獨立派著名牧師，謂『民主制度，恆爲最惡的制度因此制使治人與被治者易入於最混亂的境地。』當時格蘭威爾軍中有平民派，最得勢，向格蘭威爾要求實行男子普及選舉制。格蘭威爾係獨立派領袖，對要求者宣言『此制的影響爲無政府，其結局亦必爲無政府。假令利己性成的一切男子，均有選舉權，則一切將無止境。』平民派復草擬人民合約，向格蘭威爾請願。並擬以武力爲請願後盾。當有兩小隊士兵各戴人民合約一紙於帽上，未奉命令，整隊游行。格蘭威爾下令將所戴人民合約除去，隊衆不聽命，格氏當令擊斃隊首一人。

試更從英國十七世紀思想界領袖與政治領袖對解放(Freedom)與自由(Liberty)的觀念論之。當時解放的意義，乃是脫除過去權力的束縛。自由的意義，乃按自己的意志行事。在解放的原則下，英國十七世紀的政權由長老會派人的掌握中移到獨立派。由議會的多人政治而變成少數的頭目政治，最後且產生狄克推多。在自由的原則下，上面角色勢力的嬗遞，均是按自己意志行事的結果，並未顧慮大多數人民意見的向背。

霍布思(Thomas Hobbes,1588-1679)爲英國十七世紀的大思想家。在他的著述中，關於條頓民族——或盎格洛·色克遜民族——爲實行民權的創始人問題，未見隻字的提及。霍氏倡君權論。按着他的主張，君主不獨有權立法，廢法，並且立於法律之上，不受法律的裁制。就是暴君專制，人民亦無權反對，應聽由上帝主宰。凡君主未經禁止去作的事，人民方能有自由去作。

十八世紀時，各國學者專力研究英國議會制度原始者頗不乏人。矦密（C. Hume）所著英國歷史第三章，詳述盎格洛·色克遜政府及習慣。矦氏謂德國民族制度的特點，厥爲自由此種自由政治原則，隨德國民族侵伐羅馬帝國之時，散佈歐洲。矦氏此論，似可爲條頓民族創制論作土辯。但矦氏繼續申明，謂彼之所謂自由者，僅指少數治者階級的特權而言。因當時的領袖階級及此輩領袖們的實力，完全以奴隸階級爲其基礎。至於平民代表參加國事會議之事，則乏歷史事實的根據。英國議會的原始組織，是否有平民代表在內，矦密有下列的意見：『此問題在英國已曾經過一次很激烈的討論。……大家承認在諾曼民族侵英以前，平民不是國事會議（The Grand Council）的一分子，僅僅君主的武衞官包括在這種最高立法的議會裏。』按矦氏的解說，最初條頓民族的政治制度，係一種獨立武士的同盟（Confederacy），並不是文治的組織。在此種同盟團體中，惟有官爵者始得列席。由此種組織，而後產生封建制度。

羅賓遜（William Robertson）吉朋（E. Gibbon）與侯密意見亦復相同，他認歐洲各國所承襲的條頓民族制度組織，乃係一種軍治的；其團體分子紛爭不息；其組織本身並不固定；其實行結果不堪問道。後因君權集中，此種紛爭不已，質體不健之條頓民族的軍治制度，漸受裁制與取締。結果，法律生焉，秩序立焉。以次乃促進工藝，再次乃有所謂文化。

遲至十八世紀時，一般歷史學家，尙不知代議政治乃政體中之一種特制。在英人視之，英制實體，有代議原質，不過君主政治下偶然而生的附屬品。

議會制度不創始於條頓民族，已如上述。但所謂條頓學說者，究創之何人？孟得斯鳩在所著法意中，隱約的謂英人政治制度取法於德。德制最初發軔於德民族崛起於山澤之時。但孟氏只此寥寥數語，吾人不能卽認爲確切的斷論。捨孟氏的抽象理論而外，有以荷蘭共和國爲條頓學說之明證者。一七五一年威廉五世爲荷蘭執政。當時荷蘭議會中領袖，主張行政機關首長只能執行議會通過的法律議案，而無干涉議會會議之權。持此說者，謂此乃荷蘭人民夙有之權利。同時有某議員著告荷蘭國民一書，力數當日政府蹂躪人民自由的罪惡。並引述荷蘭人民先日的自由情形。某氏謂昔者荷蘭政治，由全體人民開會處決。後因君主專暴，人民自由乃寖漸削奪。洎法國革命初起時，荷蘭政治，權落議會，於斯之時，所謂條頓民族學說，頗占勢力。

自法國革命至一八四八年，歐洲政治，恍如火山奔裂，社會制度，政治組織，咸受其震蕩。卽以荷蘭而論，亦在拿破崙鐵蹄之下；際此之時，條頓學說在歐洲大陸遂失其立足地。惟在英國，則受學者的卵翼。

英國當十九世紀初期，浪漫派文學思潮甚盛。浪漫派力倡回復自然，及與自然接近。但自然境地，惟原始社會爲最佳。於是，浪漫文學派人乃肆力搜求原始時代英國條頓民族的文詞歌曲，以及風俗制度。結果原始社會的粗野，愚頑，與夫紛亂情形，畢露無餘。惟史家對於此種歷史證據，深滋疑慮。有杜勒者（Sharon Turner, 1768-1847），倫敦城律師也。渠以歷史家的眼光，著盎格洛·色克遜民族史。窮十六年研究的結果，於一七九九年書之第一卷始出版。杜氏謂盎格洛·色克遜時代的會議機關，與今日英國議會相似。當時盎格洛·色克遜君主得隨時隨地召集其臣僕會議。其有不應命者，必遭重懲。杜氏謂『經過若干年考慮之後，余信盎格洛·色克遜時代的哲人會議（Witena-gemot），與現在的議會酷似。因兩者包括之階級與人物相類似。赴哲人會議的議員，係指定的階級選出，猶之現在的議員，由享有選舉權的選民選出相同。』（註一）

繼杜勒之後有戡博爾（John Mitchell Kemble, 1807-1857）。戡氏的貢獻，在以市場（Mark）爲代議制度的出發點。按之此說，代議政治乃條頓民族社會制度的產生物。緣當時條頓民族的社會，爲自由人民的集團。集團的土地，係公有性質。集團的中心爲市場。市場大會，包括全市自由人民。其性質等於立法院。此種條頓民族組織，爲現代憲政與代議制度的萌芽點。此萌芽點之滋長，隨地理歷史習慣而異。最初培養扶植之者有瑞士。其他大陸國家，封建制度發達特盛，君主專制，亦相因的鞏固，條頓市制，在此等國家中無由蕃長。惟英國的封建制度，不似歐洲大陸之盛，封建的消滅，亦較在大陸國家中爲早。故條頓市場制度，得以生長其間。英國議會政治的發達，卽條頓制度精神貫注的明證。此種條頓政制，由英國而傳播於美國，再次及於英國所屬的各殖民地。在十九世紀中，歐洲國家爲民主的代議政治而革命者，前後相望，其間雖有革命未曾成功者，但代議政治的潮流，則有不可遏止之勢。

條頓學說經傳銳曼教授（E. A. Freeman）的宣傳，乃更爲普及化。傳氏以一歷史家，兼新聞家，及政治家。一身數役，著作之多，能者鮮及。由一八六〇至一八六九年時，著聯治史論一冊，及諾曼民族征英史三冊。在同一時期中，傳氏在星期六評論發表文章七二三篇。在嚮導雜誌發表文章八二篇。散見其他雜誌者七篇。平均計之，傳氏每月作品在七篇以上。傳氏堅持盎格洛·色克遜時代的哲人會議，卽是國民代表會議（Representative National Assembly）。而諾曼時代的議會，又乃哲人會議的繼續品。傅氏於一八八一年游美，在美國約翰霍布金斯大學講演時，主張美國人應當研究美國的地方制度，以明美制與條頓創制的關係。受傅氏議論影響者，有艾登斯教授（Herbert B. Adams）著有 The Germanic Origin of New England Towns，及 Saxon Tithingmen in America 等書。費斯克（John Fiske）亦宗仰傅氏的議論，著新英格蘭的起始一書。費氏認美國東部的城大會（Town-meeting）制度，與馬克（Mark）之在英國，其實質相同。城之上有州（County）。州有州大會（County-meeting）。此州大會，卽今日議會制度的模型。費氏說：『……在此種州大會中，吾人可察出一種特點。此特點爲前人所未見。卽其在政治上所生的絕大影響，雖該撒亦夢想不到。此種州大會，並不是直接的全民大會，因一州內的自由人民，不能全體都放棄他們的業務，與離開他們的家庭去赴州大會。州大會雖包括一州內不少的重要人物，但不得謂之爲貴族會議。州大會乃是代表會議。由各城（Town）被選派的代表參加。由此種州大會可以見着英國議會，美國國會，以及近代各國立法院的起點。……』(註二)

與傅銳曼教授同調者，尙有施篤本（William Stubbs）。施氏著有英國憲政史一書，爲英國憲政史中最有威權的著作。史家格林（John Richard Green）亦傳派的健者，所著英國民族短史，流行一時。格氏的主張，亦謂盎格洛·色克遜民族制度極富民治精神。合傅銳曼，施篤本，格林三家而成其所謂牛津學派。

反對傅銳曼學說者，最初有賴特（Thomas Wright）賴氏爲考古學家。據賴氏研究的結果，並未發現馬克（Mark）制度。賴氏謂當盎格洛·色克遜民族時代的『人民，包含有兩種分子：一種是首領與從衆。他們這些人是貴族，據有土地。一種是農人與工人。他們這些人處奴隸的地位，而無自由。這類的人包括英國化的羅馬人，他們在盎格洛·色克遜民族統治下與在羅馬民族統治下的境遇是一樣的。』

據賴氏的意見，城大會（Town-meeting）並不是古時人民自由的討論地方事務的工具。在盎格洛·色克遜民族的統治下，城乃是盎格洛·色克遜君主的貢地。賴氏說：『盎格洛·色克遜人住在鄉村，羅馬人住在城市。城市乃盎格洛·色克遜君主的附庸地。鄉村地方表現盎格洛·色克遜人的粗鄙氣象。城市地方是羅馬文化的代表。兩者之間，雖常相來往，城市地方，雖漸漸吸收盎格洛·色克遜的血統，作爲近代社會的基礎，但是，鄉村與城市之間，總有不解的嫌怨。介居盎格洛·色克遜地

主的貴族，與城市中的共和精神之間，有君主的勢力爲之調劑，而產生近代的政治制度。』（註三）

伊登（Charles Isaac Eaton）的意見，亦與傅銳曼相左。照伊氏的說法，盎格洛・色克遜民族向英國介紹的，不是自由主義，而是很粗鄙的徭役制度，後來更流爲封建制度。盎格洛・色克遜制度的重心點，伊氏告訴我們，是戰士階級，建築在武力的上面。

從根本上立論，現在對於條頓學說爭持的焦點是：究竟英國人起始就獲有自由，抑起始之時，處在奴隸（Serfdom）的境地？換言之，最初英國鄉村社會是自由的，抑附屬於諸侯貴族之下，係奴僕式的。

洽得威克（H. M. Chadwick）謂自有歷史以來，盎格洛・色克遜制度就近於專制獨裁。第四世紀以前，捨專制獨裁而外，實無其他的制度。戩博爾，杜勒，傅銳曼諸氏所堅持之具有代議性質的會議，乃係皇帝的隨臣會議。當時英國任何會議，如謂其具有全國代表會議之模形者，則殊缺乏事實上的證據。

美儒亨利・福特（Henry J. Ford）爲近代反對條頓學說之最有力者。關於代議制度的原始及其發達，福特氏的意見如左：

(一)代議制度的形體，係從教會組織摹仿得來。

(二)代議制度發達於英國，並非英國人民較他國人民爲自由，乃因英國君主的勢力較他國君主的勢力爲大而且雄厚。

十一世紀時，基督教中之班勒的克登(Benedictine)僧徒有一支派，名爲西司特安(Cistercian)僧派，自成爲一組織。其後西司特安僧徒分散各處，寺院林立。總寺設在法國的西司特安。各分院主持，聽命於總寺主管。總寺每年召集年會一次，由各分寺選派代表赴會。代表制度的雛形，於焉以立。西司特安每年的常會性質，係行政管理會議(Administrative Council)。而會議的召集，係根據於召令(Summons)，與英國議會的原始制度，實相彷彿。

十三世紀初葉時，基督教中的它米利干僧社(Dominican Order)成立。一二二一年，僧社開第二次大會於波羅拿(Bologna)。當時議定派遣僧徒十三人至英，設立總分寺。僧衆抵英後，以牛津爲根據地。嗣後英國各地亦先後的成立分寺。它米利干組織係聯邦式。每省分寺，設有議會(Assembly)。總分寺年開大會一次。最初年會的代表人選，均係各分寺的僧長充任。此外各分寺得自由加選代表若干人。一二六五年代表人數額定二名。關於人選的方法，除各分寺僧長爲當然代表外，再由各分寺推舉一人，代表赴會。

一二六五年蒙特福（Simon de Montfort）召集議會。蒙氏當時有它米利干僧人作他的顧問。所以議會召集，規定每城（Borough）祇選派議員二名。其後愛德華一世（Edward I）卽位，亦有它米利干僧人作他的顧問。一二九五年愛德華王召集議會，令每城每市選派議員二名，代表議事。在此次召集會議的命令中，不少有宗教中人的詞氣。作愛德華王顧問的它米利干僧人，恐怕是起草召集議會命令的當事人了。

所以福特教授在他所著代議政治書中的結論是：

（一）代議制度是教會的創造品。

（二）此創造品由政府（The state）採用，而成爲後日的議會制度。

（註一）見 Ford H.J., Representative Government, Henry Holt, 1924, P. 45.

（註二）見前書第六一頁。

（註三）見前書第六四頁。

第二節　代議政治的理論

十九世紀以前，代議政治之爲物，爲一般人民所不知。卽政治學理中，亦無人專論及之。柏勒克斯東（Sir William Blackstone, 1723—1780）是英國十八世紀的大法律家，在所著的憲評（Commentaries）中（一七六五年出版）他對於代議制度，尚無明白的認識。在柏氏的心目中，以爲當時英國的議會，乃一種適應時勢需要的組織，使國中之有財產但無資格列席貴族院的人民，應英王之召，出席議會，以備諮詢。議會——按着柏氏的見解——不過英國政制中的原素之一。其用處在限制王權。其成立乃君主立憲制度中的偶然產生品。

最初承認代議政治爲政制中的特有制度者，爲法國政治家兼歷史家之勾卓（Francois Pirre Guillaume Guizot）。勾氏在所著歐洲代議政治發源史中，謂代議政治的原理爲(一)分權，(二)選舉，與(三)公開（Publicity）。但是，勾氏對於當時英國實行的代議政治，仍乏確切的認識。據他說，關於英國衆議院的組織，選舉問題的重要，是有限定的。殊不知自十九世紀中葉以至本世紀，英國議會的首要問題，就是選舉制度的改良問題。

勾卓而後，推崇代議政治最力者，當推詹姆斯·密爾（James Mill, 1773-1836）。詹姆斯爲英國實利派的元勳。他從實利方面看出代議政治的功用。實利派人主張政府的使命，在爲大多數人謀大多數幸福。政府良否的標準，以能促進人民幸福的多寡爲轉移。同時實利主義者，復承認自利爲人類行爲的原動力。英國政治爲貴族政治，貴族議院權力甚大。按之實利派的自利學說，此種貴族政治，與國內大多數人民的利益必相衝突。改革英國政治，即在取消貴族階級享有權利。詹姆斯在一八二八年時，卽預料將來英國議會議案，經衆議院的通過後，雖未得貴族院的同意，亦能成爲法律。

詹姆斯·密爾著有政府論一書，幾全爲代議政治說法。據密氏的意見，欲改良英國政治，只有從發展代議政治入手。他說：『在近代的發現中，欲謀一切想象或實際的困難之解決，恐將求之於代議制度。假使此制而不能解決一切，我們卽不能不被迫而下一非常的結論！就是，建設好的政府是不可能的。因爲除開社會全體而外，沒有人——或幾個人結合——握有權柄而不爲自利是謀者。但社會全體不能執行其權力，必須委託少數個人負執行的責任。其結果自甚顯然，卽社會全體必須監督此少數執行權力之人。否則彼等卽爲自己的利益是圖，以致成爲不良的政府。但是，社會全體應用何法，方能監督此少數執行權力之人？勢必社會全體共通集議，方能發生動作。但如社會全體共同集議，動作反不易發生。只有社會全體選舉代表負監督的責任之一法。』

關於代表機關——監督機關——的組織，詹姆斯·密爾說：『第一，監督機關(Checking body)

應有充足的權力，以實行監督責任。第二，監督機關的分子與社會全體必須具有同一的利益。否則他們必濫用職權。』

代議政治的主辯，不是勾卓，不是詹姆斯·密爾，而是詹姆斯·密爾之子約翰·密爾(John S. Mill, 1806—1873)。一八六一年約翰·密爾著代議政治思議。自此書出版後，迄今七十年，世界政治思想雖經過劇烈的變遷，但密氏的代議政治理論，至今仍爲專治政治學者所熟讀。密氏的代議政治基礎原理，至今仍屹然存在。吾人對於代議政治的基礎理論，如欲得一親切的觀念，則密氏理論的要義，不可不知。

密爾論專制政體的缺點　密爾說，假設在專制政體之下，君主個人是很有德性與很有才能的人，能够親臨國事，選賢任能，改善法律，減輕賦稅，及澄清吏治。這樣的君主，必須具有目視萬機的本能。他必須時時刻刻批閱中央各部及全國各地的行政報告。一日二十四小時的時間，必須消耗於監督及指導全國各直屬機關的工作情形。在無數的臣民中，他必須能够選擇一大批忠實可靠，才具勝人的官員，在他直接指導監督之下，負管理一部之責。同時他必須選擇一羣才德俱備之人，出任疆吏，不在皇帝躬親指導之下，而能獨當一面，獨任鉅艱，以治人民。如此之君，苟非天生神人，恐不能達到上述假設的結果。

進一步言，卽令君主爲天生神人，能獨理一切，其所得的結果又將如何？全國事務集於一身，全國人民聽命一人。君主爲自動者，國民爲被動者，一切事務，由君主一人設施，由君主一人決斷，國民只有接收，只有服從。大部分的國民必流爲不思，不想，不知，不識的動物。只有少數具有知識慾的人，纔能運用其心思，以從事於理論方面的推敲。縱令賢君在上，也只有這少數具有知識慾與才德素著之人，方能條陳國事，以上達聰聽。在此種制度之下，必產生下列三種現象：(一)知識分子特成爲一階級：或以學問爲干祿的階梯，或以學問爲身心的樂事。(二)養成官僚政治 (Bureaucracy)。只有少數的國民，富有良好的訓練與經驗。此輩一登仕版，則終身爲官。政府機關，成爲他們的養老院。(三)國民的知識與道德均有損無益，在知識方面言，國家一切事務，完全由君主及其左右綜理，人民一無所知。就有所知，也於人民的政治能力毫無進益。此種知識，猶如一個人對於駕駛汽車的原理雖然知道，但他從未親手開駛過一次，所以我們不能承認他能够駕駛汽車。人民不能實際的參加政治，雖有政治上的知識，但仍是沒有政治的能力。在道德方面言，國民與政府旣不發生關係，則國民對於政府卽不能發生觀念。西諺有云：『在專制政體下，只有君主一人是愛國者。』卽以宗教而論，亦失去其社會力。因爲在此種政治下，宗教信仰，乃係個人與上帝直接間的關係。個人信教，乃爲自救，非以救人類社會。

將國家一切事體，任由政府主持，卽是等於聽天由命。同時國內只有少數具有知識慾的人，爲學問而研究學問。而大部分的國民則移其心思才能，以謀滿足一己物質上的慾望。於是聲色貨利，各逞其極。此象一呈，則國家衰亡之期，卽以起始。東方民族之不振，卽其明證。這類民族的命運，不出兩途：(一)受暴君壓制，而自甘奴隸地位，或(二)爲其他強有力之民族所征服。

君主立憲制度的缺點　密爾又說：假使君主專制，有其名而無其實；假使君主保留其權力，而任人民自治；假使君主允許人民言論自由與出版自由；假使君主將政權委託於由人民選出之國務大臣，而自己保留其賦稅權，立法權，及行政權之行使，結果，人民的政治能力與動作必因而增加。人民方面乃有輿論的發生。輿論生，政府所遇的困難，亦隨之而生。因人民旣能自由的表示意見，則此種意見，不出兩途——不是贊成政府，就是反對政府。大凡任何賢明的君主，總有爲一部分的人民所不滿意的地方。此一部分的人民，旣有言論與出版自由權，自然的利用這種權利以掊擊君主。君主將何以處之？將服從此一部分人民的意見，而改變其行政方針歟？果如此，則是近於君主力憲政治。但在此種制度之下，人民不能更換君主，只能使君主服從其意見，君主如服從此一部人民的意見，則君主的威信卽受損失。反之，君主若不服從此一部分人民的民意，其結果有二：不是君主取締此一部分人民的言論權，就是君主與此一部分人民之間，發生鴻溝的隔閡。申言之，就令在君主立憲政治之下，人民獲享極大限度的自由，但是此種自由，乃是君主的恩惠。君主隨時可以行使其專制權力，隨時可以將給與人民的自由取消。因爲在法律上，人民乃是君主的奴隸。

密爾心目中的最好政體　密爾說：『最好的政治制度，就是將主權——或最後的管理權——寄託於社會團員的全體。各個國民對於最後主權的行使，不獨有權參加，並且有時可以實際的加入政府工作。……』（註一）

密爾此制，係根據兩種原理而產生：（一）各個人的權利與利益，欲使之安全而不爲他人摧殘，則只有各個人自己負保護的責任。（二）國家康阜與均富的程度，與人民直接參加政治的程度成爲正比例。他說：『吾人欲求安全且使他人之不己害，與吾人享有自衞權力之大小成爲比例。在吾人與天然奮鬬時中奮鬬成功之程度，與吾人自立（Self-dependent）或協同他人共立——而不依賴他人工作——力量之厚薄爲比例。』（註二）

密爾又說：『我們並不是說，假使將政權寄託於一個特殊階級的人民，此階級的人民必故意的犧牲其他階級的權利，以利自己階級。不過被擯除階級的辯護人若不在場，被擯除階級的利益，卽有被人忽視的危險。就是不被忽視，但他人之所見，與有直接利害關係的人們之所見者，自然的不同。……』(註三)

但是，所謂國民有權實際的加入政府工作，究竟有何界說？密爾的結論是：『足以完全滿足社會制度一切需要的唯一政治制度，就是全體人民能參加的制度。參加就是在極小的官能方面也是有益的。……但是在超越城市的社會團體之下，所有的人民，不能躬親參加一切事務，而只能參加極小部分的事務。結果，最完全而爲吾人理想中的政府，必定是代表制。』(註四)

在何種情形下代議政治不能施行　按密爾的意見，任何民族，如不能滿足下列三個基礎條件，卽不配享有代議政治：(一)一國的人民，必須願意接受代議制度。(二)人民必須願意而且能夠從事於維持代議制度生存必要的工作。(三)凡代議政治加諸於人民的義務與職責，人民不獨願意，而且能夠履行。

密爾說：『……當一個民族，對於代議制度無所留戀，及無充分價值的觀念之時，此民族卽無保存其制度的機會。無論在那個國家中，惟行政機關握有直接的權力，及與人民發生直接的接觸。人民之希望與恐懼，大半繫之於行政機關。政府的威望，恐怖，與利益亦由行政機關代表而及於人民。監督行政機關的人員，苟非有國內民意的贊助，則行政機關很容易設法將監督人員，置之於不顧，或設法迫令其俯首聽命，而反博得各方之助。代議制度的永久存在價值，在當其危急之時，人民情願爲其生存而戰與否爲轉移。假使人民不願意爲代議政治的生存而戰，則此制卽不能存在。縱令能够存在，一旦行政領袖或政黨首領勢力雄厚之時，必冒險推翻此制，而建立專制政治。」(註五)

上面的現象，是由於人民不能滿足成立代議政治之第一與第二兩個基礎條件的結果。除此而外，尚有第三種現象，爲人民不能滿足第三個基礎條件的結果。所以密爾繼續的說：『……人民對於國事的興趣的程度，爲輿論成立的必要條件。假使沒有一人，或只有一小部分的人民，對於國事留心，一般選民，鮮有不利用其選舉權而爲他們私人的利益是圖，或爲他們自己地方的利益是圖，或爲他們的領袖與主人們的利益是圖。在此種缺乏政治興味的人民的政體下，少數階級分子容易在代議機關中操縱一切。大部分的時間，此輩分子必利用代議機關爲發財的工具。假使行政領袖是個懦弱無能的人，彼輩必攘奪地盤，致國家於亂。假使行政領袖是個強而有力者，他必賄買議員，或以利誘好爲搗亂之議員，以塞其口，而彼則專制自爲。此種代議政治之唯一結果，就是國家除掉少數的行政官

吏而外，多設一個糜費公款的議會。』（註六）

政治制度，與民族根性有直接的關係。有的民族性是積極的（Active type），有的民族性是消極的（Passive type）。積極民族性的人，向惡魔奮鬭；消極民族性的人，則忍受其惡。積極民族性的人，努力使環境適合他們的意志；消極民族性的人，則屈服於環境。

一般人們與道德家都贊成消極民族性的人。在人類的來往中，具有積極民族性的人們，雖受他人的欽崇，但大多數的人都只願意與「甘心屈服」和「順馴」的人們往來。因為與這樣的人們為鄰，可以增加我們的安寧心，可以使他們服從我們的意志。這類的人用不着他的時候，他決不會多事阻撓我們的進行。

但是這樣的民族——慾望容易滿足的民族，從社會方面看來，究有何種好處？密爾說：『人生的成功，若以為或相信是命運與偶然的結果，在同一的比例差，嫉妒心必發達成為國民的品性。最富有嫉妒心的人是東方民族。……在東方的說部中，好嫉妒的人是特別的出風頭。在實際的生活中，凡擁有好房屋的人，有好兒女的人，或有健全的身體的人，都時存戒心，恐怕惹人嫉妒。……嫉妒心稍遜於東方人民者，厥為南歐民族。西班牙人民對付他們的領袖，是出之以嫉妒，懷恨他們領袖的生活，阻止

他們領袖的成功……』（註七）

密爾又說『……外面似乎滿足的人們，實際上並不滿足，而且是怠惰或自甘暴棄的人。這樣的人，一方面不自圖進取，一方面復以挽人列入彼等之林爲快。……滿足的人——或滿足的家庭——毫沒有一點雄心（Ambition），謀增長他人的幸福，或促進國家社會的安寧，或改善自己的道德。這樣的人，不能使我們對之發生敬仰或予以同情。……』（註八）

從政治方面看來，這樣的消極民族，最適宜於何種政制呢？密爾又說：『現在我們可以毫無疑慮的說，具有消極民族性的人，最適宜於個人或少數人政治之滋長。積極而自動的人適宜於多人政治。』

代表機關的職權 國家實際上的最高權力（Practical supremacy），寄託於人民的代表手中，此乃代議政治之原理。既承認此原理矣，吾人乃進而研究代議機關應有的職權。關於此點，吾人又不能不引述密爾之言。密氏說：『關於管理（Controlling）事務與實行去作（Actually doing）兩者之間，有極大的區別。同一人或同一團體可以管理一切的事體，但不能作一切的事體。有許多的事，若只加以管理（監督）……必較實行去作爲圓滿。軍隊中的司令官，若親身與士卒同在火線上，或親身領導衝鋒，他就不能指揮全軍的行動。凡屬團體的官能，都是一樣的。有的事非團體不能舉。有的事為團體所不能舉。……我們已經說過，議會應當管理（Control）政府一切的動作。今欲決定由何種途徑，使此種管理權易於行使，與何種事體應操之於議會的手中，則我們不可不預先討論那種事體最宜於人多的團體去作。惟團體始能善其事者，則應由團體本身去作。至於其他的事，則團體之責不在去作，而在想法使他人去作，以至於善。』（註九）

議會的職權，不是治理國家，而是監察（To watch）與管理（To control）政府。密爾對此二點，言之甚詳。著者特盡量的譯述其所言，俾吾人更釋然於十九世紀中葉學者泰斗對於代議政治理論的闡揚。密爾說：『治理的職權，最不宜於議會。最宜於議會的職務是監察與管理，以使政府的行動公開。凡政府行為有使吾人認為可疑者，議會得迫令其盡量的解釋與辯白。認為可懲責者，議會得檢舉之。政府人員如濫用職權，或因其行使職權與民意相衝突者，議會得去其官職，或另舉繼任者。……此外議會尚有職務，其重要不亞於上述：議會為一國人民的申訴委員會（Committee of Grievances），同時又是全國的意見所（Congress of Opinions）。議會好比一個比武場，在此場中，不僅全國普通的意見，並且全國各部分的意見，與議會中各名人的意見，都應盡量的表示，都應像挑戰似的辯論；在此場中，國內各個人的意見，都有人爲之表示，且較他自己所欲表示者爲好。不僅對贊成者與同黨者表示，且對反對者表示以識其意見之價值；在此場中，縱我方意見不被採納，但經表揚之後，雖失敗亦覺滿意。因爲失敗並非他人意志強斷的結果，乃因他人理論勝我，博得大多數代表的同情之結果；在此場中，全國各方或各派的意見，均能注其全力以知某項意見有多少人的贊同，及贊同者的實力如何；在此場中，遍布國中的輿論，得呈獻於政府之前，以迫使政府因其表示而讓步，以免武力的實施；在此場中，政治家視議員所表示的意見，較國內其他各方的表示爲眞確，且藉以知何項輿論，及何項勢力，在國內繼長增高，何者日趨消滅，庶大政方針的規定，不僅在應付現在的危急，並且能應順潮流的進行。代議機關常被他的仇人譏爲談話場。此項嘲笑，其錯誤之甚，無以復加。我不知議會功用，除談話（Talk）外，尙有較此爲更有用者。因爲所談者均關係國家的公共利益，一言一語，均代表國內許多重要團體人物的意見，或此等團體所信任之代表的意見。在一個機關內，全國各方的利益與意見，能够在政府人員之前，及其他的利益與意見之前，各有其擁護之人，作爲熱烈的辯護。此機關卽可以迫使政府傾聽其意見，或迫使政府解釋何以不傾聽其意見。這樣的機關，就是不能滿足其他的要求，但仍不失爲政治制度中最重要的制度，且爲自由政治最有益處的制度。……說話與討論是議會應有的職務。實行去作（Doing）乃討論的結果，不是人多的團體之事，而是具有專門訓練的個人之事。議會的適當地位，是在稟作忠誠與聰明選舉這些個人。議會干涉政府的程度，止於建議，批評，贊同，或否決其提議。……只有使議會受如此理性的裁制，人們方能在議會與行政機關下享受民治的益處。欲使兩者的益處能同時享受，只有將兩者權能分開，俾兩者相互爲用。將管理（Control）和批評的職務，與行政職務析而爲二，前者由人多的議會任之，後者由少數有特別訓練及特別經驗的人任之，而使之對國民負嚴格的責任。』

(註一)Mill, J. S. Representative Government, London; J. M. Dent. 1910 Edition.

(註二)見前……P. 208.

(註三)見前……P. 209.

(註四)見前……P. 217.

(註五)見前……P. 219.

(註六)見前……P. 219.

(註七)見前……P. 213.

（註八）見前……p. 213.

（註九）見前……pp. 229—30.

第二章　議會制度的組織

第一節　選民與選區

民主政治乃一種政治制度。在此制度下，國家統治權在法律上不屬於一個或幾個特殊階級，而屬於社會團體的全員。但在運用投票方法的社會團體中，此種統治權，在事實上屬於團體中的多數分子。因捨此外，別無和平合法的手續，以取決何者爲意見龐雜之社會團體的意志。

大多數人統治，在習慣上已成爲近代公認的民主政治原則。但在實際的事實上，如何以實現此大多數人的政治，則選舉制度尙焉。選舉制度問題有三要點：(一)在法律上及政治上選民的資格問題；(二)選區的劃分問題；(三)選舉的手續問題。關於第一第二兩問題，本節將分別討論之。至第三問題，則另於下節述之。

一　選民的資格問題

有投票權的人，謂之選民。從學理上論，此種權能的性質，究竟是國家公民的一種自然與固有的權利歟？抑是公民的一種職務歟？從實際上的運用言，人民究應具有何種資格，始能享有選舉權。

在學理上，關於選舉權能性質的學說，分為二派。一派認選舉權為公民的自然權利，此說胚胎於歐洲十六世紀之時，澎漲於十八世紀後半葉之美法兩國。迨後契約學說與國民主權學說興起，自然權利說，乃益氾濫無阻。當美國獨立時，革命派的潘唐（Thomas Paine,1737—1809）信仰斯說甚力。美國麻色傑塞及紐漢姆薛兩州的憲法，亦為此說所侵染。此兩州憲法規定，政府係根據人民彼此間締結的契約而立。在此政府之下，人民權利乃係固有之物。

孟得斯鳩謂一國的人民，除自己缺乏意志上的能力外，均應有選舉議員之權。盧梭學說，主張主權在民。凡是人民，有神聖不可侵犯的權利，以參加行使其國民主權。但行使之法，厥惟運用選舉。當法國革命時，革命領袖如羅伯斯比亞，康宋斯（Marquis de Condorcet,1743—1794）輩亦莫不皈依盧氏學說。羅氏謂主權屬於人民，凡屬人民，應有代表權及立法權。但一七八九年法國第一次國民會議之時，赴會議員，一方面服膺盧梭的國民主權說，但同時否認主權有必須由全體人民行使的必要。一七九一年第一次憲法成立，對於人民乃有有權公民（Active citizens）與無權公民（Passive citizens）的分別。凡屬法國國民皆為無權公民——無參加選舉國民代表之權。惟法國人之滿足選舉條件的規定者，方謂之爲有權公民——享有選舉權的公民。此種區別，大爲當時激烈派人所反對。一七九三年第二次憲法告成，將前項的區別取消，另外規定凡年滿二十一歲的男子，生於法國，在法國境內住家，且係法國公民者均有選舉權。從此種規定看來，自然權利學說，行將見諸實行。不料憲法甫成，卽遭政變，遂成廢紙。自此而後，自然權利學說，遂不復爲法國憲法所採用。

除自然權利學說而外，有職務學說，近代學者多主張之。此說的要義，在認選舉權爲一種職務(An office or function)，由國家賦予能夠行使此種職務的人民，以謀國家的福利。此種職務，並不是一種固有的權利，凡屬國民，均得享有而行使之。法國一七九一年的憲法，分人民爲有權(Active)與無權(Passive)兩種，卽職務學說實行的先聲。據狄驥的意見，此種學說，在一七九一年法國國民會議中頗佔勢力。如西耳氏(Abbe Sieyes,1748—1836)卽是主張此說最力之一人。此派人的主張，凡一國的人民，各有其個人權利，如身體自由，信仰自由等是。此種權利爲公民權，爲議會所不能強奪。政府如承認某人爲組合國家的一分子，同時卽承認此人應享有其公民權。但此公民權幷非選舉權。選舉權必須由國家賦予，由國家規定其條件，而以能滿足其條件者方爲合格。歐戰後，伊色東利亞(Esthonia)憲法第二十七條規定：『伊色東利亞最高行政權屬於人民的全體，但由享有選舉權的公民居間行使之。」此卽近代國家實行職務學說的代表者。

上述兩說，似乎各趨極端。據法國學者狄驥，莫爾布(Carre de Malberg)，及愛斯曼(J. P. Esmein 1848-1913)諸人的意見，選舉權一方面是個人固有的權利，但同時也是一種社會職務。因爲從個人方面立論，惟個人始能行使此權，故可謂之爲個人的權利。但從行使選舉權所產生的效果方面立論，又可謂之爲一種職務。

狄驥諸家的折衷論調，頗得其平。選舉權雖是個人權利，但非人人生而賦有的權利，必須由國家賦予。但是在實際上究竟所賦予的條件若何，此爲吾人所亟應研究者。概括言之，有下列數條：(一)性別的限制；(二)年齡的限制；(三)職業的限制；(四)居住期間的限制，以及(五)他項資格的限制。

性別的限制 一七七六年美國獨立宣言：『……凡屬男子生而平等，賦有神聖不可侵犯的權利，此權利卽自由平等與促進幸福。……』而女子並不包括在內。

一七八九年法國人權宣言：『凡屬男子生而自由平等……』 (All men are born free and equal)，亦未包括女子在內。歐戰以前，大多數國家只予男子以選舉權。女子有選舉權的國家，惟挪威，丹麥，荷蘭及澳洲一部分的殖民地。歐戰後，民權主義雖澎湃不已，但法蘭西，比利時，瑞士，葡萄牙，意大利，猶哥斯拉夫，波爾加利亞，希臘，日本，英屬南非洲諸國的女子，迄今仍未獲享有選舉權。此外歐洲國家，及其他英語民族的國家，大都採用成年選舉制——無男女之分，凡成年以上的人民，而滿足其他條件的規定者，均有選舉權。

年齡的限制　各國規定，極不一致。卽令在一國之內，選民與被選者年齡的規定，亦不相等。卽以被選者而論，衆議員與參議員當選的合格年齡，又不相同。試先述選民年齡的規定。年滿十八歲卽有選舉權者有蘇俄，阿根廷，墨西哥，及歐戰前的土耳其。年滿二十歲卽有選舉權者有德意志，普魯士，奧大利，伊色東利亞，與瑞士。年滿二十一歲有選舉權者有猶哥斯拉夫，美國與英國。年滿二十三歲有選舉權者有挪威。年滿二十四歲有選舉權者有芬蘭與瑞典。年滿二十五歲有選舉權者有日本，荷蘭與丹麥。捷克斯拉夫憲法規定，年滿二十一歲者有衆議員選舉權，年滿二十六歲者有參議員選舉權。羅馬尼亞規定，年滿二十一歲者有衆議員選舉權，年滿四十歲者有參議員選舉權。

被選人年齡的限制，較選民年齡的限制爲高。遠在雅典時代，年滿十九歲者雖有選舉權，但非年滿三十歲者不能爲官。斯巴達時，年滿三十者始能享有政治上的獨立權。羅馬之時，十七歲享有政權，二十五歲方謂成人。近代國家，如比利時，法蘭西，捷克斯拉夫，及猶哥斯拉夫均規定三十歲爲衆議員當選年齡。四十歲爲比利時，法蘭西，及意大利參議員的當選年齡。四十五歲爲捷克斯拉夫與猶哥斯拉夫參議員當選年齡。德意志，波蘭與美國規定二十五歲爲衆議員的當選年齡。德意志上議員係以各邦政府閣員充任，故年齡無明文的規定。波蘭以四十爲參議員的當選年齡。美國以三十爲參議員的當選年齡。他如芬蘭，伊色東利亞，及拉特惠亞（Latvia）爲一院制國家，被選人與選民的年齡相等。蘇俄與英國的規定，亦是選民與被選者年齡相等。

被選人有年齡的限制，意在注重經驗。英美兩國在過去歷史中，有未滿法定的年齡而膺議席者。英國當詹姆斯第一時（James I, 1600—1625）議員年齡在二十以下與年齡僅十六者共四十人。魏爾烏特博士（Dr. Welwood）日記中曾云：『以前的習慣是老年人爲青年人立法。現在的規矩改變了。未成年的小孩子，列身參政大院……訂立法律，管治他們的父兄們。』美國著名的政治家蘭卓虎（John Randolph）當選爲衆議員的時候，國會書記長看他年紀很輕，問他年齡幾何。蘭氏的回答是：『請你去問選舉我的一般選民。』但是，晚近以來，被選者之年齡，有增高的趨向。一因在議會制度發達的國家中，人民程度增高，人民教育期間亦因以增長。二因在此等國家中，選舉競爭劇烈，年輕人在社會上無成績無名聲者，難望與久歷政界在政黨中有奧援，在社會上有聯絡的人物角勝負。即以現在美國的國會而論，參議員的平均年齡爲五十九歲。衆議員的平均年齡爲五十四歲。

職業的限制　蘇俄憲法第四部第十三節規定，凡年滿十八歲的男女，從事於有益社會的生產，且以勞工爲生活者，享有選舉權與被選舉權。同時規定下列的幾種人民，不能享有選舉權及被選舉權：(一)雇用他人工作而獲利者。(二)不勞而獲者，如放債生利，或坐地收租之人。(三)商人或經紀階級。(四)教士。(五)革命以前的警察偵探，及前皇族。

人民因職業的關係，致不能享有被選舉權者，不僅俄制爲然。南美巴西憲法第七十條規定，教會牧師無選舉權與被選舉權。英屬澳洲的維多利及南澳洲亦規定教士無被選舉權。以前意大利亦有同樣的規定。一八八九年日本通過選舉法，否認日本神道教士，佛教教士，基督教教士及任何宗教教員有被選舉權。美國聯邦中的墨來蘭 (Maryland) 及登利西 (Tennessee) 兩邦迄今仍未予教士以被選舉權。英國教士的被選問題發生於一八〇一年，是年有教士名多克 (Horne Tooke) 者被選出席，反對之者乃應聲而起。當由議會通過法律，規定凡服務教會的牧師，不能當選爲議員。其有當選而列身議席者，得由人民舉發，科以罰金，從出席議會之日起，每日英金五百鎊，由舉發人承領。雖遲至今日，英國聖公會教士，蘇格蘭教士，及天主教教士仍無被選權。

律師階級的被選權，在過去歷史中，亦曾數被否認。一三七三年英國曾有明文取締律師的被選權。因當時的律師，多充他人顧問，當選後恐爲其雇主謀利益，故取消其被選權。亨利第四（Henry IV 1399—1413）即位時，更重申前令律師不得被選。但事實上，律師之爲議員者每屆議會均不乏其人。故前項禁令，久等具文。至一八七一年時乃由議會通過議案，取消禁令。

匈牙利禁止與政府有關係的財政團體人員，及領有政府津貼之鐵路局所的職員有被選權。英國禁止向政府機關包工之人有被選權。加拿大亦有同樣的規定。一八八七年加拿大議員某君係供給加政府建築部木料工廠股東之一，因牴觸禁令，辭去議席。同時有某議員爲輪船公司的主人，因爲他所開辦的公司爲加政府轉運鐵軌，亦自動的辭去議員職務。又有衆議院院長某開辦報館，承印郵務部文具，經衆討論，認爲不合，某議長乃辭去議員職。猶哥斯拉夫憲法第七二條規定，議員不得同時爲供給政府需用品的經理或政府的包工者。

現任海陸官兵及在職文官有無被選權，各國的規定亦不一致。英國規定，除政務官外，政府官吏無被選權。但現役海陸官兵遠役在外者，享有選舉權。選舉舉行時，得由郵投，或委託他人代投。法國規定，除少數法定例外外，政府官吏，無當選議員權。現役軍士無選舉權。美國憲法第一章第六段規定，政府官吏不能充任議員。波蘭憲法第十五十六兩條規定，凡中央及地方官吏於被選爲議員後，得准其請假服務議會。其服務議會的年限，卽視爲在官服務的年限。除中央各部服務人員外，凡行政，財政，及司法人員不能在服務的區域內當選。波蘭憲法第十二條規定，現役陸軍官兵無選舉權。捷克斯拉夫憲法第二十條規定，郡長不能被選爲議員。憲法裁判院法官，選舉裁判所法官，及各郡參事會會員不得同時爲衆議院議員。其他政府文官及大學教授，於被選爲衆議員後，得准假服務議會，且同時享有在職時按年升級的權利。猶哥斯拉夫憲法第七十條規定，現役陸軍官兵，無選舉權與被選舉權。第七十三條規定，凡警察，稅務，及森林職官，如不於議會選舉舉行的前一年辭去其職務，則不得爲議員候補人。行政官不得於管轄區域內爲議員候補人。當選後，在議會服務期間以請假論。大學教授於當選爲議員後，得仍兼教授職。猶哥斯拉夫允許政府官員被選爲議員的原因，是因爲該國大多數的人民，均缺乏教育，知識淺薄，被選議員，鮮有受過教育者。允許富有學識經驗的政府官員充任議員，乃所以提高議會知識的水平線。芬蘭，伊色東利亞，拉特惠亞諸國允許海陸官兵與在職文官有被選權。德意志，普魯士，與大利諸國的規定，軍人文官於當選後，不必向主管機關告假。

居住期間的限制　居住期間的限制，共有兩種：（一）選民居住期間的限制；（二）被選者居住期間的限制。美憲規定各州選舉下議院議員的選民同時卽爲選舉國會參衆議員的選民。美國人民的公民資格，由中央政府賦予。但人民的選民資格，則由各州規定。其唯一的條件，以不牴觸中央憲法附文第十五條爲限。縱是美國公民，但如在居住州內居住時間短，未曾取得居民資格者（Residence qualifications），卽不能享有選舉權。居住期間，由三月以至兩年不等，但通常多以一年爲極度。捨此而外，尚有規定公民於所在選舉區內的居住期間，必須滿足法律規定的限度者，始有選舉權。例如紐約州憲法規定（一）須年滿二十一歲的公民，（二）享有九十日以上的公民資格，如係因婚嫁而取得公民資格者，則須在美國境內居住五年，（三）在紐約州居住一年，（四）在紐約州內的某郡（County）居住四個月，及（五）在選舉區內居住三十日者，方有投票權。各州旣自有權限，規定選民的資格，故在過去的事實上，有未曾取得美國國籍之人，在所居選舉區內，僅以居民資格而投票選舉者有之。

英國規定，人民在所居選區內居住三個月以上者有選舉權。但同時如因營業關係，在其他選舉區內，佔有年值十鎊以上租金之房屋者，得多投一票。法國憲法（一八七五年十一月三十日頒佈）——規定，凡法國公民，在居住區內居住六個月以上者，爲選民合格條件之一。歐戰後，新立國家，亦有將選民居住限制，載在憲法者。德意志憲法第十七條予各邦以規定之權，但至多期限，不得超過一年。

波蘭憲法第十二條對於居住期間無規定，惟云凡是有公權的國民，於政府明文宣佈舉行選舉之前一日，如確係某選區的居民者，卽有投票權。

以居住期間，爲人民投票權的必要條件，受其影響者爲勞工階級。此輩人因地謀食，在某處居住期間的久暫，以在該處工作的久暫爲轉移。一年數易，爲勞工的常事。若以居住期間爲取得選舉權的條件，則此輩人的投票權，卽自然的被取消。但從另一方面觀之，若無居住期限的規定，則流弊亦大。例如有甲乙丙三個選舉區，甲區完全爲共和黨的勢力支配，乙區則共和民主兩黨的勢力相等，丙區則民主黨的勢力稍優；共和黨領袖爲謀選舉的勝利起見，可以於選舉舉行之前，將居住甲區的黨員，移居乙丙兩區若干人，使共和黨員在乙丙兩區內占居大多數，共和黨候補議員，在此兩區內，卽能達到選舉勝利之目的。此種動作，謂之機饗漫動 (Gerrymander)。在美國選舉史中，數見不鮮。

關於被選者居住期間的規定，惟美國爲盛行。美國憲法第一章第二段規定，衆議員必年滿二十五歲，享有國籍七年，被選時，須係選舉州之居民者 (Inhabitants)，方爲合格。參議員必年滿三十歲，享有國籍九年，被選時，須係選舉州之居民者，方爲合格。所謂「居民」二字，其限度如何，及選民必須在所居選舉州內居住若干時，始能當選爲該州或該區的議員，憲法上均無明文的規定。被選者必須滿足居住期間的規定，乃係一種政治習慣。現美國各州，已將此種政治習慣，列爲成文法令者爲數不少，有三分之二的州規定，衆議員或參議員當選人，必須在所居選舉區內居住由一年以至三年者，方爲合格。其他各州亦有規定，衆議員或參議員當選人，必須在所居選舉區內享有選民資格者，方爲合格。麻色傑塞州規定，衆議員於被選前，須在所居選舉區內居住一年，方爲合格，但對於參議員，則無明文的規定。

美制的缺點，在就地取材。每因地域界限的原故，甲州或甲區才能卓越之人，不能越境至乙區或乙州競選。以致甲區之中，雖不才之人，亦得濫竽充數。卽以紐約一州而論，參議員名額二名，衆議員四十餘名。但紐約人材衆多，充其極可以數倍於該州參衆兩院議員的名額。若無居住期限爲被選條件，則紐約剩餘的人材，可以在他州進行選舉，使此輩人材，得以用其才能，爲國家服務。

英國對於議員被選，無居住期限的規定。甲區的人，可以至乙區競選。此屆選舉在乙區失敗，則下屆選舉時可以至丙區競選。格蘭斯敦(Gladstone)在牛津區失敗，但在南克雪爾區(South Lancashire)當選。英國政治家的政治命運，決不因違忤某個選區的人民之意旨，而遂終了。歐洲國家，大都取法英制。法蘭西，加拿大，及其他之英國殖民政府，對於被選人，均無居住期限的規定。歐洲新國家中，如波蘭憲法第十三條則明文規定，凡波蘭享有選舉權的公民，同時卽有被選權。其被選資格，與其居住區域無關係。芬蘭憲法第六條亦有同樣的規定。

他項資格的限制 他項資格限制的方法如下：（一）身體或神經失效者，或經法庭判決取消其公權者，或由政府供養者或受他人保護者（Under guardianship），不得有選舉及被選舉權。此類限制，各國皆有幾已成爲通例。（二）歐戰後，新立國家除芬蘭而外，其他國家，對於人民財產之宣告破產者及乞丐階級，只要能滿足其他條件，均予以選舉權。（三）德意志新憲法，允許在押的政治犯有選舉權，其他各國則否。（四）教育問題，巴西（憲法第七十條）及智利（憲法第七條）人民之不識字者無選舉權。匈牙利（一九二五年選舉法）規定，男子肄業初級小學至少三年，女子肄業初級小學至少六年者，方有選舉權。美國各州，亦有以人民識字與否，爲獲得選舉權的條件者，其目的卽在取消黑種人民及移民的選舉權利。英屬南非洲殖民地不識字的人民，亦無選舉權。歐洲新立國家中，惟猶哥斯拉夫憲法第七十二條規定，以能講國語寫國文者，爲候補議員合格條件之一。英國大學的卒業生，得多投一票。（五）財產限制：惟極少數的國家，有此限制。英屬南非洲的那塔爾（Natal）川斯惠爾（Transvuaal）兩處，菲立賓羣島與波脫・利洛（Porto Rico）均以財產爲選民資格之一。英國選民於營業地方租有年值十鎊的房屋者，得多投一票。加拿大參議員須享有價值美金四千元的財產者爲合格。瑞典參議員須享有價值八〇，〇〇〇元（Rix-dollars）的不動產，或每年進款四〇〇〇元（Rix-dollars）者爲合格。他如荷蘭及革命前的西班牙對於參議員當選資格，亦有財產的規定。

二　選區的劃分問題

選區制度分爲兩種：一爲單數選區制（Single-member constituency），卽每一個選舉區，舉出議員一名；一爲複數選區制（Multi-member constituency），卽每一個選舉區，選出二名以上的議員。行使單數選區制的國家，當首推美國。英國除十三個選舉區，每區選舉議員二名外，其餘的選舉區，均係單數選舉區制。一九二六年希臘取消比例選舉制。一九二七年法國取消比例選舉制，恢復單數選區制（Scrutin unimominal）。在單數選舉區制度之下，往往議會中的大多數政黨，只代表全體選民的少數。而國內的少數黨，在議會中的代表名額，又不能與該黨在國內的實力成爲比例。例如一九二二年的英國普選，在都司伯來（Dewsbury）選舉區內，勞工黨候補人當選，其票數的比較如下：勞工黨候補人得九，九二一票，自由黨候補人得八，〇六五票，保守黨候補人得六，七四四票。在候得斯費爾（Huddersfield）選舉區內，自由黨候補人當選，其票數的比較如下：自由黨候補人得一，五八七九票勞工黨候補人得一五，六七三票國家自由黨候補人得一五，二一二票。在中波斯姆斯（Central Portsmouth）區內保守黨候補人以七，六六六票當選。國家自由黨候補人得七，六五九票自由黨候補人得七，一二九票，勞工黨候補人得六，一二六票，均失敗。上舉數例，證明各黨的當選人，在當選的選舉區內只代表少數人民。更以英國一九二九年普選的結果而論，其不平等的現象如左：

黨名	全國選舉票數	選出議員名額
勞工黨	八，三八四，四六一	二八九
保守黨	八，六五八，九一八	二六九
自由黨	五，三〇五，一二三	五八
其他政黨		八

由上表觀之，勞工黨在全國中為次多數黨，位在保守黨之下。但在議會中則為多數黨，當選的議員人數反較保守黨為多。美國亦有同樣不平等的現象發生。例如一九二〇年博爾薛維亞州（Pensylvania)的選舉結果如左：

政黨名	全州選區票數	當選人數	以票數爲比例每黨應選出議員名額
共和黨	一，一一四，九八三	三五	四二（每四六，○○○票應出議員一名）
民主黨	五一○，九七七	○	一○
禁酒黨	七八，一二九	一	一
社會黨	六二，四八一	○	一
其他政黨	二四，八一七	○	一

採用複數選區制，卽在補救單數選區制的缺點，使少數黨在議會中的代表人數與該黨在全國中的實力得成爲比例差。複數選區國家流行的選舉法爲比例選舉法(Proportional representation)。比例選舉法的原則，卽在使各選舉區內各政黨當選的議員名額，與各黨所得的選舉票數成爲比例。

一八五五年丹麥衆議院議員的一部分卽由比例選舉法選出。一九一五年丹麥國內的一切選舉均用比例選舉法。一八九一年時瑞士各邦地方選舉有採用之者。一八九五年比利時用之於地方選舉，一八九九年更用之於參衆兩院的選舉。瑞典於一九〇七年亦採用之。歐戰期中，荷蘭（一九一七年，）瑞士（一九一八年）及挪威（一九一九年）均先後推行。歐戰後，歐洲國家，除土耳其與匈牙利外，如德意志（一九一九年），奧大利（一九二〇年），捷克斯拉夫（一九二〇年），伊色東利亞（一九二〇年，）波蘭（一九二一年，）猶哥斯拉夫（一九二一年，）拉特惠亞（一九二二年，）利仲尼亞（一九二二年，）希臘（一九二六年）等國均於憲法明文中規用比例選舉法。一九二五年日本通過選舉法，亦採用之。他如加拿大用之於市選舉，南非洲用之於參議員及市選舉，印度用之於地方選舉及一部分的中央選舉。愛爾蘭所有的選舉均採用之。英國大學選舉區及英屬愛爾蘭北部的選舉，及美國各州的市選舉亦採用之。

比例選舉法，計有三百餘種，故不能盡爲申述，但大別言之，可分爲兩大派：(一)英美比例選舉制，(二)大陸比例選舉制。

英美比例選舉制　普通名爲**哈爾制**（Hare system），又名之爲單級轉遞投票法（Single transferable vote）。此制爲英人哈爾（Thomas Hare）所發明。例如甲選舉區應出議員五名，各黨推出的候補人共十名，——候補人係由法定的選民人數，聯名推舉。選民於投票時，於此十人名姓左端

的黑圈內標明1,2,3,4,5,6等數字。1就是選民心目中認爲應當首選的人，2就是認爲次選的人，3就是認爲第三名當選的人。但選民如覺得除掉首選而外，不願意再投他人，則毋庸於首選以外的人名左端，註明數字。例如左列十人爲議員候補人。各人人名前，空格內的數字，卽投票人選擇次第表示的標記。

柯立基	5
戴維斯	4
陶時	1
唐那海	7
許士	3
羅登	8
米良	6
雷捷里	2
施密斯	
瓦爾斯	9

票數計算法，用公式表明之，$\frac{\text{票數總數}}{\text{議員名額}+1}+1=\text{商數}$。競選人得票等於此商數額者卽當選。

各候補人所得的票數如左：

候選人	第一選擇	柯氏票數	結果	陶氏票數	結果	唐氏票數	結果	米氏票數	結果	戴氏票數	結果
柯立基	34	−4	30		30		30		30		30*

戴維斯	陶時	唐那海	許士	羅登	米良	雷捷里	施密斯	瓦爾斯	廢票
15	6	10	19	22	11	22	21	17	
			+2	+2					
15	6	10	21	24	11	22	21	17	
	−6			+3			+2		+1
15	取消	10	21	27	11	22	23	17	3
		−10		+3			+5		+2
15	取消	取消	21	30	11	22	28	17	3
			+3		−11	+8			
15			24	30	取消	30	23	17	3
−15			+6				+2	+5	+2
取消			30*	30*		30*	30*	22	5

總數＝177

商數＝30

全體票數一七七，以六除之得二九，又加一爲三〇——此卽商數。開票時，先計算各人膺首選的票數。柯立基得三四票，但三〇票爲當選額，柯氏尙餘四票，應撥給他人。於是當監票員前，計票員在柯立基所得的票數中任意抽出四票，此四票中許士居次選者二票，應加入許士所得的票數內，共成二十一票，羅登居次選者二票，應加入羅登所得的票數內，湊成二十四票。但此時，各候補人中除柯立基外，無一人有三十票者。按法應將得票最少的候補人退出，而以所得之票分給他人。諸人中惟陶時得六票，居最少數。陶時應除外，餘出六票，此六票中羅登居次選者三票，以之加入羅氏所得票數內，應共得票二七。施密斯居次選者二票，亦將此二票加入施氏所得的票數內，施氏票數乃增至二三。其餘一票除陶時膺首選外，無膺次選之人，乃作廢。雖如是，各候補人中仍無一人得三十票者。唐那海得票最少，應退出，將所得十票分給他人，羅登又得三票，羅氏票數乃增至三十，當選。施密斯又得五票，共增至二八票。餘二票未標明次選，應作廢。但當選額仍不足。米良票最少，乃又退出。許士應得三票，雷捷里得八票，足成三十票，當選。但額仍不足。戴維斯應退出，乃以所得十五票分給他人，六票歸許士，二票歸施密斯，使許施兩氏各足三十票，當選。五票歸瓦爾斯，廢票二。此時結果，柯立基，許士，羅登，雷捷里，及施密斯，五人當選。

上舉之例，僅及於標明頭選次選的票數。但標明三選四選之票數，有何用處？試更就上圖言之，假使柯立基頭選票數爲四十，除滿足商數額——當選票額——外，尚餘剩十票，須轉給他人，以補其不足。按照上述的抽分方法，在柯氏所得之四十票內任意抽出十票，假使此十票中，居次選者完全爲羅登氏，但羅氏頭選票數二二，只需八票，卽能足成三〇票——卽滿足當選票額。十票減去八票，尚餘二票。此二票究應如何支配？於是又按上述的抽分方法，在此十票中任意抽出二票，以視居三選者爲誰。抽出結果，居三選者爲瓦爾斯氏，此二票卽歸瓦氏所有。總之，凡競選人所得頭選票數，除滿足商數額外，如尚有餘剩，則照抽分方法，將餘剩票數，給與位居次選之競選人。如仍有餘剩，則仍照抽分方法，將次選票中之餘數抽出，給與位居三選之人。如仍有餘剩，則將三選票中之餘數抽出，給與位居四選之人。其餘以此類推。

第一次計算票數時，如各競選人無一人滿足商數額，則將得票最少者除外，而以所得之票，分給他人。如仍無人滿足商數額，則再將得票最少者除外，而以所得之票，分給他人。如是遞次淘汰，直至最後五人（照上表應選名額爲五人），雖票數有未滿足商數額者，亦卽當選。但是若遇有二人得票最少，且票數相等時，又何以處之？如此種情形，發生於第二次計算票數之時，則視此二人在第一次計算票數時，得票之多少爲轉移。如第一次計算時，張某得票少於李某，則第二次計算時，張某與李某雖同爲票數最少之人，張某應先被除外，以所得之票抽分他人，以後按此原則次第淘汰。但如遇有其他票數相等的情形而未經明文規定者，得用抽籤法表決之。

大陸比例選舉制 普通稱爲名單制（List system）。歐洲國家先後採用者數在三十以上。如比利時，捷克斯拉夫，丹麥，德意志，荷蘭，意大利，挪威，波蘭，瑞士，猶哥斯拉夫，希臘，芬蘭，奧大利，瑞典，波爾加利亞，葡萄牙，羅馬尼亞，匈牙利，伊色東利亞諸國乃其最著者也。名單比例選舉法運用的詳細方式在上列諸國中並不一致，但就其大體原則而論，此制策源於比利時，係比利時人康特（D'Hondt）教授所發明。近人通稱此制爲康特制。一九〇〇年經比利時政府正式採用。茲將其運用方式，分述於左：

（一）候補人名單的提出 每黨候補人數，至多不得超過每選舉區內應行選出的議員名額。候補人名單（List of candidates）於選舉舉行十五日前，至少經選民百人之推荐者，方能成立。名單上候補人名次序的先後，不得隨意排列。

（二）副候補人（Suppleants） 每個名單上，除正候補人名外，得推荐副候補人幾名。一人得同時爲正候補人與副補選人。副候補人於本黨當選議員辭職或因故出缺時，依次遞補。

（三）選民投票手續　選舉舉行時，選民得於下列四項辦法中任採其一，依法投舉：（甲）如贊成某黨荐選名單的全體候補人，且贊成名單上排列的人名次序者，則於名單的頂際畫一黑圈。此票不屬於任何個人而屬於候補人全體。（乙）如只選舉某荐選名單內的某個人，則於某個人名前畫一黑圈。（丙）選民如採用第一項或第二項選舉法，得同時於第一項或第二項名單下的副候補人名中選投一人，畫一黑圈於此人名字的前面，但總共只算一票。（丁）選民可以不投舉正候補人，而只投舉名單上的副候補人。

選民除畫一黑圈於某黨荐選名單之上外，如再加一黑圈於該黨名單內某候補人之名姓前，則所投之票卽作爲無效。每黨所得票數，係按該黨荐選名單，由上述四項投票方法所得票數結果的總集合。

試舉例以明之。例如某選舉區應選議員五名，該區選民投票總數與各黨所得票數如左：

選民投票總數	20,000
民主黨票數	8,000

共和黨票數　7,500

社會黨票數　4,500

每黨所得票數，用1，2，3，4，5……等數字除之，其目的在求得商數，以作當選票額。

	民主黨	共和黨	社會黨
總票數	8,000	7,500	4,500
以1除之	8,000	7,500	4,500
以2除之	4,000	3,750	2,250
以3除之	2,666	2,500	1,500

應選議員五名，於右列各數中，取數字之大者五個。以五數中之最小者爲商數，例如左表：

8,000………民主黨

7,500………共和黨

4,500………社會黨

4,000………民主黨

3,750········共和黨（此即商數 Electoral quotient）

由右表觀之，民主黨應出二名，共和黨應出二名，社會黨應出一名。

若將上面所得的商數，分除每黨所得之票數，則各黨應出的議員名額，亦與上同。

民主黨8,000÷3,750＝2議員（餘票500）

共和黨7,500÷3,750＝2議員

社會黨4,500÷3,750＝1議員（餘票750）

議員當選的計算法，試以民主黨為例。該黨有正候補人三名，而無副候補人。該黨荐選名單頂際所得票數，與各候補人所得票數如左：

民主黨		
	名單頂際票數	4,000
	候補人張某票數	500
	候補人李某票數	500
	候補人王某票數	3,000
	總計	8,000

名單頂際所得票數作爲補助票。上列三人，所得票數均不滿三，七五〇票——卽商數額。張某得五〇〇票，尚需三，二五〇票，始能滿足商數額。乃由補助票中支出此數，以滿足商數額，使張某當選。四，〇〇〇補助票減去三，二五〇票，尚餘七五〇票。若將此數補助李某，亦只一，二五〇票，李某仍不能當選。若將此數補助王某，則足成三，七五〇票，是以王某當選。

大陸比例選舉制的缺點有幾，茲述於左：

(一)選民無選擇的自由　大陸名單比例選舉制，以名單爲單位。且有只投名單而不投名單上之各個人者，選民如不滿意於某黨名單上之某個候補人，亦莫可如何。因選民如將名單上之任何人名取消，則所投的票，卽作無效。比利時，羅馬尼亞及捷克斯拉夫諸國頒有強制投票法律。在此數國中，選民如放棄投票權，則受法律的處分。如不放棄投票權，則名單上候補人中，有我所惡之人在此種情形下，選民進退均不自由。

(二)政團操縱的流弊　選民投票時，投整個的名單，而不投名單上之各個人。名單由政團領袖擬定提出。是以某人之能否得爲議員候補人，均決之於各政團領袖之手。結果：(甲)候補人當選後，對於選民的責任心輕，對於黨的責任心重。對於選民的關係是間接的，對於黨的關係是直接的。(乙)議員只向其所屬的政團負責。對於議會議案，自以黨的取決爲取決。苟不如是，則彼之政治命運，必不能獨立生存。

（三）產生多數黨政治　在比例選舉制度下，各小政治團體皆有選出議員之可能。政團林立，乃其自然的現象。一九二四年德意志普選時，除小團體外，有九個較大之黨，互相競選。一九二八年德國政黨加入競選者增加至二十一個。選舉後，在議會中有代表者，計十個政黨。一九三〇年九月選舉，競選者二十七個政黨。選舉後，在議會中有代表者，計十四個政黨。一九二〇年捷克斯拉夫選舉時，當選議員二七六名，隸屬政團十五個。一九二五年時，捷克斯拉夫政團的數目增至二十九個。一九二五年拉特惠亞共有四十三個政團競選，其中競選勝利者二十一個。議會中政團多，則非數個政團聯合，不能得居大多數以組織內閣。在此種情況下，內閣政治時呈不健全的狀況。

使少數黨在議會中得到相當的代表力，除運用比例選舉制外，尙有二法：（一）積累投票法（Cumulative voting）（二）限制投票法（Limited vting）。

（一）積累投票法　按之此法，每個選舉區出議員三名，每個選民共有三票。此三票由選民自由支配：或使三個候補人各得一票；或將此三票投舉三人中之任何二人——使每人得一票半；或將此三票投給一人，均無不可。此制的目的，在使少數黨集中票數，投舉一人。如某選舉區內，少數黨黨員人數，只占全體選民四分之一時，則該黨在此區內只宜推舉候補議員一人，如該黨黨員，集中票數於此一人，則此人必獲當選無疑。美國伊利諾埃州採用此制甚久。一九二六年該州舉行選舉，全州五一個選舉區中，有三一個區的大多數黨，只推舉候補人二名，少數黨只推舉候補人一名。選舉結果，兩黨候選人均當選。但有三區的大多數黨，推舉候補人二名，少數黨亦推舉候補人二名。因爲大多數黨黨員於投票時，未將票數平均分投該黨的候補人，致使少數黨的候選人均行當選，而大多數黨反只當選一名。

(二)限制投票法　每選舉區至少出議員三名，每個選民有二票，得於任何政黨推舉的三名候補人中，投舉二名——或一人。但至多不得過二名。選民得將所有之二票，自由的分配。如投舉一人，則此人即得二票。如投舉二人，則平均分配之。此制最適於兩黨政治的國家。若在多數黨國家，則各少數黨即不能於選舉時，按力勻分議席。一八五七至一八七〇年美國紐約州採用此制，以選舉該州內各郡之監理官。一八七三至一八八七年紐約市之參事會會員由此法選出。一八九四至一八九八年波士頓市參事會員由此法選出。自一八七三年後博爾薛維亞州的高等法院法官，郡長，及郡審計員由此法選出。一八九五至一九一五年該州優級法院法官由此法選出。一八七三年博爾薛維亞州及一八六七年紐約州的憲法會議議員均由此法選出。

第二節　選舉手續

在行使議會政治的國家中，選舉舉行，原因有二：一因議會任期期滿，二因議會內大多數黨失其統馭的能力，將議會解散而另行改選。若在行使總統制的國家中，則惟議會期滿，始舉行選舉。

選民登記　選舉舉行前的首要步驟，厥惟選民登記問題。美國選民登記法有二種：一係選民投登法（Personal registration）。選民於選舉舉行前，攜帶證據文件，親赴選舉登記處投登。一係政府登記法（Official registration），由各地方政府派員，按照各區合格選民人數，編成選民名單。

美國初用政府登記法。由各地徵收人頭稅稅收的官吏，或市議會議員，任登記的責任。登記以後，即一勞永逸。在鄉村地方，居民彼此均認識，死亡遷徙，均易得知，選舉時，冒名頂替之事，不至發生，即發生亦易辨明。但在城市地方，人口增多，彼此居民，認識甚少，有已經死亡或已經遷徙，而名字則仍在選民名單上者。故選舉時，冒名頂替之事，得以疊出不已。此項選民，在美國稱之爲幻象選民（Phantom voters)。

政府登記法的流弊既如上述，於是乃有選民投登的辦法。一八六六年紐約與加利福尼亞兩州首先採用此法，以後漸次的推行，直至今日，行使選民投登辦法者達四十州。按之此法，選舉舉行的前數日，選民攜帶法律上的證據文件，親至選民登記處投登，呈報本人姓名，年齡與住址。若在大城地方，投登手續，規定甚嚴密。投登人須宣誓塡答下列的種種問題：(一)投登人的職業；(二)投登人住所的門牌號數，住所係自己享有歟，抑係租居歟；(三)在所居區內居住期間的長短；(四)上次登記的地名及登記年月；(五)生長的地方；(六)如係歸化，須將歸化文件呈驗；(七)稅收證據；(八)人種區別——白人歟，抑黑人歟；(九)身軀長短輕重，及有無特別記號；(十)投登人簽名。登記期日，各州各市的規定，極不一致。有每年登記一次者，有每二年登記一次者，有每十年登記一次者。每次登記的日期，約四五日之譜。爲方便勞工投登起見，登記日期，有每隔十日或一星期登記一次者。每次登記日期的分配，亦不相同。如第一日登記於星期一日舉行，則第二日登記於下星期二日舉行。博爾薛維亞州規定，如值雙數年（如一九三〇年爲雙數年）頭等市於選舉舉行前第九週的星期四日，第七週的星期二日，及第五週的星期五日，舉行選民登記。登記竣事後，同時將選民按人名字母的次序，編成選民名單，作選舉時應用。同時將每街選民名單，按住宅門牌的次序，抄錄一份，廣貼於各該街衢注意地方，俾予選民以更正錯誤的機會。其有投登不實者，予罰金或拘役的處分，或罰金與拘役同科。例如，博爾薛維亞州規定一千元以下的罰金，或三年以下的徒刑，或兩者並科。

選民登記官吏係委員制，委員會委員例須代表美國兩大政黨，以便彼此相互監督。博爾薛維亞州規定頭二等市的選民登記委員（Board of Registration）由州長委派。卽以該州之費城而論，該城選民登記委員會（Philadelphia Board of Registration Commissioners）由委員五人組織而成。五委員中，屬於一個政黨者不得過三人。由此委員會再委派登記主任四人，分任費城各區登記的責任。登記主任，須由該城各區具有選民資格的黨員五人以上的聯名推舉。委員會於選派此四登記主任時，其中主任二人，必須係該城上屆選舉時獲票最多的大多數黨黨員。其中一人，必須係該城上屆選舉時，居於次多數黨地位的黨員。

英國現行選民登記法，始於一九一八年至一九二六年時經議會修正，規定每州（County）每城（Borough）設立一選民登記所，照例由各州或各城參事會書記長主其事。每年七月由書記長派員持上年選民名單挨戶調查校對。調查竣事後，將選民名單編成三種：（一）上屆選舉時適用的名單；

(二)此次調查結果新行加入的選民人名單;(三)因死亡遷徙,或因他故上屆人名之應行取消者列爲一單。在英格蘭及威爾斯(Wales)兩處於七月十五號以前,在蘇格蘭於八月八號以前,將三種名單排印若干份懸於市政府門前,郵政局門前,公共圖書館門前以及禮拜堂門前,供衆觀覽。選民如發現名單上有錯誤,得向選民登記所投報請求更正。經更正後,正式名單始成。但如仍有可疑之處者,得由選民登記主任,斟酌辦理。其有不服登記主任的處置法者,得向法庭提起訴訟。正式名單效力於每年十月十五日起始施行。

法國選民名單每年修改一次。每屆修改時,全國各城市同時舉行,修改工作,分爲兩部。第一部工作由各城市長選派一人,各州州長選派一人,及各城參事會推派代表一人組織修正事務委員會(Administrative Committee of Revision)。根據該城上年選民名單,如有死亡,遷徙,或喪失公權的選民,則取消其名字。如有初屆成年,或新滿足居住條件的選民,則應爲之登記。修正委員會編列名單時,所有委員會會議,均不公開。修正手續完竣後,由委員會預備名單二份,一份送呈各州州長,一份貼於市政府門前——自一月十五日起至二月四日止——以便人民查覺錯誤。爲處理選民因名單中的錯誤而發生之一切請願事宜起見,另立一市修正委員會(Municipal Committee of Revision),

負第二部修改的工作。委員會委員五人，其中三人卽係上述的修正事務委員會委員。其餘二人由市參事會選舉。選民如登記落第，或認其他被登記之人資格不合者，得向市修正委員會請願。市修正委員會卽應開會處決。開會時，當事人不能列席。委員會於開會表決之後，以書面通知當事人。當事人如不服表決，得向初級法院提起訴訟。初級法院應於十日之內予以判決。當事人如仍不服裁判，得上訴於最高法院 (Court of Cassation)。二星期內，最高法院應予判決。每年三月三十一日選民名單正式成立。

英法兩國選民登記，每年舉行一次，均由地方官吏任登記的責任，較之美國辦法，簡而確。美國各州，常有每二年以至每十年始登記一次者，結果仍不免冒名頂替或重投 (Repeating) 的弊病。試舉一例以證之，一九一五年美國印第安那州 (Indiana) 都來豪特城 (Terre Haute) 的市長及其同黨一百十五人，因選舉舞弊判罪。據法院偵查所得，弊在選民登記之時。凡已故的選民，或無居民資格的人民，均被登記。選舉舉行時，該市市長及其黨衆，廣雇人名冒名投票，有一年未滿二十一歲之人，當庭訊時，自認投票十四次，另一人自認投票二十二次。有一酒店主人供稱，該市市長強令他將所居區城 (Precinct) 內的人民，加倍的登記，並強令他於選舉日，設法雇人，按照登記的人數投票，否則，卽下令停止其營業。又該市內某分區監選員供稱，該分區住有選舉權的黑人十八名。但選舉舉行時，黑人之在該分區投票者近三四百人。此爲美國選舉史中最黑暗的一頁。

候補人推選法　美國參衆兩院議員候補人推選方法，在形式上有兩種：一種由各州內各黨代表大會（Party Convention）推舉，一種由各黨黨員直接推舉（Direct primary）。按照第一種推選法，各州政黨於選舉期前舉行代表大會，推舉參衆兩院議員候補人。推舉後，將候補人名，呈報州政府秘書處，由秘書處將各黨候補人名，印於選舉票上。按照第二種推選法，由每州內各政黨黨員用投票法，推選各該黨候補人。此次選舉獲勝者，待將來選舉舉行時，就是各該黨的正式候補人。直接推舉法又分二種：一種爲開放推舉法（Open primary），即甲黨黨員可以投舉乙黨的候補人。一種爲門戶推舉法（Closed primary），即本黨黨員只能投舉本黨的候補人。

英國議員候補人，推選辦法，在形式上，不由政黨主持。照例於政府解散議會明令宣佈後的第八日（星期日及例假日除外），各區的議員候補人，即應舉出。推舉手續極其簡單。不須經過政黨代表大會或直接推選的方法，祇由選舉區內登記選民一人，用書面動議，另一登記選民副議，此外由登記選民八人的連署，將被推舉的候補人名，住址，及職業開列，呈送區選舉監督（Returning officer）。並繳押金一百五十英鎊。選舉後，如候補人所得的票數，占全區投票總數八分之一以上者，則退還其押金。假使選舉區內，只有候補人一名，不須經過投票的形式，而實際卽已當選者，所繳押金亦予退還。如此規定，其目的在使候補人們自信至少有一部的選民之擁護者，方敢出而競選。一九二二年與一九二三年英國兩次選舉候補議員在競選區內得票不滿全體票數八分之一，因而押金被沒收者，總計二十五人。

歐洲大陸國家，議員候補人的推舉方法，頗不一致。法國的方法最爲簡單。凡具有被選資格的法人，至遲在選舉舉行前的五日，將人名姓字暨本人志願書一份，一併送呈州長後，卽謂之爲議員候補人。惟按一八八九年的法律之規定，一人不得同時在他一選舉區爲候補人。比利時規定，議員候補人——暨副候補人——名單至遲於選舉期十五日前，經人民百人的推荐者，卽算成立。名單制選舉的缺點，於上節論比例選舉法時，已爲述及，茲不贅。

選舉進行(Electoral campaigns)　各黨候補議員，被推出後，卽着手選舉運動——公開的運動。以運動進行的時間論，惟美國爲最長。英國至多不過三星期。德法各國，至多不過四星期。以選舉進行期中的秩序，及人民方面的興趣論，則以英國爲最優。以進行選舉的方法論，則各國大都相同。不過在英美兩國中，其進行方法，比較的爲更發達，茲概述於左。

宣佈政策　政策有兩種：一種屬於政黨的，一種屬於競選人的。例如共和黨政綱（美人稱政綱爲 Party Platform），凡共和黨議員候補人，大都表示服從，以冀博得該選舉區內共和黨黨部及共和黨員之助。此外各黨候補人，按着地方的需要，得於本黨政綱之外，另自宣佈政策。晚近以來，美國各部經濟發達不同，利害亦不一致，各大政黨爲調劑各方利害，以圖維繫黨的勢力計，其所宣佈之政綱，對於各重要問題，不失之空洞，則默而不言。是以參衆兩院議員候補人競選的成敗，大半以個人所宣佈政策及個人在社會上政治勢力的厚薄爲轉移。

英國習慣，各候補人於選舉運動開始時，由各政黨領袖，宣佈政策大綱，以作各黨候補人競選時的大政方針。但同時各候補人，常斟酌地方情形，宣佈自己政策，此政策甚至與本黨領袖所宣佈者常相衝突。英國勞工黨政綱，由該黨代表大會議決，此與美國政黨辦法相類似。其他歐洲國家，政黨林立，有專謀某一個階級人民的利益者，有專謀某個區域的人民之利益者。團體組織小，同黨的利害關念亦深，強悍巧詐，或才能稍優，具有政治野心者，易於居間操縱。加以在行使名單比例選舉制度下，各黨議員候補人，由政黨領袖擬定提出。各黨政綱，亦由各黨領袖議決宣佈。候補人如不服從其本黨政綱，而獨出心裁，則其政治命運，卽不能長久。若此人而自擁有一部分之勢力，則卽脫離本黨，而另樹旗幟。但是，歐洲政黨既以階級利益，或地方區域利益爲其結晶，故黨員彼此間的利害觀念，大都相同，實際上，各黨議員候補人對於黨中領袖所定的政綱，鮮有不表示擁護者。

向選民個人運動方法　議員候補人，直接向選舉區內選民運動，謂之 Personal canvassing。此法惟美國爲最發達。若在城區地方，候補人必挨戶向各家遊說。當選舉權只普及於男子時，每乘工人工餘歸家之後，或休息之日，競選人必至選民家中，逞其利舌，使之投己。現在男女均享有選舉權，競選人常於日間乘選民太太家務清閑之時，親身叩門，遊說運動。若在鄉村區域，則自駕一價廉耐久的福特汽車，叩訪各選民家。他如鄉村中人民聚集的地方，如叫賣所，馬戲場，郵政局火車站等處，城市中的臺球場，俱樂部，飯館，以及娛樂場所，均爲競選人必至之地，親向民衆握手問候。工人午飯時間，或散工之時，競選人常至工廠門前，由一工友介紹，當衆作極短的演說。

直接向選民運動的又一方法，爲通信方法。競選人將自己履歷，過去工作，成績，及對於與地方有關係之問題的意見，簡單的印成通函，郵寄選民。但此法需款甚鉅。以紐約一州而論，一九二四年紐約州有登記選民三，八八七，五五四人。若向每個選民，寄信一封，卽郵票一項而論，共需洋七七，七五一元左右。一九二六年紐約登記選民三，六一七，九一五人。若向每個選民寄信一封，郵票費一項，計共需洋七二，三五八元左右。若再加以印刷費購買信封費雇員司書等費用總共計算較之前數，尚須多加一倍。參議員候補人由全州選民票舉，若採用通信運動的方法，寄信於全州選民，實非普通中產人的經濟力量所能做到。匪特此也，美國選民對於運動選舉的函件，往往一見即擲。是以此法需款雖多，收效則小，遠不如當面運動的方法有效力。因爲不少的選民，對於各黨候補人並無一定的成見。此輩人可以投甲，亦可以投乙。意見既未堅定，競選者如當面遊說，訴之於感情，或投其所好，即不難博得其贊助。

向選民民衆運動方法　此法有二種：一爲舉行民衆大會，一爲普通文字宣傳。各候補人於選舉進行期中，周遊各大城，向民衆大會演說。同時各候補人的同情者，亦效奔走，代表赴各地演說，或自雇汽車，綴以旗幟，遊行街市，隨處演說。大學學生，工商各界分子，亦多自告奮勇，各爲其擁護的候補人，四出演說。此輩演說者，在美國謂之 Spell binders 。政界聞人，大學教授或校長，以及其他新聞界，工商界領袖，亦常被請赴會，爲某候補人遊揚。凡涉足英美兩國者，每屆選舉之時，當能見其盛況。即以紐約一城而論，此等大會，或租借戲院舉行，或借用學校演講廳舉行——每晚不下數十，口角辯論，訴之選民，以決勝敗。中國人置身其境，不禁神往！

美國政黨，均設有演說股 (Speakers' bureau)，派人至各處演講。各黨總部的演說股，每屆大總統選舉時，常派名人至各州演講，供給往返川資及一切費用。晚近以來，各黨且設立訓練學校，專門訓練選舉工作及演講人員。

競選人講演時，常有其敵黨人員，發爲難問，以求答覆，此之謂嚇開心 (Heckling)。此在英國幾已成爲慣例。但答者如機警靈敏，雜以詼諧，常能反敗爲勝。至各黨競選人，在同一會場，公開辯論，則鮮有舉行之者。一九一七年美國南達柯他州 (South Dakota) 通過法律(即所謂 Richards primary law)，規定每屆大總統選舉，與該州州長選舉，舉行直接初選時 (Direct primary)，自一月第一週星期一起，至三月第四週星期二止，際此時期中，該州內各政黨的大總統初選競選人，彼此至少須公開辯論一次。州長初選競選人，彼此至少須公開辯論十六次。如此方向彼方要求辯論，而彼方不接收要求時，即取消其競選權利。但某方如因病，不能出席辯論，得指派代表出席。直接初選後，正式競選開始。在此競選期中的規定時期內（自九月一日起至十一月一日止）甲黨的州長競選人，與乙黨的州長競選人，彼此應公開辯論十二次。如甲黨或乙黨競選人拒絕辯論，則即喪失其競選資格，另由該黨推舉一人以代替之。競選人赴辯論的往返路費，由該州政府供給。此法施行四年，至一九二一年即被廢止。此法缺點，在只施用於州長競選人及大總統競選人，而不施用於議員競選人。近來美國女子選民大同盟 (League of Women Voters) 在各州大城市，常舉行辯論會，延請各黨競選人——如州長競選人，參議員競選人，衆議員競選人——參加辯論。此不獨可以激發民衆對於政治上的興趣，且可以提高競選人的知識水平線。但自無線電流行後，競選人利用廣播電臺 (Radio)，可以直達無數萬的人民。前任美國大總統胡佛氏，當競選時，所有演說，大都由播音臺廣播。胡氏本不長於演說，貌亦拘謹，親向民衆演說，不足以資激發，不如利用播音機，口念其已經擬就的演說詞之效果爲大。

其次，利用文字宣傳。美國選舉最後的數日，各黨競選工作，愈形緊張。衆議員選舉競爭聲勢較小。惟參議員選舉，則爭執甚烈。最後數日，各大政黨在大城地方的報紙上面，登載全幅廣告，書列該黨候補人名，及政治上的立場，以喚起選民的特別注意。此法收效甚大，但需費亦鉅。紐約世界日報 (New York World) 每日每頁全幅廣告費，需美金一，三〇〇元以上。紐約時報每日每頁全幅廣告費，需美金一，五〇〇元以上，星期日需美金一，六〇〇元以上。芝加哥論壇 (Chicago Tribune) 每日每頁全幅廣告費，需美金一，七〇〇元以上，星期日廣告費更高，需洋二，四〇〇元以上。

在選舉進行期間，電影場及其他廣告處所，均廣貼宣傳印刷物品，上印競選人相片名姓，以及黨別。此外競選人復將自己的重要演說印成小册，遍爲散佈。美國參衆兩院各有選舉競爭委員會，一名衆議員民主黨委員會（Democratic Congressional Committee），一名衆議員共和黨委員會（Republican Congressional Committee）。每遇議員選舉之時，兩委員會各爲其本黨議員幫助，以達到連任的目的，並刊發選舉必知小本（Compaign Text Books），作爲選舉工作人員的指導。

選舉工作人員，尙有一極重要工作，卽編製選舉人名册（Poll book）。每城分爲各小區（Precinct），每黨在每區內，均有工作人員，將區內選民的門牌號數，政黨派別，種族識別，宗教信仰，服務地方或機關，及有無債務關係等事實，調查記載。如有曾被金錢賄買者，則將金錢數目，及曾受何黨收買等類祕密，調查切實。編製此項名册，可以得知敵黨在某區內的眞實黨員若干，灰色選民若干，及能以利誘的選民若干。對於灰色選民，則千方百計以運動之。其信仰天主教者，則由天主教同志運動之；其屬於德國或南歐種族者，則由德籍或南歐種族之同志運動之。其有債務關係者，則運動其債主說合之。選舉時，各黨工作人員，持此名册，在旁暗中核對，記明某也到，某也不到，及敵黨黨員投票者的多少。

進行選舉，除實際工作外，尙有利用「空氣」者，此在美國爲特甚。各候補人的選舉經理人（Campaign manager），在選舉期近時，常向報紙宣佈，某某將來所得票數至少必超過敵黨候補八十萬或百萬以上。凡此寓言為選舉時常見的事實。復次競選者常有財閥與資本家為其後盾。此輩人竭力各為其候補人捧場。最流行的方法，厥為賭采（Bets）。例如張某為甲黨候補人捧場，張某即揚言於衆，願出洋萬元以決某甲之必勝。乙黨候補人的友人李某如願出洋千元者，張某必與之一賽。因為在張某方面觀之，乙黨候補人當選的機會，以與甲黨候補人比較，僅十與一的比，故願以一萬元抵一千元，以表示其十有九成勝利的把握。但如乙黨勝選，則李某即得張某之一萬元。大城地方，有專經理賭采業者，當舉行大總統或州長或參議員選舉時，雙方朋友各出鉅款，彼此賭賽，並將賭賽的比例率，在各報宣佈。順水推舟，人情之常，往往有一部分意志未曾決定的選民，為此種賭采比例率的新聞記載所影響，以投舉賭采中占優勢的競選人。但是賭采中的「空氣」，只可以改移少數知識淺薄的選民之意念，實際上不足以表示各競選人的實力。例如一九二六年紐約州參議員競選時，共和黨競選人瓦斯烏斯（Wadsworth）在賭采中占優勢，迨後選舉結果，民主黨競選人魏剛樓（Wagner）獲勝，瓦斯烏斯氏失敗。

選舉日期　美國大總統選舉時日，載在憲法，每四年改選一次。選舉日於十一月第一週之星期二日舉行。參衆議員任期，亦經憲法規定。惟選舉日期，投票地方，及選舉方法，則由各州立法機關規定。按過去的習慣參衆議員選舉，以及各州的官員選舉，均於十一月第一週之星期二日舉行。故往往大總統選舉參衆議員選舉及州市官吏選舉在同日舉行。在此種制度下，最顯著的缺點有二：(一)人民視線均集中於大總統選舉之進行，而將參衆議員及州官吏選舉等於附庸。如共和黨大總統候補人而當選爲大總統，則總有幾州的州長候補人，與參議員及衆議員候補人之屬於共和黨者，連帶的當選。(二)中央及州市選舉同日舉行，一張選舉票上，滿印無數人名，選民視之，有頭暈目眩之苦。一九二○年阿鋭剛州之博特蘭城 (Portland) 選舉時，選舉票長四○英寸，寬一四英寸，候補人九一名，職務五二種，此外尙有關於全州及該城的創議案與複決案一七種，均同時付人民票決。此種選舉，幾等於智力測驗，故人民均不踴躍投票。爲謀改良計，乃有短票制 (Short ballot) 的主張，將中央選舉，州選舉，及市選舉分開舉行，且只投舉重要官員。左圖卽短票的樣式。

第一年
選舉正副總統（任期四年）
選舉衆議員（任期二年）
選舉參議員（任期六年）

第二年	選舉長州（任期四年）由州長委任其他州官吏	選舉州審計官	選舉州議員（任期四年）
第三年	選舉衆議員	選舉郡委員三人（任期四年）由此委員會委任其他郡官吏	
第四年	選舉法官		

英國於議會解散後的第八日，各選區須推舉議員候補人。候補人推出後的第九日，舉行選舉（星期日及休假日除外。）但是，有的選區完全在一個政黨勢力之下者，只有候補人一名，故不必經過推出後第九日的投票手續，卽自然的由選舉監督宣佈當選。一九二二年英國議員候補人未經過投票手續而卽當選者計有五七名。一九二三年計有五〇名，一九二四年有三二名，一九二九年有七名，一九三一年有六〇名以上。

歐洲大陸國家，均利用星期日或休假日爲選舉日。法蘭西與比利時均規定於星期日舉行。歐戰後，新立國家——如德意志，普魯士及奧大利——憲法均規定，選舉於星期日或休假日舉行。捷克斯拉夫於星期日舉行。但士格自由城於十一月內之任何星期日舉行。惟波蘭規定，議會解散後之四十日舉行選舉。選舉權既為人民的職務，則履行此項職務之時，不應於休息的例假日行之，而應如英美兩國之制，特定一日，以免剝奪勞工階級應享的休息時間。

投票手續　先言美國。美國選舉區最小的單位為 Precincts ——投票區。每個投票區有監選委員會，委員三人，書記二人至三人。委員與書記人選，均決之於政黨。由每投票區內上屆選舉時得票最多的多數黨選派委員二人，書記一人或二人。其餘委員一人及書記一人，由投票區內的次多數黨選派之。但亦有不盡然者。伊利諾埃州各區投票區的監選員，係由該州監選委員會 (Board of Election Commissioners) 分派。此監選委員會委員代表該州內兩大政黨的勢力。凡州內複數投票區的監選委員與書記，由隸屬於大多數黨的州監選委員委派。凡州內單數投票區的監選委員與書記，由隸屬於次多數黨的州監選委員委派。選舉舉行，於上午六時開始，下午六時終止。各投票區內的選民，赴投票處申述姓名，由監選人按名發給選舉票。選民持票至一棚內 (Voting booth)。如投舉票上印就的候補人某，則於此人名姓前面的空格內用鉛筆畫一×記號。但選民亦得於票上人名之外，另舉一人，將此人名姓，書於票上各候補人名的末一行。選民在選舉棚內，手續完了後，將票摺上，投置選舉匣內，或交給監選人，投置匣內。如投票人將選舉票損壞，得向監選人另換一張，再行投舉。各競選人依法得指派代表一人（Watcher），至投票場內監視。各監視人，均持有選民名册，按名核對。如有可疑之人，認爲無投票資格者，得向監選員提出抗議。此外，各競選人尙有代表一人，在投票場門前監視。

上述的選舉法，純係祕密性質。選舉票由州政府製就，票的背面，有經手負責的官吏簽字。選舉期屆時，由州政府祕書處，將選舉票發送各區各項職位候補人的人名次序，係按各人人名字母的先後排列，此卽普通所謂澳洲選舉票制（Australian ballot）。一八五六年此制創行於澳洲。一八七二年經英國採用。一八八八年美國肯都克州（Kentucky）的路斯惠爾城（Louisville）首先行使。逮及今日，美國四十八州中有四十四州採用澳洲選舉票制。

但嚴格言之，今日美國各州行使的澳洲選舉票制，與其原來的形式，並不相同。按原來的形式，選舉票上只將各候補人名，按其人名字母的先後，依次排印。各人人名之後，附注各人住址。同時於各候補人名之最末一行，留一空行，投票人如不願意投舉票上印就的任何候補人，得於空白行內，另自書投一人。現行美國各州的選舉票制，除上述諸點外，復於選舉票上，加印政黨黨徽，或標明各候補人的黨籍。式樣不一，類別亦多。若以行使的地理區域而爲票制的標準，則有二大分類：（一）麻色傑塞州選舉票制（Massachusetts ballot system），又名 Office block type；（二）黨別制（Party column type）。

麻色傑塞州選舉票制，比較的與原來澳洲選舉票制相近。即將各項職位的候補人，依人名次序的先後排列，並將隸屬的政黨名稱及籍址載明於各人人名之後，例如左圖：

麻色傑塞州波斯頓城第二十六坊第四投票區選舉票式

畫一×記號於被舉人名政黨右端空格內	
州長…………………投舉一人	
柯克斯……………波城人……共和黨	
李斯特……………劍城人……民主黨	
張伯倫……………波城人……社會黨	
歐爾遜……………春原人……獨立黨	
祕書長…………………投舉一人	
施美特……………波淹城人……共和黨	
威林斯……………米桃人……民主黨	
威爾遜……………波城人……社會黨	

畫一×記號於被舉人名政黨右端	
參議員…………………投舉一人	
齊勒春……………春原人……共和黨	
瓦爾西……………費喜卜人……民主黨	
康柯波……………波城人……工　黨	
衆議員…………………投舉一人	
莫斯……………瓦漢城人……共和黨	
杜特……………比林城人……民主黨	

畫一×記號以表示贊成或反對		
複決問題No.　1…	贊成	
	反對	
複決問題No.　2…	贊成	
	反對	

財政總長……………投舉一人

黨別選舉票制，其格式如左：

進步黨	共和黨
如投舉進步黨候補人全體則畫一×記號於此內	如投舉共和黨候補人全體則畫一×記號於此內
參議員 施某	參議員 羅蘭
衆議員 卞某	衆議員 白某
高等法官 施某	高等法官 衞某
高等法官 李某	高等法官 屠某

如投舉某個候補人，則於名字右端角際的空格內，

民主黨

如投舉民主黨候補人全體則畫一×記號於此內

參議員

蔣某

衆議員

湯某

高等法官

威某

高等法官

孫某

畫一×記號。

黨別制，將各項候補人排列於各人所屬的政黨名稱下，投票人可以一筆投舉某黨全體候補人，此之謂 Vote for straight ticket。此則在麻州票制中所不能爲者。

英國選舉較美國爲簡單。美國選舉參衆兩院議員時，同時尚有州官吏選舉，市官吏選舉，或大總統選舉。在英國則只選舉衆議院議員，且衆議員選舉與地方選舉不夾雜。美國選舉票制，種類不一，英國則票制劃一。英國監選官吏，由地方官——市長或協吏府 (Sheriff)——充任。每選舉區設投票所若干處，地點乃由監選官斟酌指定，並由監選官指派代表，到各投票處監視。同時委派書記若干名(每選民五百人委派書記一人)。選舉時間，由上午八時開始，至下午八時終止。選舉進行時，各競選人得派代表親臨投票處，監視一切。每張選舉票有數字記號，且有存根，如銀行支票然，係兩聯式。選民領取選舉票時，監選書記一方給予選舉票一張，一方將投票人在選民名冊上的數號，記載於選舉票的存根上。此種審愼辦法，除紐・傑色（New Jersey）一州外，爲美國的通行制度所未有。

法國每個登記選民，有選舉名片一張（Electoral card）上書選民姓名，年齡，住址，及合格條件的說明。若在鄉村區域，選舉名片，由警察分送。若在城市區域，選舉名片，由選民親至市政府領取，當場簽字於名片上。選舉時，如選舉官吏對某選民發生疑問，卽可當面令其簽署，以資比較。投票人領取選舉票時，將名片呈交選舉官吏，由選舉官吏將名片的角際翦去一端，投置匣中，名片仍交還投票人保存。此法優點有二：（一）選民於投票後，因名片角際的識別，不能發生重次選舉的流弊。（二）選舉票數與選民人數如不相符，卽易查出。選舉後，名片仍由投票人保存，因恐第一次選舉結果，各候補人所得票數，如無一人滿足大多數票數時，則須於下星期日舉行第二次投票。第二次投票時，名片爲選民取得投票權必須有的證明。

德意志選舉，亦採用名片制。每個登記選民，領有名片一張。凡具有選民資格，而無永久固定住所者，由政府發給選舉執照一紙（Electoral certificate）。持有此執照者，當選舉時，在任何選舉區內，可以行使投票權。

選民複數投票制（Plural voting）　每個選民有一票以上的投票權者，謂之複數投票制。歐戰以後，惟比利時與英國行使此制。一九二一年比利時亦取消此制，今惟英國一國耳。英國選民，除居住某個選舉區內以居民資格享有選舉權外，同時具有下列資格之一者，得多投一票：(一)在他一選舉區內租有年值十英鎊的房屋者，得於房屋所在區內投舉一票。(二)大學畢業生得多投一票。但每人至多不得過二票。

缺席投票問題(Absent-voting)　選民於選舉舉行日，常有因不得已的事故，不能親至居在選舉區內，執行投票權。歐洲大陸國家，對此問題，似無規定。惟英語民族的國家則不然。一九一八年英國通過選舉律，規定兩種辦法：(一)郵投。選民於登記時，如申明選舉時將因事遠離，則登記官吏將此人名字，連同將來通訊地址，登記於缺席投票人名單上（Absent-voters list）。選舉前，由選舉官吏，按缺席人的通訊地址，將選舉票寄去，由缺席選民投舉寄回。(二)委託代表人投票。選民之列名缺席投票名單上者，於選舉時，如本人航行海上（海軍官兵包括在內）或旅居他國，且經選舉官吏認為確實者，得於選舉前，塡明委託狀（Proxy paper），委託代表，執行投票權。但受委託者，必須係缺席人的妻或夫或父母兄弟姊妹，或係同一選區內的登記選民，方為合格。如以同區登記選民的關係而受人委託者，至多不得受二票以上的委託。英國大學選舉區的選民，均係大學畢業生。選舉時，投票用郵寄法，需時四五日方能告竣。

美國有三十八州允許合格選民（包括海陸軍官兵）用郵寄法投票。有四州只允許海陸服務人員有由郵寄投票權。美國無代表投票制。普通程序，缺席選民於選舉舉行三十日以前，用書面通知居在區域內的選舉官吏向其申明缺席情由，及呈請寄給選舉票一張。經選舉官吏查明其選舉資格後，將票寄去，並附寄空白志願書一紙。缺席人接到選舉票及志願書後，請郵政局長或地方法院法官，或經特別指定的人，監誓塡投，簽字於志願書上，由監誓人蓋印，當場由缺席選民將票由郵寄回。缺席選民之利用缺席投票權者，爲數不多。一九二〇年紐約州的阿班萊區 (Albany County) 共有缺席選民八〇，九九〇人，曾行使其選舉權者僅二二六人。此外西澳大利亞州，維多利亞，與肯斯蘭 (Queensland) 亦行使缺席投票法。一九二三年加拿大之郎大利阿省規定市選舉時，鐵路雇員及經商旅行者 (Commercial travellers) 有缺席投票權。

強制投票 (Compulsory voting)　選舉權既然是一種職務，由政府賦予，則政府自然有強制人民，履行其職務之權。於是而強制投票制立焉。強制投票制行使最早者爲比利時。一八九三年比利時修正憲法時，對於放棄投票權的選民，規立處分，由公安法院 (Justice of Peace) 辦理。第一次不執行投票權且無充足理由者，予以警告(Reprimand)，或罰金由一佛郎至三佛郎。六年內如第二次不行使投票權者，罰金二五佛郎。十年內如第三次不行使投票權者，則將人名開列，懸牌市政府門前，俾衆週知。十五年內如第四次不行使投票權者，則取消其選舉權十年。際此十年中，政府不能給予委任，或予以升級。一九一七年荷蘭步比利時的後塵，強制人民行使投票權，但效果不甚佳。一九二五年荷蘭之安母斯都登城（Amsterdam）選舉市參事會議員，選民之不滿意於強制投票法律者，乃互相結合，投舉一無聊的市儈爲議員。一九二〇年捷克斯拉夫亦通過法律，規定凡人民有不行使選舉權者科以五〇〇〇克郎（Crowns）的罰金，或二十四小時至一個月的拘役。他如西班牙，羅馬尼亞，阿根廷，墨西哥，澳州，肯斯蘭及瑞士聯邦中有幾州，亦立有強制投票法。美國麻色傑塞及北達柯他（North Dakota）兩州憲法亦有強制投票的規定，但迄今尚未見諸實行。

選舉舞弊（Corruption practices）**及其救治**　十八世紀時，英國的選舉，賄賂公行。試舉一例，以概當日之黑暗情形。在愛爾蘭邦中，有某候補議員，人頗正直，思欲於選舉時，矯正金錢競買的風習。於是在選舉期前一日，敦請選區內牧師，向民衆講道。牧師當向民衆宣言，謂選舉時，選民如有以金錢爲投票的代價者，將來必墮入地獄，永無廻生的機會。次日，此候補人途遇一選民，叩以對於先日牧師講道的印象。選民的答案是：『先生，現在票價漲了，我們以前不知道出賣選舉票，就要下地獄，所以每張票價二十元。但昨天聽了牧師的講道後，纔知道我們將來的歸路是地獄，所以現在的票價非四十元不賣！』

英國取締選舉舞弊法律，始於一六九六年。一八八三年時，英國議會將所有取締選舉舞弊的律例，彙集修編，重爲通過，統名爲制止選舉舞弊及非法行爲律（Corrupt and Illegal Practices Prevention Act）。此爲近代國家取締選舉舞弊行爲的法律之模型。

按此法的規定，選舉的行爲，分爲兩部：一爲舞弊的行爲（Corrupt practices），一爲不合法律的行爲（Illegal practices）。舞弊的行爲，包括賄買，東道（Treating），威嚇，假冒。如經法庭判決有上項行爲之一者，除罰金或拘役，或罰金與拘役同科外，剝奪公權七年，選舉宣布無效，候選人永遠不得在犯罪的選舉區內競選。不合法律的行爲，包括以金錢雇用人員進行選舉，或出資接送投票人，或不經法律許可，而在一個選舉區以上的地方，執行投票。此外則對於選舉的費用，亦有規定。城市區域登記選民不過二，〇〇〇人者，選舉費不得超過三五〇英鎊，若在二，〇〇〇人以上者，每選民一千名增加選舉費用三〇英鎊。鄉村區域，登記選民不過二，〇〇〇人者，選舉費用以六五〇英鎊爲限度。若在二，〇〇〇人以上者，每選民一千名增加費用六〇英鎊，此外候補人在競選期內的個人費用，以一〇〇英鎊爲極度。

上述選舉費用，規定過寬。一九二八年議會通過議案，取消前項額定，另以選民個人爲選舉費用的單位。州區（County）選民一人，選舉費用六辨士。城區選民一人，選舉費用五辨士。競選人得指派經理一人，總理一切費用。經理人在選舉期內，得領受英金一〇〇鎊，作爲個人旅館的用費。選舉舉行後的三十五日，經理人應將競選人選舉期間的收支費用開列，呈報本區選舉監督。

繼英國而起者有美國。一八九〇年美國紐約州頒佈法律，規定選舉舉行後，各競選人應將選舉費用的性質及數目開列呈報。此爲美國法律限制選舉行爲的起點。逾二年，麻色傑塞州通過法律，規定競選人除個人費用外（Personal expenses），不得用金錢報酬，或向選舉出力的人允許金錢的報酬，或輸捐於政治團體（Political committees），以助進選舉的成功。所謂個人費用者，指文書費，印刷費，文具費，傳單品，郵票，電報，電話，差役，旅行等項費用而言。凡關於此等費用，競選人不須呈報政府。上述兩州——紐約及麻色傑塞州——的法律，缺點有五：（一）兩者對於選舉費用無定額的限制。（二）紐約法律只限制競選人，而不限制政治團體。競選人可以取巧，將大宗選舉費用，由其所屬政團代為使用，而紐約法律卽不能過問。（三）蔴州所謂個人費用，定義太泛。競選人可以將其他的費用，歸納於個人費用定義之內。（四）選舉費用報告不予公布。（五）處分太輕，不足以示警惕。

自一八九二年而後，美國各州相繼的頒訂取締選舉舞弊法律。逮及今日，就各州法律的性質言，約有四類：（一）選舉費用及捐助款項，必須公布。（二）捐款的禁止與限制。（三）合法用途與不合法用途的規定。（四）選舉費用總數的限制。

公布選舉費用及捐助欵項　有規定於選舉後一定期間內公布者。有規定選舉期前與選舉期後均須公布者。選舉期後公布，其效用在追旣往以警將來。但不能制止本屆選舉的弊端，且亦不能影響本屆競選人的成敗得失。選舉期前公布，則於本屆選舉勝負，影響甚大。紐・傑色州規定，競選人於選舉舉行的前三四日，將過去八個月的選舉費用及所得捐款，全數公布於報端。選舉後二十日，將所有費用及捐款全數公布。一九一一年美國國會通過法律，規定參衆兩院議員改選時，各政黨財務主任於選舉舉行的十日至十五日前，須將選舉費用及捐款公布。此後每六日須公布一次，直至選舉日為止。但選舉後三十日，須作最後一次的總公布。福樂來達州（Florida）更且規定，每個競選人須將所有選舉工作人員，及其工作的條件呈報。選舉費用不正當或捐款來歷不淸時，競選人常諉過於辦理選舉的經理人(Campaign manager)。故爲制止競選人卸責計,紐約州法律規定,政團工作人員或雇員,於正式選舉後或初選後(Primary)的十四日,將收支款項及已淸未淸債款,詳細開列,呈報競選人,或政團的會計。爲便於審查起見,紐·傑色州更規定各競選人選舉費,由經理人存儲銀行或信託公司,支取時憑支票由銀行取出。並且規定凡選舉費用超過十元以上者,須註明用途,並須證人連名簽署(Vouchers)將來一倂呈報州政府審查。其他法定團體,在選舉期中,爲競選人作選舉運動者,亦須將所用款目,向指定的機關呈報。

捐欵的禁止與限制 一九〇七年一九〇九年與一九二五年,美國中央政府,先後頒佈法律,同時各州亦通過法律,禁止保險公司,儲蓄公司,銀行,鐵路交通事業公司,及公用事業公司,捐助選舉費用。違者停止其營業,或予以法律的處決。路易聖安那州(Louisiana)與阿那班馬州(Alabama)規定,某類營業公司的最大股東,不得捐助選舉費用。匪特此也,競選人在選舉期內,不得捐款贊助宗教,慈善,或教育團體。更不得捐款贊助娛樂大會。競選人不得接受匿名捐款,或接收用假名姓的捐款,以作選舉費用。除民選官吏外,不得捐助選舉費用。

捐款數目——卽候補人自己捐出之款,作爲自己選舉用費——在法律上亦有限制。限制的方法有三：(一)規定至多額。例如曼英州(Maine)規定，初選時，參議員候補人自出的款項數目，不得過一，五〇〇元美金。(二)按競選職位薪俸的多寡，規定比例額。例如阿銳剛州規定，初選時，候補人自出選舉費，不得超過競選職位年俸百分之十五。普選時，候補人自出選舉費，不得超過競選職位年俸百分之十。(三)按競選州或競選區內上屆選舉票數的總數，規定比例額。例如印第安那州規定，選民由一，〇〇〇至五〇，〇〇〇名者，每一，〇〇〇人，候補人得自出選舉費二五元。由五〇，〇〇〇至一〇〇，〇〇〇人者，每一，〇〇〇人得自出選舉費洋一〇元。

合法與不合法用途的規定　概別言之，競選人有下列費用者，謂之不合法的用途：贈送他人煙，酒，衣服，肉食，或捐款幫助宗教，慈善，及其他公益團體（但在未充當競選人六個月以前，曾捐助此等團體者，不在此例。）或爲人購買戲票，或資助娛樂跳舞事業。對於選舉日之選舉工作人員，不得給資，或允爲代謀職位。不得出資雇用車輛，載運投票人。但選民以私人地位，願意出資雇車，運送他人者，聽其自便。如選民居住地方，距投票所二里以上，且交通不便者，該選區內的政黨，得申請地方法院，令知區內行政機關，預備車輛，以利往返。

選舉費用總數的限制　按一九二〇年參議院委員會調查的結果，是年美國民主共和兩大政黨，關於大總統及參衆兩院議員選舉費用，有如左表：

	共和黨	民主黨
中央委員會對於大總統選舉費用	$5,319,729.32	$1,318,274.02
衆議院委員會對於衆議員選舉費用	375,969.05	24,498.05
參議院委員會對於參議員選舉費用	326,980.29	6,675.00
各州州黨部選舉費用總數	2,078,060.55	888,323.64

右列數字之鉅，誠駭人聽聞！故限制選舉費用總數，爲澄清選舉弊竇的又一要政。一九二五年美國中央政府法律規定參衆兩院議員選舉費用，須受各本州政府法律的限制。但無論如何，參議員選舉費用至多不得超過一〇，〇〇〇元。衆議員選舉費用不得超過五，〇〇〇元。同時各州亦自有法律規立定額。例如阿那班馬州規定，參議員初選與普選費用，每次至多不得超過一〇，〇〇〇元。衆議員初選與普選費用，至多不得超過二，五〇〇元。麻色傑塞州規定，參議員初選費用額定五，〇〇〇元，普選費用額定一〇，〇〇〇元。衆議員初選費用額定三，〇〇〇元，普選費用額定六，

〇〇〇元。

選舉爭執問題的處置　選舉舞弊或有不合法律的行爲，或選舉票數計算有錯誤，或勝選人資格道德發生疑問，競選失敗者——或選民——如欲提出抗議，究應向何處申訴？究竟何種機關握有處置此類爭執問題之權？

關於上項問題的解決方法，各國規定極不一致。(一)有由議會處置者。美國（憲法第一條第四段，）法蘭西（一八七五年七月十八日頒佈律第十條，）比利時（憲法第三四條，）及猶哥斯拉夫（憲法第七六第八一兩條）其例也。美國參衆兩院均設有選舉審查委員會，對於選舉舞弊或對於當選人資格發生問題，得由人民向議會請願審查。或由現任議員，在大會動議審查。一九二六年伊利諾埃州參議員施密斯（Frank L. Smith）當初選（Primary）時，用去選舉費四五八，七八二元。同時博爾薛維亞州參議員費爾（William Vare）耗去的選舉費用，與施氏相伯仲。經參議員羅乃時（G. W. Norris）動議審查後經大會表決，取消施費兩氏的議員資格。法國議會開會時，全體議員，用抽籤法分爲十一組，將議員被選證書及與選舉有關的一切證據分發各組審查。各組將審查合格議員人數，報告大會。其認爲有問題者，得由各組詳細審查。如仍認爲不能解決者，則由大會另組委員會查報，然後再付表決。(二)由普通法庭處置者，英國其例也。當事人向法庭 (High Court of Justice) 起訴，經法院查明審判後，將判決意見書咨送議會會長，議會會長通告大會，由大會議員根據判決書，動議表決。波蘭（憲法第十九條）則由中央大理院審判。(三)由特立的司法機關處置者。德意志設有選舉裁判委員會 (Electoral Commission)（憲法第三一條，）由議會議員暨最高行政法院法官組織之。奧大利（憲法第一四一條）由最高憲法裁判所處理。捷克斯拉夫（憲法第十九條）則立有選舉法院 (Electoral Court)。

第三節　議會內部的組織（上）

選舉舉行後，新議會應於最短期內召集開會。按英國的習慣，新議會於普選完了後，至多兩星期內，卽須召集。英制內閣當國，但內閣必須得議會大多數的信任與擁護，方能有所憑藉。欲知議會——新選議會——大多數是否對現任內閣表示信任與擁護，必須召集議會開會，以覘信任與否的表示。任何內閣，如不於普選後的短期內召集新議會，而惟一味的繼續行使其職權者，卽是缺乏民意的根據。在成文憲法的國家中，有將新選議會召集的時日，載在憲法者。德意志憲法規定議會常會於每年十一月第一週之禮拜三日開會。選舉舉行後，新議會至遲須於三十日內開會。普魯士與奧大利，亦有新選議會於選舉後三十日內開會的規定。他如比利時，法蘭西及英屬各殖民國家，均於選舉舉行後的短促期內，召集新選議會開會。

惟美國則獨不然。美國憲法規定，國會於每年十二月第一週之禮拜一日開會。美國國會選舉於每複數年十一月舉行。選舉後，新選國會直至次年十二月始行開會。新國會自選舉以至開會之時，其間相距十三個月。此制的缺點有三：(一)在此十三個月中，舊國會尚有短期常會一次。此常會由本屆選舉舉行後之次月開會，以至次年三月四日爲止。舊國會議員之在本屆選舉競選失敗者，仍然出席短期常會。以競選失敗之人，依然爲人民的立法代表，實有違反代議政治的原則。(二)國會中的議案，有爲大總統所特別希望通過者，此輩競選失敗，日暮窮途的議員，不惜與大總統交換條件，投票贊成此等議案，以使其有通過的可能。待國會閉會後，彼輩卽向大總統要求職位，以爲前此投票贊成的報酬。凡經如此方法通過的議案，稱之爲跛行立法（Lame duck legislation）。(三)選舉舉行十三個月以後，新國會方開會，新選議員始能於此時，列席國會，執行職務。迨正式履行職務，不過五六個月之久，工作成績，尙等於零之時，而下屆的選舉又將舉行。各政黨在選舉以前，預先召集州代表大會，推舉國會議員候補人。其無政黨代表大會者，則有初選（Primary election）競選。議員之欲連任者，均須於本黨的州代表大會舉行時，或於初選舉行時，極力的活動，以期達到被推爲下屆議員的候補人之目的。此關渡過以後，正式選舉之期——十一月初——即至。於是現任議員之爲候補人者，又須極其奔走運動的能事。此次勝選，固然是連任，就是失敗，仍可出席於十二月開幕的國會短期常會，大施其「日暮窮途」的政治策略。爲改善此種不滿人意的制度計，曾有人一再的提議，新國會於選舉舉行後之次年一月第一週之禮拜一日，即行開會。至新選的正副總統，則於次年一月第二週就職。此議案現已經國會通過，並已交付各州投票表決，結果如何，此刻尚未得知。按美國憲法的規定，大總統有召集國會特別會議（Special session）之權。是以，新選國會，得由大總統提前召集。但如大總統不行使此權，則別無其他合法的手續以召集之。當美國大總統的人，都有一種迷信，認召集國會特別會議爲不祥之事，而尤以特別會議，在五月內召集爲最不祥。當林肯爲總統時，曾有召集國會特別會議的主張。國務卿蘇華氏即警告他，萬不可於五月內召集（後於七月內召集！）

其他國家，議會開會日期除法定的時間外，得由行政元首召集，或由規定的議員人數，聯名的要求召集。德意志憲法規定，在議會閉會期內，如經大總統或議員人數三分之一的要求，得由議會議長召集開會。法國規定，如經議員大多數人之要求，得由大總統將議會提前召集。捷克斯拉夫規定，如有議員之半數向內閣總理要求，得由大總統召集特別會議。議會閉會四個月後，如有議員五分之二的提議，得迫使大總統於兩星期內召集會議。波蘭規定，大總統得隨時召集議會開會。但如有三分之一之議員的要求，大總統應於兩星期內召集開會。伊色東利亞規定，議會主席團得於必要時，召集議會特別會議。但如政府提出要求，或經議員四分之一的要求時，則議會主席團，須即召集會議。

當正式職員未被選出以前，新選議會第一次開會之時，應由何人主席，按法國的習慣，由議員中年最長者為主席，年最幼之六人任書記。同時用抽籤法，將全體議員分為十一組，審查議員的資格。審查完了後，將合格議員人名，報告大會。如合格議員滿足過半數人數，即着手選舉正式的職員——選舉議長一人，副議長四人，祕書八人，庶務三人。上面的職員，均由議員兼任。任期至每年議會常會閉會時為止。祕書人選，按各黨實力的強弱而支配。但每人連任，不得過二次以上。

美國新選國會第一次開會時，由前任國會書記長（Clerk of the House）主席。新選議員的名單——臨時名單——亦由前任書記長，按照各州州長的通知書（Certificate of election）編列。議員人名，不列在名單上者，即不能投票選舉國會會長。各州州長的通知書，如格式不符，或逾規定時日，或人名註載未清，書記長得將此類議員的人名，暫時不編列於臨時名單上，俟國會議長舉出後，由議長交付委員會審查。假使新選議會中的政黨勢力強弱分明，某黨雖有議員數人，因當選通知書手續不符的原故，被書記長取消其投舉國會議長之投票權，此數人雖不參加投票，但對於國會議長選舉的結果，不生任何的影響。但是，如新選議會中大多數黨與少數黨的勢力相差甚近，書記長如有意偏袒少數黨，卽可藉口大多數黨中有議員數人的當選通知書手續不符，有意的不把他們列入臨時名單上，使其不能投票選舉議長，以達到少數黨選舉議長成功的可能。此類的爭執，美國衆議院會於一八三九年發現一次。因書記長本是有黨籍的人，黨同伐異的行爲，是不能絕對的免除。

英國新選議會的開會程序，較他國爲冗繁，雖在今日，尚未脫除昔日專制的餘習。新議會開會時日，由英王——實際上由內閣——指定。開會時，如英王親自出席，但有時英王常指派貴族院議長及其他官員四人代表出席，至貴族院，由黑衣使者通知衆議院全體，齊集貴族院，由貴族院議長代宣英王意旨，令衆議院全體議員，回至衆議院，選舉議長。衆議員全體回抵本院議場後，由議會書記長主席，以正式選舉議長。選舉畢，卽行散會。待至次日午時，英王代表，重臨貴族院，聽候衆議院選舉議長之結果的報告。新議長率領議員全體，至貴族院，報告選舉結果。由貴族院，議長代表英王，表示承認。於是，新議長卽於此時代表議員全體，向英王要求議員的言論自由，身體自由等權利（此之謂Ancient and undoubted rights and privileges of the commons）英王代表照例的承認其要求。此時，新議長率領全體議員，退回本院，舉行議員就職宣誓禮。新選議員人名册已由元首秘書處(Clerk of the Crown)按照各區選舉監督的報告編列成册，送交議會書記長。議會書記長卽按照收到的名册排列，而毫無斟酌的餘地。議員宣誓後的次日，英王——或英王代表——親至貴族院，又通知衆議院全體齊赴貴族院，聽候英王演說——謂之King's speech。實際上，此演說係由內閣擬就，用以作內閣的行政方針之表示——概述政府對內對外的政策，國家財政狀況，以及將來應向議會提出的各種重要議案。演說畢，英王——或英王代表——退席。衆議員全體回至本院。當場由議員一人，提出第一號有名無實的議案(Dummy Bill as Bill No. I)普通謂之假案。由提出人將此議案的題目，朗讀一遍之後，議長方令書記長將英王演說詞，向大會重讀一次。此種習慣——先提一假議案，然後宣讀英王的演說詞，卽所以表示創議法律的權，乃是議會的自動權，而不是根據皇帝的意旨之被動行爲。英王演說，在衆議院大會宣讀之後，議會中的少數黨，照例的提出修改案。各政黨常利用此時機，表示其對於各重要問題的主張。各方辯論，常至數日之久，方告終止者。辯論結束後，議會卽着手成立常務委員會，負審查議案的責任。本屆議會，至是之時，卽入正式工作的途徑。

英國議會開幕禮儀，自有其歷史的遺傳。但英國議會之足以啓迪他國者，不在此種專制餘物的開會儀式，而在其能服守立法程序的精神，與議會內部因習慣而演繹成立的組織之優點。

議會內部職員之最重要者爲議長，議長位置，與議會制度本身運用的關係，至爲密切。茲取英美兩國議會的議長制度，從三方面討論：(一)議長的主席職權；(二)議長與政黨政治；(三)議長的議員地位。

議長的主席職權　在英語民族的國家中，議會議長，謂之 Speaker——係一講話者。在大陸國家中，議會議長，謂之 President。當議會召集之始，赴會的代表，除同意於皇帝的財政要求外，並無其他的表示。是以當時出席議會，在人民方面，乃是義務的履行，以輸費於君。無所謂討論，亦無所謂主席。迨後民氣漸進，各城市代表出席議會者，除允許皇帝財政的要求外，並推舉代表，向皇帝陳訴疾苦。此代表就是議會的喉舌，代表議會向英王說話，故謂之 Speaker。現在議會歡迎來賓，或致慰問，或由議會名義所作的事，均由議長代表說話。議會開會之時，則由其主席。歷久，議會人數增加，議案亦同時增多，主席職務，亦因而重要。茲述其最著者如左：

（一）維持秩序及議場禮儀(Maintain order and decorum)　遇會場秩序紊亂的時候，議長以木錘(Gavel)擊棹案大呼「秩序，」「秩序，」以制止之。如仍無效，則由議長直呼爲首議員的名姓。如在美國的衆議院中被呼議員，卽須由委員會論處照例由被呼議員，向大會請罪了事。有時亦得由議長訓誥(Censure)。如在英國的衆議院中，被呼議員例由議長交議會糾察吏監視。如必要時，並得由在場的議員動議，停止其職務若干時或若干日。按英國法程的規定，如某議員經大會議決，停止其職務若干時日，而仍拒絕離開會場者，議長有權，宣佈停止其議員任期全部。普通的時候，如英國議會會場秩序紊亂，例由議長令糾察吏(Sergeant-at-arms)持權標(Mace)周遊會場一次。如此而無效，則宣告停會。歐洲各國議會，大都以停止會議爲制止搗亂的普通方法。法國議會，如秩序紊亂時，由議長緊按電鈴，以制止之。如仍無效，議長卽將自己帽子戴上。如仍無效，則宣言停會。如仍無效，則實行停止會議，直至秩序平復之後，始再開會議。如開會後，又入於紊亂的境地，則宣告散會。

法國議會，遇某個議員有擾亂會場秩序的行爲時，按其行爲的輕重，有下列的處置法：(甲)由議長戒令其遵守秩序。(乙)由議長令其遵守秩序，並將事實宣佈議會紀錄上。犯此條者，罰兩星期薪金之半。(丙)經大會同意，由議長予以訓誥。犯此條者，罰一個月薪金之半。(丁)暫時停止其職務。犯此條者，罰兩個月薪金之半宣告停止職務，以兩星期爲限。

議場禮儀最應當遵守的，就是甲議員發言時不能直呼乙議員的名姓，而應呼乙議員坐位席次的號數，或呼之爲「將纔發言的那位」（The gentleman who spoke last），或稱「主張反面理由的那位」（The gentleman on the other side of the question）。美國國會議員，在議場發言時，甲對乙的稱呼是代表某州的那位先生（The gentleman from——）。英國衆議院議員，在議場發言時，甲對乙的稱呼是代表某區的那位先生（The honorable gentleman from——）。但對於內閣閣員，則稱爲 The right honorable gentleman from——。復次，衆議員在議場上，不能批評上議院的行爲，或上議員所發表的言論。反之，上議員對於下議院亦然。議員如於發言時，違犯上述的規例，議長須即時糾正。

（二）決定疑問或問題的先後次序（To decide all questions of order） 修正案與原案主題的性質必須相合（Germane），則修正案方能成立。如有人對於某修正案，認爲與原案的性質不相合，而提出疑問（用議會中的術語表示，謂之 To raise a question of order），則由議長決斷（用議會中的術語表示，謂之 To rule，或稱 Speaker's ruling）。例如張某動議，由政府建設造幣廠房屋一所，以利造幣工作的進行。但李某提出修正案於張某的原案，主張修改現行幣制法。同時王某對於李某的修正案，提出疑問，認李某的修正案，與原案不相合。議長郎須處決李某的修正案能否成立。如認李某的修正案與原案主旨不相合，則宜告修正案不能成立。一九一一年英國議會案規定，凡提出於議會的議案，是否屬於財政的性質（Money bill），如經議員提出疑問後，應由議長決定（To rule）。但於未決定以前，議長得將提出的疑問付大會辯論，藉以探知大會多數人意見的向背。議長的決定，有根據先例（Precedent）者，有根據議會法程明文的規定者，有根據普通議會法程者，但一經決定之後，郎成爲他日處決同類性質疑問的先例。議員中如有不服議長的決定者，得訴之大會，以求最後的裁判。但是，對於某類問題的決定，有爲法典或先例所禁止訴諸大會者。且晚近以來，議員不服議長的決定，而訴諸大會，實爲罕有之事。議長的決定（Ruling），在議會中的效力等於法律。有人曾問英國議會議長羅仇氏（Speaker Lowther），假使議長的決定有錯誤，將如之何？羅氏的答覆是：『議會的主席，像羅馬教皇一樣，是永遠沒有錯誤的。』羅氏以議會議長，比羅馬教皇，乃是指兩者威權的相似點而言。議長的決定，公允不偏，與議會的議員，能够服從議長的威權，爲議會制度成功的根本原因。

（三）議員發言承認權（Powers and duties as to recognition）　當英美兩國議會成立之初，議員人數與議案數目均極少。議案之被提出討論者，各人均有表示意見的機會。最初美國國會規定：『如議員兩人一同起立發言時，由議長承認首先起立的人發言。』但被拒者如不服，得訴請大會表決。三百年以前，英國議會規定：『如有二人同時起立，對於某個議案表示意見時，二人中之反對討論案者，先有發言權。』後來人多事繁，遇有三數人同時起立，議長即無從辨別其先後起立之差，於是又規定：『凡議員起立發言時，須先呼主席（Mr. speaker），得其許可後，始能發言。』近來美國國會的習慣，是當議員起立呼「主席」時，主席隨即回問『某席爲甚麼事起立發言』（For what purpose does the gentleman rise?）起立者，須申述其事由。如主席認爲可言則言之，否則，主席答之曰：『本主席不能承認某席發表所述事由的意見』（The gentleman is not recognized for that purpose）。

英美兩國的議長，對於議員起立發言，操有認可與否認的絕對大權。議員縱有不服，不能訴請大會表決。英國議長超然政黨之外，對於此項絕對權力的行使，無人疑其有黨同伐異的私見。惟美國國會議長爲國會中多數黨的領袖，常利用此權，以利同黨而限制反對黨人言論的機會。

議員如欲對於某案在議場上有發言的機會，須先向議長或政黨領袖申明，得其允許。議長有名單一紙，謂之演講人名單（Speaker's list），將允許其有發言機會的議員人名，記載在名單上。開會時，議長按名單上的人名次序，承認各人發言。如遇重大議案，將有劇烈的辯論者，則先由各黨領袖，將各黨出席演說之人排定，開列名單，交議長手收。大會辯論時，議長按照所開名單的人名次序，先承認正面議員發言，次承認反面議員發言，一正一負，輪流辯論。此種對於議員發言權的限制，不僅英美兩國的議會爲然，即歐洲大陸國家的議會，亦莫不如此。美國國會議員，常有任職二三屆，在大會發言只一二次者，一因初入國會，在政黨中無地位，黨中領袖無所用其發言；二因議長及政黨領袖不知新議員的意見與主張，不敢稍予放縱。

議長對於議員發言的承認權雖極大，但亦須受習慣及法典明文的裁制。例如某項議案，在大會討論時，議長須先承認審查此項議案的委員會委員長有優先發言權。但如委員長爲反對此案之人，則承認委員中贊成此案之主辯人有首先發言權。又如某甲提出的議案，經大會當場提出討論時（即不經過審查會的審查，）則原提案人有優先發言權。

(四)法定人數　議會中少數黨常相率缺席，使議會不足法定人數，以致開會不成，爲抵制多數黨的絕好利器。此種現象，不僅見之於過去的中國議會，即歐美各國的議會亦時有之。美國參衆兩院，各以議員的大多數，爲開會時的法定人數。如開會時，有人提出法定人數不足的問題，則議長即應指點在場人數。但如在場議員，有動議用唱名法，淸點在場人數者，則議長卽須令唱名書記，按名唱點。唱點結果，如不足法定人數有兩法可行：(甲)動議散會。(乙)動議尋覓缺席議員(A call of the house)在場議員，更得以多數的表決，請議長簽發拘捕票，令警吏持票，拘拿所有的缺席議員，到場開會

美國國會的法定人數額，規定過高。倘任何議員，存心搗亂，卽可以隨時提出法定人數不足的問題。且同時可以動議用唱名點名法。議會工作時間，因此所受的損失，至爲鉅大。一九一九年至一九二一年，美國衆議院因法定人數不足的問題，而用唱名法點名者，計四三一次。每次點名，需時至少三十分鐘。總共計之，耗去二〇〇點鐘。以五小時半爲國會每日工作的時間計之，共有六個星期，完全消耗於點名之中。

英國衆議院以四十人爲法定人數。上議院以三人爲法定人數。衆議院開會時，如覺不足法定人數，則由議長點數。如不足，則坐候之直至下午四時，如仍不足法定人數，則宣佈散會。

歐洲大陸國家的議會，對於法定人數的規定，有較英美兩國爲切於實際而便利者。法國議會當討論議案時，無須法定人數到場。惟於議案的通過，則有須在場法定人數的大多數之表決的規定。如議案付表決時，發現不足法定人數，則將表決的時間，延至是日會議末了之時，或延至次日會議之時，

屆時無論有無法定人數，卽將前案付表決。但如遇有卽須表決的議案，而同時又不足法定人數，則由議長宣佈休會十分鐘，休息時滿後，續開會議，此時無論有無法定人數，卽將前案付表決。意大利議會開會時，關於法定人數不足的問題，須有議員十人的要求，方由議長查點有無法定人數。如無十人的要求，則雖不足法定人數，議長卽不過問。革命前，西班牙衆議院人數近五百，規定以議員七十人爲開會時的法定人數。但議案付表決時，須有全體過半數的出席方爲合法。日本兩院規定，各以議員人數三分之一爲法定人數。惟當某案辯論起首，及付大會表決時，必須滿足此規定的法定人數。其他的開會時間，卽無須法定人數到場。一九一八年捷克斯拉夫憲法規定，議院討論尋常事務時（Ordinary business），以議員人數三分之一爲法定人數。德意志憲法規定，議院開會法定人數問題，由議院自定。

上述各國，關於議院法定人數的規定辦法，概別言之，計有六種，可資吾人將來的採擇：（甲）英國衆議院以四十人爲一切會議的法定人數。（乙）日本議會規定，除議案在討論過程中的某個階級外，無須法定人數到場。（丙）革命前的西班牙議會開會時的法定人數額低，表決議案時的法定人數額高。（丁）法國規定，議案付表決時，如無法定人數，得延會一次。續開會議時，無論有無法定人數，卽將原案付表決。(戊)意大利規定，須有議員規定人數的要求，方由議長計點人數。(己)美國法定人數額高，但議長得經在場人數過半的表決，飭警傳拘缺席議員，到場開會。

法定人數額規定高，同時在場議員，又不能要求議長，飭警拘拿缺席議員到會，實足以長少數份子搗亂的機會。例如有議員人數二百人，以過半數爲法定人數——卽一百零一名。假使開會之時，只有議員一百人到場，尙欠一人，以滿足法定人數。因爲此一名議員缺席的原故，會議卽不能開。但經過相當的時間後，添來一人，始足成法定額數，使會議得以續開，然因此一人之故，點名尋人，已耗去不少的時間。事實上，此一名議員，顯然握有否開 (Vetoing) 會議的大權。匪特此也，二百人中，有一百名議員到場，尙不能開會，必須加添一人然後可，試問多此一人，利在何處？少此一人，害在何處？

開會時人數多少，視議案性質的重要，與各人對於議案的關係與興趣爲轉移。如議案甚屬重要，且與多數議員有直接的利害關係，卽不強迫，而全體自然的到場。如議案不甚重要，且與多數議員無直接的利害關係，縱令強迫到場，但如曇花一現，瞬息卽杳。美國衆議院當議案付表決時，常有人提出法定人數不足的要求，於是電鈴響，警吏四出，搜尋缺席的議員，到場投票。此輩缺席人，當大會討論議案之時，既不在場坐聽兩方的理論，故對於各方所表示的理由，茫無所知。到會場後，不得不逼向在場的議員，詢問各人所屬的政黨，對將付表決的議案之主張如何。如政黨對該案無表示，則又問審查委員會的主張如何。尋常之時，凡審查委員會主張通過的議案，一般議員，多相率投票贊成，以通過之。審查委員會的威權，因此增漲。且從辦事的效率方面言，會場人數，由五十人至八十人，爲工作最有效率的人數。緣現代立法問題，日趨專門，關於某案條文之如何增補與修正，須有賴於專家技術上的意見之比較與研究，若集議會四五百人於一堂，則乾燥無味，充滿事實的專家而任議員者，必不輕易啓口。結果，只有「口若懸河」利用感情，似是而非的演說家，逞其利辯，以博一時的聽聞。

議長與政黨政治　英國衆議院議長的地位，如司法官然，不偏不倚，遵照法程明文的規定與習慣，以主持會議。每屆新選議會開會的時候，須選舉議長一次。議長候補人，由大多數黨推薦，但實際上，係由內閣總理選擬。新選議會開會時，由多數黨方面的議員一人，將本黨預擬的候補議長，向大會提出。按照習慣，前屆議會議長，如願意連任，多數黨即照例的推舉，俟新議會開會時，由多數黨議員一人動議，少數黨議員一人副議，請前任議長就議長席，故不須經過票舉的形式，即自然的當選。新議長由動議人與副議人引導就位。但是，如多數黨對前任議長有異議，或前任議長不願連任，而須另推一人爲候補議長，果如是，則少數黨亦必推舉一人，以與競爭。在此種情形下，即須經過投票的手續，以決定勝負。新議長一經選出後，卽與所屬的政黨，斷絕一切政治上的關係。議長不能參預議會內或議會外的政黨議會，不加入議會中的辯論，對於議案表決，放棄其投票權，惟當贊成反對兩方面的票數相等(Tie)時，議長得投一票——或贊成或反對——以破其均勢之局，投票後，議長須向大會宣佈其贊成或反對的理由。議長對於一切議案及政治問題，不表示意見。對於有政黨色彩的新聞報紙及政治團體，謝絕來往。一九二一年議會議長羅仇氏去職時，向大會致辭，謂『鄙人在過去二十五年中，未得一次演說的機會，今天雖得此機會，但演說之技久已忘之，諸多未周，還請原諒……。』

英國衆議院議長制的優點有三：(一)議長與政黨脫離關係，使隸屬的政黨不得利用議長，以操縱議會政治。(二)議長地位，等諸裁判官，係司法性質，超然政黨之上，足以減除各黨對於議長人選競爭的熱度。若議長而政黨化，則在兩黨政治制度的國家中，勝負尚易於分判。若在多數黨政治制度的國家中，對於選舉議長，勢必盡「合縱連橫」的能事。(三)議長超然政黨之上，大會時，主持決斷，方能公允不偏。

政黨政治，必須領袖專一。在內閣政治的國家中，議會中大多數黨領袖，卽內閣總理。議長若不超然政黨之上，且其人選若隨議會中政黨勢力的起伏而變易，則實際上，爲議長者，必議會中大多數黨的領袖人物，方能膺選。此領袖人物，於當選議長後，必與內閣總理發生領袖問題的爭執。一黨有二主，黨的團體，亦即自然的發生化分現象。

試觀美國衆議院議長制度，益知上述現象之爲害。美國衆議院議長地位，一半係政治的，一半係司法的。議長人選，隨衆議院中政黨勢力的起伏而定。每屆新國會開會時，衆議院議長候補人，先由衆議院中各政黨開黨員密祕大會（Caucus）推舉。假使共和黨在上屆衆議院中係大多數黨，則上屆議長即是共和黨人。衆議院改選後，共和黨若仍爲大多數黨，必推舉前任議長爲候補人。此種習慣，已成爲衆議院中的不成文法律。各黨議長候補人，由各黨黨員大會推定後，於新選國會開會時，由各黨黨員大會的主席，將各黨推定的候補議長，向大會提出，由大會投票表決。美國習慣，國會中少數黨，每當選舉議長時，例須推舉一人，爲候補議長。此人即國會中少數黨的領袖。其被推爲議長候補人，即是少數黨領袖資格取得的證明。

以議長位置的司法性質言，美國衆議院議長，應遵照議會法典的規定及過去習慣與成例，以維持會議時的秩序與禮儀，以決斷因討論或辯論議案而發生的一切爭執，及管理國會內外的一切行政事宜。從政治的立足點觀，美國衆議院議長利用其所居的地位，在合理與合法的範圍內，謀本黨的利益，與鞏固本黨在國會中的勢力。

美國衆議院議長可以隨時隨意，加入議會辯論，表示其對於某項議案的意見。議案付表決時，議長可以投票。議長爲議會中大多數黨的領袖。議會中的議案，何者當提前討論通過，何者應不予討論，議長有最大的處決權。從政黨的地位論，議長旣是國會中大多數黨的領袖，假使大總統與議長同屬一個政黨，則實際上，此政黨卽同時有兩個領袖。大總統爲行政機關的領袖，議長爲立法機關的領袖。大總統不能向議會直接提出議案。按不成文的習慣，每屆議會開會時，大總統將一切應興應革的重要問題，筆之於書，咨達議會，謂之 Presidential message，由議會分發各關係審查委員會審查。各委員會將大總統送達書中所指示的種種問題，列成議案，向大會提出。此外大總統如有其他應提的議案，得示意於議會中的同黨議員，用議員自己的名義，提出大會。假使議長與大總統彼此不合作——不合作的事實，在過去中，曾數見不鮮——議長有權得將大總統所欲通過的重要議案，不予提出討論。

有時大總統爲共和黨人，衆議院的大多數黨則爲民主黨，衆議院議長卽由民主黨人充任。站在議長的地位上，此人卽是全美民主黨的領袖。在此種情形下，行政領袖是共和黨人，立法領袖是民主黨人，彼此處於反對的地位，大總統所主張的政策，卽自然的難能得議會的通過。美國此種兩重領袖制度，爲行使總統制的自然產物，爲行政與立法兩機關分而不連之必不可免的病象。

議長的議員地位 英國議會議長，於被選後，完全失去其議員的地位。對於本選舉區內的地方利害及人民請願，不加過問。普選時，議長不能作選舉運動演說。普選時，在議長候補的選舉區內，亦無其他的候補人與之競選。英國議長雖不能行使議員個人的權利——辯論權，投票權，提案權，以及作政治活動的權利，但是，議長的地位，儼有帝王的尊榮。雷得里（J. Redlich）說得好，英國議長：『住在一個皇宮裏，自己有宮庭，自己有左右官員；一切食用由政府供給。接近他與稱呼他所用的敬禮，只見之於接近或稱呼皇帝之時。議員恍忽是他的臣民，他們的權利由他爲之代表，在他的職權範圍以內，他的話就是法律。他自己有拘留所，懲辦不服從他的法律的人們……他有一定的禮服，別人穿上就算違法。議會的權標是他的笏。開會時，樹立在他的前面。他的頭上有冕——就是議長應戴的假髮（Speaker's wig）。他的席位，在衆議院中，與英王的寶座在貴族院中，立於同一的地位。假使不是怕犯叛逆大罪，誰都不能否認他是皇帝。』（註一）

美國議長於當選後，仍然不喪其議員個人的地位。普選之時，在議長候選區內，有敵黨的候補人與之競選。議長得作政治演說，得從事選舉運動工作。其當選爲議員與否，視其所屬政黨，及其個人在選舉區內的政治力量爲轉移。實際上，議會中大多數黨的黨部會議，多由議長主持。議長常爲本區人民，提出卹金案，或爲本區人民，向各部院請求人情。凡此行爲，乃所以鞏固他在所屬選舉區內的政治勢力。若用美國政治術語言之，此之謂乳哺選民（Nursing constituents）。總言之，美國衆議院議長的地位，恍如三面鏡：一面是議會的主席，一面是國會中大多數黨的政黨領袖，一面是某個選舉區的代表，議員中的一員。

法蘭西，加拿大，及其他歐洲國家的議會議長地位，介居於英美兩種制度之間。如兩面鏡然：(一)一面是議會中的主席，按着法程與習慣，不偏不倚，主持會議。(二)一面是政黨中的一員，並不失去其議員個人的地位。法國議長對於議案付表決，不加入投票，就是贊成反對兩方票數平等時，議長亦不投票，以破均勢之局。議長須放棄其新聞事業，但可以隨時加入議會中的辯論。按着壁爾（Eugene Pierre）的意見，法國議長，仍然保存其政客的地位。

各國議會的行政組織甚簡單，人數亦不多，大可爲深中衙門化病毒之民族的借鏡。英國只有議長一人，而無副議長。此外有全體委員長及副委員長各一人（Chairman and deputy chairman of committees）均由大會選舉議長請假缺席時，由全體委員長代理主席。書記長一人，助理書記二人，糾察吏一人（Sergeant-at-arms），糾察助理數人，都是由內閣總理呈請英皇任命，係終身職。牧師一人，由議長派任。美國亦只有議長而無副議長。議長請假缺席時，得指派議員代理，名爲 Speaker pro tempore，但至多不得過三日。如缺席由三日至十日之久，則議長指派的代理人須經大會的通過。但議長如不指派他人代理，則由大會選舉一人代行職權。此外議長有私人祕書一人，議會法程專家（Parliamentarian）一人，書記一人，信差二人，議會書記長一人，糾察吏一人（Sergeant-at-arms），及牧師一人。副議長制只見之於歐洲各國。法國議會有議長（President）一人，副議長四人，祕書八人，度支員三人，共組成辦事團（Bureau），均由大會選舉議員兼任。比利時議會議長一人，副議長二人，祕書四人，共組成辦事團。德意志議會有正副議長各一人。奧大利憲法規定，議會正議長一人，此外有第一第二副議長各一人。

關於議會的職權，各國憲法，均不憚詳爲規定。惟對於議會的組織問題，則大都由議會自行規定。議會組織半由明文規定半由習慣與先例裁制，合而言之，統稱爲 Rules of procedure——議會典例。議會制度的成功與失敗，不繫之於憲法上關於職權的規定是否嚴密，而繫之於議會內部工作的行爲如何。議會典例，乃用以範圍議會內部的行爲。議會法典，不僅使大多數分子用之以貫澈其主張，且應使少數黨籍之得以充量的發表其意見。惟如此，少數黨雖失敗，亦覺心服。一七八九年法國國民會議開會時，議員對於議長威權，完全不顧，旁聽者可以隨意喝采與叫嘯，對於議案討論，毫無一定的程序。此種紛亂情形，爲促成法國革命重要原因之一，已爲學者所公認。其他歐洲國家，與南美共和國家，常因議會內部行爲與法規的不良，爲議會制度之失敗的主要原因。壁爾氏謂：『實際上，議會典例，爲政黨手中令人可怕的利器。議會典例，對於國家政治行爲的影響，常較憲法所發生者爲大。』

大多數人統治，與少數人服從，爲近代公認的民治原則。但欲實現此原則，（一）大多數黨必須「統」而不「暴」。（二）少數派必須先「服」而後能「從」。欲使少數黨心服，即應予以說話的權利。希臘謝米斯多克里（Themistocles）曾說：『Strike, but hear me』。此即英美國家所謂「自由」(Liberty)。李樸（Francis Lieber）在所著自由與自治（On Civil Liberty and Self-government）中說：『議會習慣法，或關於辯論及立法程序的規程，發達於英國，獨立於行政機關之外，爲英國憲治與議會自由的最重要部分，連同其他的英國習慣法，一併移植於美國。此種習慣——姑簡單稱之爲此種習慣——不僅對於立法機關，有極端的重要，且在全國任何會議中——無論會議的大小如何，無論其爲直接的抑爲間接的——爲獲得自由之要素。此種習慣，更是自由的重要證條，好似一支河流，兩岸的堤防，建築鞏固，能歷久不變，纔能使水流居中。如無堤防，則水流氾濫，蔓延四境，苟當其衝，必遭湮沒。古今各國，均因缺乏英國民族的議會習慣法，而感受痛苦，凡熟知歐洲及南美國家的歷史，及其爲謀自由的實現而奮鬬不息的精神，益知議會習慣法，對於英人之爲如何重要……。』(註二)

李氏又說：『英美兩國讀者，自幼小至成人，卽習知議會法程與習慣，且實行於學校之中。故彼輩大部分的時間，受議會法程與習慣勢力的陶冶。許多事，彼輩認爲極自然，或不值得思慮者，實際上已經過數百年的吸染，方能臻此。若無議會法程，自由——至少尋常事務——的進行，必不順利。凡關於演說辯論的規程與習慣……都是自由本身的最要原素。此規程與習慣，吾人認爲自由的保障之一種。吾人較前人之所以有進步者，亦卽在此。』(註三)

議會法典爲少數黨的護符。關於此點，美國共和黨領袖魯特 (Elihu Root) 所言最爲透徹。一九一五年時，魯氏任美國參議院議員時，共和黨是參議院中的少數黨。魯氏說：『議會法程的目的，在使辦理事務有一定的行爲，用以作少數黨的保障，使少數黨於執行職務之時，不至受多數黨任意的抑制。……少數黨的功用，對於代議政治生存的重要，不減於大多數黨。少數黨的責任，爲主張遇事要討論，要研究，要公開，使國家一切事務的處置，能公諸天日，而爲國人所共知。在一個共和國家中，除了保存與保護少數黨人履行其職責上的自由權利外，再沒有比此更爲重要與更爲致命。否則，我們少數黨人何必在此呢？我們何不束裝回里呢？我們何必朝夕在此呼吸此汚濁空氣，摧殘自己的身體，促短自己的壽命呢？何不任由大多數黨於議案提出之時，卽爲法律成立之日呢？何必經過投票的手續呢？假使只應顧及大多數黨議員的權利，一切議案又何必經過討論呢？……代議制度下少數黨唯一的保障，就是議會法程。假使你們（指多數黨人）破壞此種法程，或置之不顧，或棄而不用，則代議機關用以保護少數黨行使職權與制止大多數黨專制的唯一護符，卽被拋棄……。』（註四）

（註一）見 Chiu, C. W., The Speaker of the House of Representatives, New York: Columbia University Press, 1928, P. 37.

（註二）見 Luce, R., Legislative Procedure, Boston Mifflin, 1922, P. 5.

（註三）見前第五——六頁。

（註四）見前第六頁。

第四節　議會內部的組織（下）

議案提出議會後，由委員會（Committees）審查，乃立法程序必須經過的階級。各國議會內設立的委員會，其組織與職權雖各不相同，但其運用的結果，則直接影響於議會政治的效率。故不可不論述之。

一　美國

大別言之，美國衆議院委員會有兩種：一種爲全體委員會（The Committee of the Whole）；一種爲常務委員會（Standing Committees）。

全體委員會由全體議員組織而成。以議員一百名爲法定人數。凡關於賦稅及財政性質的議案（Money bills），經常務委員會審查報告於大會後，及在第二讀以前，必須提出全體委員會討論。其不屬於財政性質的議案，則不由此委員會討論。全體委員會不由議長自己主席，而由議長派同黨的議員主席。在全體委員會中議案討論的程序爲一、普通辯論（General debate），每人得發言一小時。但發言者須先通知議案的主辯人。得主辯人允許後，由主辯人將各發言者之人名，開列名單，交給全體委員會主席。由全體委員會主席按人名次序，承認贊成反對兩方的議員，輪流發言。普通辯論的全部時間，先由大會規定，或四小時以至七八小時不等。在普通辯論時間，發言者往往言不切題。各議員均思利用此時間，以發表對於其他問題的意見，致使不發言的議員，鬧之無味，相率離席。故實際上，當全體委員會普通辯論之時，在場人數，遠在法定數目以下。此種現象今已成爲全體委員會普通辯論時的慣例。二、普通辯論完了後，議案付逐段辯論。議員得於此時，對各段自由的提出修正案。凡提出，或反對提出修正案的議員，各有五分鐘的發言權，此之謂 Five-minute debate rule ——五分鐘辯論律。但如時間不足，修正案的提案人——或反對修正案之人——得要求在場議員一致的許可（Unanimous consent），繼續發言五分鐘。如提案人，或反對提案人，仍欲對修正案作第二次之發言，則須候對方發言者完了後，起立提出修正案的修正案——修正第一次修正案的最後一字（Move to strike the last word）。此種修正案，謂之 Pro forma amendment ——形式上的修正案。形式修正案提出後，提出人卽能再得五分鐘的發言權。但於第一次形式修正案提出後，如再提出修正第一次修正案的最後二字者（Move to strike the last two words），亦再得發言五分鐘。五分鐘辯論律的功用，在使各個議員對於議案得以逐段的切實表示其意見，亦卽立法程序中最有實益之律規。議案經過「五分鐘辯論」的程序後，卽由全體委員會主席，將此案及其修正條文，報告於大會。至此之時，議案卽進入第二讀時期。

全體委員會由全體議員組成，實際上卽大會的變相。但是，近代政治，幾已完全的經濟化。國會中的重要議案，大部分都帶有財政的性質。此大部分之財政性質的議案，均須經過全體委員會的討論。故國會大半的時間，完全爲全體委員會佔去。全體委員會的優點約言之有四：一、法定人數少——議員一百名爲法定額，人少則開會容易。二、有五分鐘的辯論律，可以免除空言的弊病。三、議員得提出形式上的修正案（Pro forma amendment），因而發言的機會多。在此規定下，議員之欲發言者，得隨時起立，毋須事前取得委員會主席的允許。四、全體委員會表決議案時，不用唱名投票法，紀錄上只載贊成反對兩方面所得的票數，而不記載贊成或反對方面的議員人名。是以某也贊成，某也反對，外間無從得知，而在議員方面因不感受外界的壓力，得以憑着自己自由意志的裁判，作贊成或反對的表示。

其次，常務委員會（Standing Committees）。按美國衆議院組織法第十一條的規定，凡提出的議案，由議長或大會表決交與提案有關係的委員會，分別審查。審查完畢，報告大會，然後將議案列在議程表上（Calendar），挨次的由大會討論。如係財政性質的議案，則須經過全體委員會的討論，然後進入第二讀時期。其不屬於財政性質的議案者，卽直接的達到第二讀時期。左表卽衆議院每屆常會中，各常務委員會收到而須審查的議案總數，與經各常務委員會審查後，提出大會討論的議案總數之比較：

衆議院常會次數	各常務委員會收到議案總數	經各常務委員會審查後報告大會之議案總數
第五五屆國會	12,223	2,364
第五六屆國會	14,339	3,006
第五七屆國會	17,560	3,919
第五八屆國會	18,209	4,904
第五九屆國會	25,897	8,174
第六〇屆國會	28,440	2,300
第六一屆國會	33,015	2,302
第六二屆國會	28,870	1,628
第六三屆國會	21,616	1,513
第六四屆國會	21,104	1,637
第六五屆國會	16,239	1,187
第六六屆國會	16,170	1,420
第六八屆國會	12,474	1,651
第六九屆國會	17,415	2,319

美國衆議院常務委員會共計四十五個。其最重要而工作繁多者，不過十一或十二個委員會，例

如，預算委員會（Committee on Appropriations），稅計委員會（Committee on Ways and Means），法程委員會（Committee on Rules）銀行幣制委員會，農業委員會，外交委員會，國內外商業委員會，司法委員會，陸軍委員會，海軍委員會，及河港委員會等是。

常務委員會委員人數的支配，與各政黨在國會中的實力成爲比例。例如，預算委員會委員共三十五人，其中屬於大多數黨者二十一人，屬於少數黨者十四人，委員長亦由大多數黨黨員充任。每屆新選國會開會時，委員會即改選一次。先由各政黨組織推選委員會。共和黨推選委員會名爲 Committee on Committees，由每州在國會中的共和黨議員，推舉代表一人，充推選委員會委員。由此委員會推舉共和黨在國會中各常務委員會中應有的委員人數。推定後，再由共和黨議員開祕密大會（Caucus）通過。通過後，然後由共和黨領袖（名爲 Floor leader）將共和黨方面在各常務委員會中的委員人名，向大會提出追認。民主黨方面的推舉機關，由民主黨議員之任稅計委員會委員者組織推選委員會，推舉民主黨在國會中各常務委員會中應有的委員人數。推舉後，由民主黨議員開祕密大會通過。通過後，由民主黨領袖向大會提出追認。如民主黨而係少數黨，民主黨領袖常將民主黨方面的委員名單，交由大多數黨——共和黨——領袖向大會提出追認。反之，如共和黨而係少數黨，則共和黨領袖請大多數黨——民主黨——領袖將共和黨方面的委員名單，向大會提出。每個政黨在國會中自有領袖，統領一切。如係少數黨，則照例以該黨議員在稅計委員會中的首席委員爲領袖，名之爲 Minority floor leader。至於多數黨，則事務甚繁，常由該黨專舉一人，名之爲 Majority floor leader，不兼其他常務委員會事務。在形式上，國會各常務委員會委員由大會選舉。在實際上，國會各常務委員會委員由各政黨各按應有的名額，先行推定，然後由大會追認。

但是推選國會常務委員有一定的習慣律，爲各黨推選委員會所不可不遵守：一、資格問題（Seniority rule）。委員會人名次序的先後，以在該委員會服務期間的長短而定。新議員之被推爲某委員會委員者，居最末一位。但一經推定爲某委員會的委員之後，苟非本人自動的請求，或經本人的同意，不得更易。自被推任後，即遞次上昇，直至位居首席委員之時，如本黨在國會中爲大多數黨，則首席委員即自然的爲委員長。美國國會委員長均由各委員會中資格最深，在國會中任職較久的議員充任。例如前任國會稅計委員會委員長霍萊氏（Willis C. Hawley）服務國會已經二十四年。當他第一屆爲議員時，即被派爲稅計委員會委員，居最末一位。後來因爲人事的變遷，位居霍氏上者，或辭職，或物故，或普選時落選，霍氏乃得以次梯昇，直至最後居首席委員位時，適本黨當政，遂以首席委員的資格爲委員長。此時霍氏在該委員會已服務二十年。一九二七年時，國會預算委員會委員長在國會任議員職已二十一年。農業委員會委員長在國會任議員職已二十四年。文官考試委員會委員長在國會任議員職已十二年。外交委員會委員長在國會任議員職已十六年。此不過隨舉數例，以事證明。以資格爲任事的標準，其優點在以經驗宏富之人爲立法領袖。但亦有一極大的缺點，就是資格因議員任期的長短而別，往往有才能平常之人因爲在委員會任職甚久，挨次昇補得爲委員會委員長，而同時雖極有才能之人，因爲初入議院之故，屈居末位。是以不才而馭有才，則有才之人必不願意置身國會。結果國會勢必淪爲庸材者的養老院。此類理由，甚爲近日美國一般激進分子所堅持。二、地域主義。凡重要的常務委員會，任何州不得有屬於一個政黨的議員二人在同一委員會充當委員。美國東部的紐約與博爾薛維亞兩州爲財富區域，握有全美的經濟大權，國會中預算常務委員會及稅計常務委員會必有此兩州的議員爲委員。農業委員會委員則必須推舉富有農產區域的議員充任。簡言之，常務委員會委員人選，備受各州經濟力量的支配。三、黨紀原則（Party regularity）。議員如不服從本黨決議的政策，或不服從本黨領袖的指揮者，彼等在常務委員會中所處的地位，常受降級的處分，或被派充爲極不重要之委員會的委員。一九二四年國會中有共和黨議員十二人，公開的反對共和黨候補大總統柯立基氏。迨至國會開會後，國會中共和黨領袖將此十二人所處的常務委員會地位，降至最末一位。

二　英國

英國議會委員會有四種：

全體委員會（Committee of the Whole）由全體議員組成，實卽大會的變相。美國國會中的全體委員制，卽根源於此。當查理士一世在位時，英國議會議長，均由查理士王派任。故當時議長，實英王的耳目。議員言論，極不自由。爲圖抵制起見，議員方面，乃巧立全體委員會的名目。在此委員會中，議長須離開主席位，而另由他人主席。嗣後議會權力增大，議長雖不受英王的控制，但全體委員會的組織，則仍屹然的存在，以至今日。全體委員會與大會不同之點有數：（一）大會由議長主席，而全體委員會則由委員長（Chairman of Committees）或副委員長主席。（二）在大會中提出的議案，必須副議，在全體委員會中提出的議案，則不須副議。（三）大會時，議員得動議終止辯論。全體委員會時，議員不能動議終止辯論。（四）大會時，議員對於同一問題，只能發言一次，在全體委員會中，議員的發言權無限制，一九○七年前，所有關於公家性質的議案（Public bills），在第二讀以後，照例的在全體委員會中討論。但自一九〇七年後，此類性質的議案，交由常務委員會審查，而不交全體委員會討論。全體委員會的名稱，乃用以討論普通之帶有公家性質的議案（Ordinary public bills）。但如討論預算案時，則全體委員會改稱爲 Committee of the Whole on Supply，或簡稱爲 Committee of Supply。如討論稅計案時，則改稱爲 Committee of Ways and Means。如此的區別，爲美國國會中全體委員會所未有。美國國會的預算案及財政性質的議案，雖必須經全體委員會的討論，但全體委員會並不因討論的議案性質之不同，而改變其名稱。匪特此也，英國議會議案經過二讀後，始提出於全體委員會討論。美國國會議案在第二讀以前，卽提出於全體委員會討論。

臨時委員會（Select Committees）　會員人數，普通以十五人爲限。其目的在調查與收集關於某個議案的事實證據，及其有關係的材料，而報告於大會。報告完了後，任務卽算告終，同時委員會的生命，亦卽消滅。每屆議會期內，臨時委員會成立的總數，約十四五個。

此外尙有一種臨時委員會，名爲 Sessional Committees——卽短期委員會。此類委員會的委員，於每次議會常會開幕時，改選一次。例如稽核委員會（Committee on Public Accounts），專以審核審計司長（Auditor and Comptroller）關於政府用欵的報告。他如請願案審查委員會（Committee on Public Petitions），亦屬於此類的性質。

常務委員會（Standing or Grand Committees）　議會因社會的及經濟的情形，日益複雜，故提出的議案，亦日益增加。上述臨時委員會的職權，止於調查事實與收集材料。但每提出一議案，即設立一臨時委員會，名目未免繁多。除臨時委員會外，只有交付全體委員會討論。但全體委員會包括議員全體，人數衆多，最不宜於審查的工作。因此原因，常務委員會所以有成立的必要。一八八二年英國衆議院成立兩個常務委員會。一爲法律常務委員會，審查關於所有法典及司法制度程序的議案。一爲商業常務委員會，審查關於工業製造，航運，農產，漁業等類性質的議案。一九〇七年衆議院增設常務委員會二，迨至一九一九年又增設常務委員會二，此時共計有六。一九二五年時，常務委員會被取消者一，自茲至今，英國衆議院有常務委員會五，除專管蘇格蘭島事宜的常務委員會外，其餘四個委員會以A、B、C、D、四個字母爲名稱的識別。每個委員會委員人數由三十至五十不等。此外並得臨時增加由十名至十五名有專門特長的議員，於任何委員會中，幫助審查某個議案。此輩人的任務，至議案審查完畢之時爲止。英國衆議院常務審查委員會委員選舉法，與美國不同。英國衆議院常務委員由推選委員會（Committee of Selection）推選。推選委員會委員十一人，其中六人屬大多數黨，五人屬少數黨。在形式上，推選委員會委員由大會推舉；但實際上，則由各黨預先指定，然後各將人名，提出於大會，由大會進行追認。各黨被推出的推選委員，多係連任，故經驗甚充足。推選委員會的組織，雖滿帶政黨色彩，但實際上，並無黨見的爭執。莫伯來爵士(Sir John Mowbray)曾任衆議院推選委員會委員長職三十二年。據莫氏的意見，每遇推選委員會表決人選問題時，各委員之贊成或反對，並不以各人所屬的政黨之主張爲依歸，而以各人意志的裁判爲轉移。衆議院常務委員會委員，及其他臨時委員會委員，均由此推選委員會向大會推舉。各常務委員會人數，按議會中政黨的勢力而分配。至各委員長，則另由選舉委員會推選，組織所謂主席團 (Chairman's Panel)。例如，常務委員會審查內閣閣員提出的議案時，則由主席團員之屬於少數黨者主席。常務委員會主席性質，與議長地位相似——不偏不倚，處於司法官的地位。

私人請願議案審查委員會 (Committee on Private Bills)　議會議案有二種：(一)屬於國家性質的，名爲 Public bills。屬於此類性質的議案，若由政府——即內閣閣員——提出者，謂之政府案 Government bill。若由普通議員提出，則通稱爲 Public bill，或稱爲 Private member bill。(二)爲謀一個地方區域，或某個公司，或某一個人的利益，而提出的議案，謂之 Private bill。此類議案，係根據人民請願權而成立。英國議會，對於此類議案的立法程序，特爲規定。

議員由人民選舉而來，故其結歡選民，以圖連任，乃屬人情的常事。美國議員大部分的工作與時間，均虛擲於此；中央政府鉅數的欵項，亦消耗於此。例如，甲區地方，需建一船塢，或區內的河道，亟須修治，那麽甲區的議員，卽須向議會提出議案，請欵建築或修治。又如甲區張某係退伍殘兵，須向政府請給卹金，亦由甲區的議員，提出議案。又如王某的祖宗有田千畝，據說被政府沒收，代表王某居住區內的議員，須向國會提出議案，請求發還。是以甲區的議員爲滿足甲區人民的要求，且藉以鞏固自己的地位起見，提出形形色色的議案——撫卹張某案咧，發還王某的田產或賠償案咧，撥欵修堤案咧，不一而足。乙區的議員，亦復如此。丙區的議員，亦復如此。於是乃互相聯合，甲投票贊成乙的提案，乙投票贊成甲的提案；使彼此議案，均得通過。此種互助的行爲，謂之 Log-rolling ——推木頭。若以此類議案的性質言，則謂之 Pork-barrel legislation。卽以卹金一項而論，一九一三年美國國會通過的卹金總數，爲美金一七六，七一四，〇〇〇元。此數超過法蘭西同年規定的卹金總數五倍，超過德意志的卹金總數七倍，超過英國的卹金總數十倍。

英國對於私人或地方性質的議案——如修築電車道，鐵路，或修挖運河等類議案。不由議員提出，而由當事人向議會請願。其經過的程序如下：（一）請願書 (Petition) 於每年十二月二十左右提出。在未提出以前，請願人須登報或啓事申明，使其他對於請願事件有關係的團體或個人得以週知，俾得於法定期間內，提出抗議。請願書先呈送議會設立的請願投遞所 (Private Bill Office of the House)。同時並須將請願書備印副本多份，呈送財政部，郵務部，以及其他有關係的部院各一份。（二）請願書呈送後，第一步審查工作，由上議院與衆議院各派審查員一人 (Examiners of petitions for private bills) 專審查請願手續是否與規定的程序 (Standing orders) 相符合。反對方面須於此時提出抗議，證明請願手續，何以與規定程序不符合。雙方均須呈出證人證據。審查人如認請願手續，與規定的程序相符合，則報告於大會，請願書卽入於第一讀時期。但是審查人如認請願書與規定程序不相符合，則將請願書，交議會法規委員會 (StandingOrders Committee) 審查。法規委員會如認請願書，與規定手續不符合，則最後由大會表決。但如大會認爲請願手續符合，第一讀卽以成立。（三）第一讀成立後，請願案究竟應先經衆議院討論通過，抑應先由貴族院討論通過，則由兩院常務委員會主席團——實際由兩院議長的法律顧問——議定。（四）第二讀。此時專以討論請願案的原則——討論請願案內的原則是否與政府的政策相牴觸。同時衆議院賦稅委員會委員長，或貴族院常務委員會主席團主席，得對請願案特別加以審查，並得提出意見書於大會。(五)原則上的討論完畢後，請願案卽入復審時期 (The committee stage)。此時由推選委員會 (Committee of Selection) 推選與請願案無利害關係的議員三人，組織復審委員會(委員會主席不在三人名額內，主席無表決權。)復審時期類似司法機關之受理訟訴。請願人及反對方面，均各雇有律師，出席委員會爭辯，證人證物，無不具備。因此兩方費用，爲數甚鉅。委員會審查完了後，再將請願案報告大會，於是乃入於(六)第三讀時期。此後經過的程序，與其他之議會議案相同。請願案經衆議院通過後，再送達貴族院，經過同一的立法程序。

三 歐洲國家

先論法國。法國衆議院首用臨時委員會制度。每提出一案，卽成立一委員會，負審查責任。審查完畢，報告大會後，委員會卽以取消。一九一〇年時，臨時委員會制度被廢止，採用常務委員會制，共立常務委員會二十一個。各常務委員會委員人數，按議會中各政黨的實力比例分配。各黨應出委員人數，先由各黨推選，然後由各黨領袖共同協議，編成一整個的常務委員名單，此名單在議會紀錄中宣佈。經此宣佈後，常務委員會卽算正式成立。宣佈後的三日內，如有議員五十人聯名反對，且另外提出常務委員會名單以對抗者，則由議會投票表決。每人不得列身二個以上之常務委員會。每個常務委員會委員四十四人。

議員個人提出的議案，名爲提議（Propositions）。政府提出的議案，名爲提案（Projects）。政府提案，無論何時，皆得提出。由大總統簽名，由與提案有關係的部長副署。政府議案提出議會後，卽分交有關係的常務委員會審查。常務委員會職權極大，審查時，甚至有將原案完全修正者。審查完畢後，公舉報告員（Reporter）一人，將原案與修正案及各方的意見書，提出大會。報告員爲全案辯論時的主要角色。如係預算案，則預算案的報告員，在事實上，握有內閣命運的生死大權。如報告員而係反對預算案者，卽可乘此機會，逞其辯才，以推倒政府的預算案。預算案報告員，卽是將來的財政總長。報告書提出大會後的第三日，辯論開始。辯論範圍，以關於議案的原則爲限，謂之 Deliberation。原則辯論終止後，議長向各黨領袖，徵求意見，是否願意逐條討論。如願意逐條討論，則逐條討論之。議員得於此時，向各條提出修正案。逐條討論終止後，全案付大會表決。凡議案經衆議院通過後，再送至上議院，經過同一的程序。

普魯士議會委員會組織，取法於法蘭西。每屆議會開始時，各政黨按比例選舉的原則，推舉代表若干人，組織聯合監部委員會（Comite des Anciehs），委員二十一人，以議長爲主席。此委員會的職務有二：一、決定議會立法日程，及討論關於議會立法的進行。二、決定每黨在議會各常務委員會中應有的委員名額。各黨常務委員會委員，由各黨自行推舉。常務委員會人數由二十二以至二十九人不等。波蘭衆議院委員會組織法，亦取法於法國。委員會人數由十五人至三十三人不等。

比利時衆議院議員，每六個月用抽籤法分爲六組。議案審查，採臨時委員會制。但如議案之不交付臨時委員會審查者，卽分送與本案有關係的「組」審查之。每組公推報告員（Reporter）一名，再由各報告員共組織一 Central Section ——中央組。各組將議案審查完了後，由中央組推舉一人，將議案報告大會，由大會討論。比利時議院委員會組織，用抽籤法，係取法於法蘭西。一九一〇年以前，法國衆議院議員亦用抽籤法，分爲十一組（Buaerux），用以一、審查新選議員的資格與二、審查提出於議會的議案。一九一〇年後，法國衆議院設常務委員會，以負審查議案的責任。惟新選議員資格的審查，則仍用抽籤分組法——每屆新議會開會時，議員用抽籤法分爲十一組，分別審查各人的資格。除比利時議會而外，有荷蘭日本兩國衆議院，其委員會的組織，亦用抽籤法決定。

四　對於議院委員會組織的批評

議院有組織審查委員會的必要，幾盡人皆知。且其理由，亦至爲明顯。一、試以美國爲例，美國每次國會開會期間，議案的提出數近十萬，良否交雜：何者值得討論，與何者不值得討論，大會無此時間，爲之分辨，故必須有賴於委員會爲之甄別。二、對於提出議會的議案，與論的表示如何？人民希望成立的程度如何？贊成與反對方面的意見如何？均須遍訪尋求。各專家的意見如何？與一切有關係的材料如何？亦必須研究搜集。美國衆議院委員會對於一個重要議案，審查時間，有至數年之久者。委員會雇有研究專員，專事搜集材料。同時更公開調查（Public hearing），傳集各方的關係人員及專家出席委員會，陳述意見。各方關係人或團體亦得聘請律師出席委員會，表示意見。此種程序，一半屬於司法性質。如被傳之關係方面，有抗不出席者，委員會得呈請大會以違抗罪（Guilty of contempt）處治，交法院執行。但是此類調查研究工作，決非議會全體所能爲，必有賴於人少的委員會代爲之。英國常務委員會的職權，不似美國衆議院常委會職權之大。英國議會，先討論關於議案的原則。原則定後，始交常委會詳細討論本案條文內容的規定，是否與原則相符，而加以修正。此項工作，只宜於人數較少的委員會，而不宜於議會全體。三、委員會人數少，對於審查議案，各人均易分工合作。委員會會議時，不公開，故各委員得以自由的發抒意見。法國兩院，允許議案提議人，得向審查委員會陳述意見。法國參議院更且允許議員對於某個議案，如欲提出修正案時，亦得先向審查此案之委員會，表示意見。如此規定，除審查委員會委員外，其他議員之個人，亦有表示意見的自由。四、美國習慣，議員列身某委員會後，卽許其繼續的在此委員會服務。並且規定，每個議員不得同時爲兩個重要審查委員會的委員。是以各人專任一事，歷久不易，卒之對於專任問題，成爲極有威權的專家。美國國會中稅計委員會委員長，常爲全國公認最有威權的賦稅專家。

議會委員會——特別是常務委員會——之利，既如上述，但同時尙有不少的問題，以促醒吾人的注意。一、議會委員會組織，由臨時委員會制度而採用常務委員會制度，幾成近代議會內部組織的常經。但常務委員會制，有二大缺點：(甲)常委制利在能使委員成爲專家。但立法問題，半屬政治的性質。若專家觀念發達過甚，則只能作一技的專家，所見甚偏，而失立法議員統籌全局的立場。(乙)常委制能轉移議會的重心。議案由委員會審查修正後，報告大會，建議採納。大會因扼於時間，不能予以詳細的討論。其他議員對於議案的內容，亦無暇研究。縱有辯論，亦等於隔靴搔癢，無補實際。結果，只有照委員會的報告而通過之。在此種制度下，常務委員會乃成議會中事實上之政府。是以，威爾遜謂美國政府爲 Government by standing committees ——常務委員會政治。二、委員會會議時間，與委員會開會時委員到會人數過少，亦爲兩大重要問題。委員會會議時間，若與大會開會時同時舉行，其結果，不是委員會開會人數不足，就是大會開會時，不足法定人數。補救此弊，其法有二：（甲）法國衆議院規定，每星期三爲議會中各常務委員會的會議日。大會於是日停止會議。（乙）委員會法定人數，規定額低。以前英國衆議院常委會人數由四十至六十，以二十人爲法定人數。加拿大衆議院鐵路運河及電信委員會委員人數各一二七人，各以二五人爲法定人數。加拿大農業委員會委員人數一〇五人，以一二人爲法定人數。三、議會常務委員會常將交付審查的議案擱置（Pigeonhole），不予報告大會。此弊以美國兩院，及美國各州州議會之常務委員會爲最盛。爲補救計，有下列各種的規定：（甲）審查委員會必須於一定期內，將審查案提出報告大會。其時間的規定，有由四日以至二十五日不等。美國各州的議會，更有規定審查委員會至遲於每次常會閉會前的若干日，須將所有的審查案，提出報告大會。紐約州下議院規定，每屆開會期間之四月五日以前，各審查委員會須將一切審查案，提出報告大會。惠斯康辛州下議院規定，凡交付審查的議案，須於兩星期內交大會討論。各審查委員會委員長須每隔一週，將所有的審查案提出，報告大會。（乙）由大會議員規定得由一定人數的要求，迫令審查委員會，將某個議案，報告大會。美國衆議院的 Discharge Calendar 乃其證明。（丙）凡交付審查的議案，除經審查委員會委員一致的反對，不予報告大會外，其餘交付審查的議案，應由審查委員會提出報告大會。

第五節　第二院問題（上）

『凡關於代議政治的一切理論，除兩院問題外，從未見有其他的問題，生出如許之爭論者，此在歐洲大陸國家中爲尤甚。以問題的重要言，兩院問題，十倍不及其他的問題，但其所接受的注意，則遠過之。兩院問題，常爲主張限制民治派，與主張無限制的民治派之識別標準。』

上述數語，見約翰·密爾所著代議政治討論第二院問題之首段中，時在一八六一年。斯時，德意志尙未統一，意大利仍未脫離「地理上的名詞」，在歐洲大陸國家中，惟法國經過代議政治的長期試驗。卽以兩院問題而論，其爭執之激烈，在法國早已見於一七八九年國民會議開會之時。法儒西耳氏（Abbe Sieyes）爲當時主張一院制的首要分子，他在國民會議中宣言：『法律乃人民意志的表示。人民不能同時對於一個問題有兩端意志。所以，代表人民的立法機關，根本上只須一個。有兩院制的地方，分爭之事勢所難免。同時人民的意志，因兩院的爭執，卽無由表示。』西耳氏又說：『假使第二院對於第一院通過的議案不予同意，則是故生枝節（Mischievous）；假使第二院對於第一院通過的議案予以同意，則是多此一舉（Superfluous）。』

一七八九年法國革命起始，至一八七一年法國第三次共和成立時，中間由君主而共和，由共和而君主，再由君主而共和者，輾轉五六次，頒訂憲法共十二次。中有兩次採行一院制。第一次爲一八九三年訂立的君主立憲憲法。此爲法國自有成文憲法的起點。此憲法未曾施行，而共和政體成立，乃有一七九五年的共和憲法，採用兩院制。一七九九年拿破崙組織執政府，改訂憲法，亦採兩院制。一八一四年路易十八頒佈憲章，亦設兩院。迨至一八四八年時，「二月革命」發生，改建共和政體，始採行一院制。此爲法國革命過程中實行一院制的第二次。但四年後，政體又變，拿破崙三世稱帝，修改憲法，又恢復兩院制的舊觀。自此時以至今日，法國爲兩院制國家。

主張兩院制者，不僅申引法國革命過程的經驗，以證明兩院制度的存在之價值，且常引英國一六四九年的革命事實，以證明兩院制有如雙輪車然，有缺一不可之勢。一六四九年英國議會中的圓頭黨（The Round Heads）與英王查理士一世（Charles I）交惡，查理士被殺，圓頭黨取消貴族院，由衆議院握立法全權。一六五三年克蘭威爾將軍所部軍官，擬定政府根本組織法（The Instrument of Government)，由議會通過，頒爲憲法，採用一院制，以克蘭威爾爲行政元首。但在此制度下，議會職權，缺乏裁制。當克蘭威爾部屬起草根本組織大法之時，克氏曾對彼等宣言，謂一院制的規定，缺乏平衡力，並謂人民的生命財產，如無兩重——即兩院——的保障，則危險甚大；是以一六五七年——根本組織法實行後的第四年，克蘭威爾應人民之請，恢復上議院。

從歷史的事實言，代議政治初生之時，議會組織，均係多院制。此乃當時社會階級制度的使然，並非根據學理而成立。因在過去的時期中，社會階級，大部分爲貴族，教士，平民三層。此三個階級的人民，彼此之間，鴻溝顯明。故君主召集此三種人民會議之時，亦就社會的固有組織，使三個階級的代表，分開集議。貴族爲一院，教士代表爲一院，平民代表爲一院。一二九五年的英國議會，即由此三種階級組織而成。自一二九五年後，此三種階級，更分開集會，成爲三院。後因教士階級內部分裂，大教士與貴族合，小教士有的不出席議會，有的加入平民院，遂由三院的組織，而變爲兩院的組織。故英儒拉斯基謂英國之有兩院制，不過歷史演進中偶然產生的結果。除英國而外，法國議會亦分三級，即貴族，教士，平民。是以前的西班牙議會分四院，教士院，貴族院，武士（Knights）院，及市民（Towns）院。瑞典議會亦分四院，貴族院，教士院，市民院，及農民院。

社會人民有階級的分別，故議會亦有兩院——或多數院——的組織，此乃歷史事實使然。但主張兩院制者，深知際茲民主潮流前進不已之時，階級界限勢將打破。人民階級既不存在，則因人民階級制度而產生的兩院制——或多數院制——亦卽無存在的必要。於是，又有說焉，謂兩院制爲聯邦國家的必需組織。

美國聯邦國家也，英儒梅乃和（John A. R. Marriott）謂：『關於近代聯邦觀念的發達，本文無暇申述。但就觀察所及：……兩院制似爲聯邦主義最重要而不可分開的形體。匪特此也，惟參議院或上議院的存立，而聯邦觀念方有所寄託。參議院或上議院爲保存聯邦制的憲法之有效保障。美國參議院爲此義的好證明。美國參議院由每州選舉代表二人組織。按最近（一九一三年）通過的憲法修改案，規定各州參議員由人民直接選舉而不由各州州議會推舉。但此不過選舉手續方面的變更。至於成立參議院的根本原則，則未稍變。此原則卽聯邦中各州彼此間絕對的立於平等之地位。』（註一）

主張兩院制者，更枚舉其他的聯邦國家，以爲證明。瑞士，澳洲，南非洲，阿根廷，巴西，德意志，奧大利諸國，聯邦國家也，均有第二院——卽上議院——的組織。但是，兩院制的組織，除聯邦國家外，單一制的國家亦有之。法蘭西，意大利，西班牙，匈牙利，瑞典，葡萄牙，挪威，比利時諸國，均單一制國家，均立有第二院。故聯邦學說不能爲此等國家成立第二院的理由。於是主張兩院制者，又提出其他的理由，以爲辯護。

兩院制可以減少倉卒與一時爲感情的衝動而訂立法律的弊病。有時衆議院因一時黨爭的原故，或爲取歡國內一部分輿論的原故，將某個議案，未予詳細審查討論，而率然的通過。如在一院制的國家中，此等議決案，經衆議院一院的通過後，即交行政領袖簽行，甚鮮伸縮的餘地。但如在行使兩院制的國家中，凡議案經衆議院通過後，須送達上議院——或貴族院——提出討論。經上議院通過後，然後由行政領袖簽行。是上議院的設立，不僅使通過衆議院的議案，多得一次討論之益，且能衝緩時日，使議案經衆議院通過後，尙須在上議院經過同一的立法程序。際此時間，上議院得審察輿論，及議案本身的價值，如認爲無通過的必要，則上議院卽不予討論，或不予通過。德國學者卜蘭吉來（J. K. Bluntschli）爲主張兩院制的健者。他說四目所視，總較兩眼爲強。在同一的原則下，兩院所見，總較一院爲周。

兩院制可以減少一院制專橫的弊病。史托來（Judge Story）謂衆議院因野心或特殊的利益觀念的衝動，其行爲常有超越本身機關職權範圍之外。在此種情形下，最好將衆議院工作，分屬於兩院，以謀裁制與平衡之益，庶人民權利，在兩院制國家中，獲有兩重的保障。因爲任何議案，必須經兩院同意的通過後，方能成立。蒲徠斯亦謂兩院制的必要，係因衆議院一院有使人生恨與流爲專制與腐敗的自然傾向，故須另有一同等權力的院，與之並立，以裁制之。

復次，因爲政治的習慣，而有兩院的設立。『除其他的特別理由而外，可以毫無疑問的說是由於習慣的原故，與由於自覺的或不自覺的重視他人之固有制度，深信兩院對立的價値的原故，有的國家亦取同樣步驟，分立兩個獨立不同的代表團體。』(註二)

總言之，貴族院——或上議院——的產生，乃因昔日社會階級制度的結果。其無階級制度的新生國家——如美國然，則因聯邦組織的結果。至於社會階級界限，既不嚴密，且其組織，又非聯邦式的國家，則第二院的產生，係政治習慣使之然。同時主張兩院制者，更提出其他各種的理由，以證明第二院存立的價値。時至今日，兩院制雖屬一種政治習慣，但此習慣，已被一般學者合理化矣！

第二院應否存在，爲本文最重要的問題，但在未討論此問題前，試先述近代各國兩院制的組織及其職權。

以組織言，上議院有下列的分類：(一)完全世襲者；(二)由政府選派，係終身職者；(三)一部分由選舉組織而成者；(四)完全由選舉組織而成者；(五)瑞士德意志挪威的特殊組織。

一　完全世襲制

上議院之完全係世襲制者，當以英國貴族院爲首屈。凡皇族，王公，及榮膺子爵以上的英人，皆爲貴族院的當然議員。貴族議員主身死後，只長子始能承襲其父，入貴族院爲議員。此外蘇格蘭貴族推舉代表十六名，任期至每次議會改選時爲止。一九二二年以前，愛爾蘭自治政府尚未成立，愛爾蘭貴族有代表二十八名，係終身職。當一九二二年愛爾蘭自治政府成立之時，關於愛爾蘭貴族在英國貴族議院的名額，及代表問題無規定。至一九二二年後，愛爾蘭貴族之任英國貴族院議員者，先後死亡六名，今僅存二十二名，此缺額迄未補充。英國貴族院又爲英格蘭，蘇格蘭，及愛爾蘭北部三處的最高法院。故貴族院中必須有法學專家，負此責任。以法律專家而任貴族院議員者，僅係終身職，而非世襲職，其名稱爲 Lords of Appeal in Ordinary，名額六名。當貴族院行使其最高司法職權時，由此六人處斷。貴族院以三人爲法定人數。故六人中只要有三人在場，即能處判案件。貴族院議員亦祇此六人由政府給薪。最末，貴族院有二十六名議員，係教會領袖，名 Lords Spiritual，亦係終身職，而非世襲職。教會領袖之得任爲貴族議員，係由內閣總理以英王名義派任。以平民而晉爵貴族，其手續極簡單。名義上，由英王賜封；實際上，係內閣總理選任，將膺封人之名姓，列在榮譽單（Honours list）上，而宣佈之。貴族院約有議員七四〇人，爲世界上人數最多的第二院。

一九一一年前，在理論上，貴族院職權與衆議院職權相等。一七八四年壁德（Young Bitt）爲內閣總理時，除壁德一人而外，其餘閣員，均係貴族院的議員。貴族院的聲勢，可見一斑。

英國勞工黨爲反對英貴族院的先鋒軍。一九〇七年勞工議員曾在衆議院提出議案，謂『上議院係一不負責任的（Inresponsible）立法機關。且事實上，必代表利益階級（Interests），與人民共同利益，立於對立的地位，亟應根本取消。』一九〇六年自由黨選舉獲勝，標榜所謂新自由主義，傾向社會改革，認勞工與雇主間的關係，政府有干涉及規定之權。是年議會開會後，自由黨提出議案，主張設公立學校，完全由政府出資辦理。並規定校內不准設立宗教課目，及限制酒商營業。此兩議案，均被上議院否決而終。貴族院此種舉動，深觸自由黨之怒。自由黨在議會大會中宣言：『貴族議院的修改或否決議案權，應加以限制，庶衆議院通過的議案，得於一屆會議期間內成立。』一九〇八年貴族院以環境空氣不佳，乃自動的組織委員會，研究關於貴族院的具體組織及改良計劃，以應時代潮流的要求。委員會研究結果，提出下列五項改革主張：一、凡是貴族，不得爲貴族院的當然議員。二、由英格蘭，愛爾蘭，蘇格蘭三處的世襲貴族全體推選代表二百人，爲貴族院議員，以代表貴族。三、世襲貴族，在政府中及海陸軍籍中居顯位者，不必經過選舉，卽得爲貴族院議員。四、教主階級，選舉代表八人，爲貴族院議員，大教主則爲當然議員。五、英皇得每年指派四人爲貴族院終身議員。但終身議員總數，以四十人爲限度。在貴族方面視之，上項主張，對於自由黨人已屬極端的讓步。但在自由黨領袖視之，上項主張，距彼等希望上議院所欲達到的改革地步尙遠。

一九〇九年自由黨主政時，財政總長喬治（Lloyd George）提出預算案，主張徵收累進所得稅，遺產稅，汽車稅，煤油稅，自動車稅，印花稅，牌照稅，及菸酒稅。此案經衆議院通過後，爲貴族院所否決。此與英國憲治習慣大相違反，因爲歷來貴族院對於衆議院通過的財政案只有同意權，而無修正或否決權。自由黨領袖內閣總理艾斯逵氏（Asquith）乃呈請英皇，解散議會。一九一〇年一月英皇將議會解散，舉行普選。普選結果，自由黨又勝選。新議會開會後，貴族院對預算案，雖照原案予以通過，但自由黨之目的，則在削減貴族院職權。預算案通過後，自由黨領袖艾斯逵在下議院中提議：一、貴族院對於財政案的修正權與否決權，應由法律明文取消。二、貴族院對於其他性質的議案之否決權，應加裁制，使通過衆議院的議案，得於一屆議會期內成爲法律。三、議會任期至多以五年爲限。貴族院對艾氏提議，不予同意。一九一〇年十二月艾斯達又呈請英皇解散議會，完全以削減貴族院職權爲此次選舉的惟一問題。選舉結果自由黨又獲勝。

此時自由黨領袖艾斯達氏憑藉民意，於新議會開會後，重提削減貴族院職權議案。並且宣言，如貴族院仍不表示同意，則英皇已允許加封自由黨人若干名爲貴族院議員，俾自由黨在貴族院中占居大多數，以通過艾氏的提案。貴族院至是始屈服。一九一一年八月艾氏的提案，經貴族院通過，此即今日著名的議會議案（Parliament Act）。此案規定：一、凡經衆議院通過的財政案，於送達貴族院一個月後，無論通過與否，該項議案，即送呈英皇，批准施行。二、其他性質的議案，如於兩年期間，經衆議院連續通過三次者，雖每次均經貴族院否決，該案亦即成爲法律。三、衆議院每屆任期至多五年，須改選一次。議會議案的第一點，爲承認衆議院對於財政議案，有完全獨立的立法權。第二點，爲除財政議案的立法權外，貴族院對於其他性質且經衆議院通過的議案，得否決三次，此之謂緩決權（Suspensiveveto）。此緩決權，曾經貴族院行使數次。例如廢止複數選舉權（Plural voting）案，一九一三年與一九一四年兩次經衆議院通過，兩次均被貴族院否決而罷。又如廢止設立英國國教於威爾斯島案，及愛爾蘭自治案，經衆議院奮鬬兩年，連續三次的通過，方得成爲法律。

議會案通過後，愛爾蘭自治問題，甚形緊張。各方對貴族院的改組問題，無暇再事追求。但是，各政黨對議會案，均無滿意的表示。一九一八年勞工黨有根本反對貴族院存在的宣言。一九一七年自由黨領袖內閣總理路易·喬治聘請兩院議員三十人，組織委員會，研究關於改組貴族院的具體計劃，以蒲徠斯爲委員長，經過六個月討論的結果，委員會提出下列的改革意見：

關於貴族院組織方面　主張將貴族院人數減至三二七名，按照下列的方法組織之：(一)將衆議院議員全體，按地理區域，分爲十三組。依比例選舉原則，由衆議員選舉貴族院議員二四六人。任期十二年，每四年改選三分之一。(二)由兩院組織十人聯合委員會，選舉貴族代表八一人爲上議員，任期十二年，每四年改選三分之一。

關於貴族院職權方面　貴族院職權不能與衆議院同等。貴族院不能握有推倒內閣或否決財政議案之權。蒲徠斯委員會認貴族院應有(一)審查(Examination)及修正(Revision)衆議院通過議案之權。因爲衆議院事多時少，對於議案常缺乏充足的討論。(二)衆議院通過的議案，有使英國的憲政行爲發生根本變化者，有爲全國輿論贊成與反對兩方勢均力敵，以致大多數民意的向背，難以確知者，應須經過再度的討論，以資衡綏。(三)貴族院無修正否決，與倡議財政議案之權。

兩院意見的調劑方法 主張設立兩個聯合委員會：(一)財政聯合委員會 (Financial Joint Committee)，以決定議案之是否屬於財政的性質，委員十人。(二)兩院聯席委員會 (Free Conference) 委員六十人。凡兩院對於某個議案意見不能一致時，由此委員會解決。

蒲徠斯委員會的建議，未經議會採納。同時各政黨對於改革貴族院的立場，亦值得吾人的注意。保守黨主張改變貴族院分子的組織，但同時要求恢復一九一一年前貴族院所有的職權。自由黨主張改變貴族院分子的組織，但同時主張維持一九一一年議會案的效力。勞工黨則主張根本取消第二院。以現在趨勢測之，英國貴族院的本身，不致消滅，惟內部分子組織的改變，則為遲早間必不可免的事實。

二 由政府選派者

由政府選派的上議院，任期以終身為限，長子無承襲權。此與世襲貴族院不同之最要點。意大利，加拿大兩國的上議院，為政府選派制的最良代表。

意大利上議院 意大利上議院除王子 (Princes) 為當然議員外，其他議員，由意王按憲法上規定的二十一個階級中選派年滿四十以上者充任。此二十一個階級，以教士，閣員，公使，海陸軍官，司法官，行政官，皇家科學院科學專家，及財閥爲其構成分子。凡曾任衆議員三屆者，亦得被派爲上議員。每年納稅三，〇〇〇佛郎者亦得膺選。上議院名額無定限，形式上，上議員由意王選派；實際上，選派之權，由內閣總理操之。

在憲法上，上議院與衆議院處於平立（Co-ordinate）的地位。凡衆議院通過的議案，必須經上議院的同意，方能成爲法律。但是實際上，因爲內閣總理操有選派上議員之權，如上議院對衆議院通過的議案，不予同意，則內閣總理可以選派同黨的分子爲上議員，以爲己助。一八九〇年上議院新添政府黨議員七二名以壓倒上議院反政府派的勢力。故上議院對衆議院實無抵抗的能力。在今日法西斯蒂專政下，意大利上議院議員五分之一係軍官，五分之一係政府最高官吏，五分之一係工業家與銀行家，五分之一係大學教授。

加拿大上議院 在形式上，加拿大上議員由加拿大總督呈請英王任命，但是實際上，由內閣總理提議，以英王名義任命，係終身職，如以之與意大利上議院相比較，則彼此不同之點有二：（一）加拿大上議院的名額有定限——現在議員總數九六名，而意大利上議院的名額則無定額。（二）意大利上議員，係按職業階級產生，加拿大議員名額的分配，則以地理區域爲單位，且各省的名額，並未取平等原則。有三個省區各占名額二四名，此外有四個省區各占名額六名。凡年滿三十歲而享有加拿大的國籍，在居住省內爲居民，除債務外享有四，〇〇〇元美金以上的財產者，具有被選派爲上議員的資格。

加拿大上議院成立的目的，在使之成爲『一獨立的機關，賦有司法性質，以調劑政黨之爭……』因是之故，上議員不由人民選舉，而由政府選派。且職定終身，任期既經固定，自無患得患失的弊病。故以理論上議員自可以自由的表示其意見與主張，而無所顧慮。但究之事實，則又不盡然：(一)當其成立之初，政黨卽利用以爲分贓的利器。凡捐欵幫助保守黨選舉的進行，或選舉時，對於保守黨特別出力的工作人員，選舉舉行後，如保守黨勝選，則對於前項出力的人員，予以上議院議員職位，以酬報之。反之，自由黨亦依樣葫蘆。To the victors belong the spoils ——勝者得贓，已成爲各黨選派上議員的一定原則。由一八七三年至一八七八年時，自由黨當政，前後派任上議員十六人，均係自由黨員。由一八七八年至一八九六年，保守黨當政，前後派任上議員八十七人，均係保守黨員。由一八九六年至一九〇一年，自由黨復起，在此期間，自由黨員之被派任爲上議員者八十一人。(二)上議院匪獨不能調劑黨爭，且爲黨爭的工具。由一八九六年至一九〇一年時，保守黨在上議院中居絕對的大多數，自由黨在衆議院中爲大多數黨，秉持國政。際此期間，上議院的保守黨議員，對於自由黨政府提出，且通過衆議院的議案，幾次的予以否決。反之，一九一一年與一九一六年時，保守黨當國，在衆議院中爲多數黨，而自由黨在上議院中爲多數黨。在此數年中，上議院的自由黨，將保守黨內閣在衆議院通過的議案，亦幾次的予以否決。

上議院的最大功用，在覆審與修正經衆議院通過的議案。此種功用的實效，以加拿大上議院論，亦甚微末。由一八六七年至一九一三年，在此四十六年之間，加拿大上議院討論經衆議院通過的議案共五八七一件。其中經上議院修正者只一二四六件——占議案全數百分之二一·五。經上議院否決者只一一三件——占議案全數百分之二。且上議院分子的組織，滿帶政黨的彩色，以致上述的修正議案及否決案，更不能完全視爲公平無偏之表示的結果。加拿大上議院爲五個省區的離婚法院（Divorce Court）。在此五省區內，凡夫方或妻方有欲離異者，得向上議院請願，要求判決。

三　一部分由選舉組織而成者

上議院議員之一部分由選舉組織而成者，約有三個國家可作此制的代表。

日本 按一八八九年日本憲法的規定，上議院組織法如下：（一）天皇皇族之成年男子爲當然議員。（二）年滿二十五歲的親王（Princes）與侯爵（Marquises）爲當然議員。（三）伯（Counts）子（Viscounts）男（Barons）爵三級分子，得共選各級中年滿二十五歲的男子爲上議員，任期七年。此項被選人數，不得超過伯子男三級全體人數的五分之一。（四）凡對於國家有特殊勞績，且年滿三十歲者，得由天皇派充爲終身上議員。（五）各府縣人民繳納最高額直接稅，且年在三十以上之十五人中，互選上議員一名，呈請天皇派任，任期七年。（四）與（五）兩項上議員名額不得超過（一）（二）（三）三項議員名額的總數。現在日本上議院議員總數約三八〇人。日本上議院爲世界上最富於保守性之立法機關。

革命以前的西班牙 一九三一年以前，西班牙上議院人數三六〇名。一半——一八〇名——由親王，大理院長，大教主及由政府選任之人充任，一半係由選舉而來。選舉範圍，亦有規定：（一）全國九個敎區，各選代表一人。（二）全國六大皇家學院各選代表一人。（三）全國十大學各選代表一人。（四）各經濟學社選舉代表五人。（五）其餘一五〇人由各市參事會會員及納稅人民，用複選法（Electoral colleges）選舉之。西班牙今已改爲共和，此制已不復存在。

南非洲　一九〇九年英國議會通過議案，組織南非洲自治政府，規定設立上議院，名額四十人。其產生的方法如下：（一）由總督選派議員八名，其中四人，必須熟習南非本地情形者，其餘三十二名由各省選出。南非有四省，每省應出議員八名。其選舉方法，由每省上下兩院議員合選。凡年滿三十，具有省議員選舉人的資格，且係歐洲種族之英國人民，在南非居住五年者，方有被選爲上議員之權。當選後，在南非境內除償還債務外，必須享有價值五〇〇〇鎊的不動財產。各省選舉的上議員，先由衆議院中各政黨推出。故選舉結果，多與衆議院中的政黨勢力相映照。如衆議院的大多數黨爲甲，則甲黨在上議院亦爲大多數黨，故上議院多在衆議院政黨勢力的操縱下。自一九一七年以來，即有主張改組上議院之說。一九二〇年八月由上下兩院成立改組委員會，討論結果，有下列的建議：（一）將總督選派名額由八名減至四名。（二）各省選舉上議員八名。用比例選舉法，由人民直接選舉。（三）任期由十年減至七年。（四）取消被選人財產限制。（五）由上下兩議院聯席會議選舉八人。反對上述建議者，謂上議員若由人民直接選舉，則職權必因以增加，將來對於財政性質的議案，恐有越權修正之事。例如，澳洲上議員，由人民直接選舉，往往有越權修正財政議案之事，識者引以爲鑑。此議迄今，尚無實行的希望。

四　完全由人民直接選舉者

完全由人民直接選舉的上議院，其最著者在聯邦制的國家中，有美國與澳洲。在單一制的國家中，有法蘭西。

美國參議院　美國參議員由各州人民直接選舉，每州名額二名，故參議院人數為九六人。凡年滿三十歲的公民，享有國籍九年，被選時，係選舉州的居民者為合格。任期六年，每二年改選三分之一。故美國參議院的生命，總是繼續的存在。

世界國家中，第二院職權之大，當以美國參議院為首屈。關於此層，可從三方面討論：(一)從立法方面論，參議院有創議法律權。凡經衆議院通過的議案，須經參議院重行通過，方能成立。但是，此種權能，亦為其他國家之參議院所享有，故無出奇處。所可奇者在關於賦稅議案的修正權。美國中央憲法第七節第一段規定，凡是賦稅議案，惟衆議院有創議權，但參議院得提議修正。參議院利用此修正權，常將衆議院提出通過的賦稅案全部修正。所餘者只議案題目，未予更改。一八八三年衆議院通過的關稅案，經參議院全部修正。一九二二年的關稅案，經參議院提出修正與附加條文共計二四二八目。故事實上，美國衆議院對於賦稅案，祇有起草權，至於最後的立法權，則已旁落參議院手中。(二)從行政方面論，大總統任命中央官吏，與對外締結條約，須經參議院的同意。美國之不加入國際聯盟，係參議院不予同意的結果。(三)從司法方面論，參議院爲審判正副總統彈劾案的法庭。

澳洲　澳洲上議院議員名額的支配，亦採地方勻分原則。每邦六人，共有六邦，計三十六人，爲人數最少之第二院。任期六年，每三年改選一半。各邦省議員不得當選。被選資格的規定，與衆議員相同，用比例選擧制。以職權論，關於賦稅及財政性質的議案，惟衆議院有創議權。上議院如認爲不滿意時，得提出建議，將原案退還衆議院，由衆議院復議。衆議院對上議院的建議（Suggestions），有採擇與否的自由權。衆議院復議後，將原案送達上議院。如上議院堅持原來的建議，得將不被採納的建議，重行提出。但建議範圍，以不增加原案的金錢數字爲限。捨賦稅案與財政案外，關於其他的立法權，上議院與衆議院平等。

澳洲上議院的成績究竟如何，可於蒲徠斯的評論中，見其概略。蒲氏謂：『澳洲上議院去其設立之目的地與希望甚遠，此自有事實的證明。上議院原爲保護各邦利益的平均而設，但除新南威爾斯（New South Wales）與維多利亞常生糾紛外，所謂各邦的利益，久已不成問題。上議院亦非哲人會集之所。因具有才能之人，多集中於爲政治中心的下議院。上議院對於議案的本身，亦不能改進。……

美國上議院有委任中央官吏與締結條約的同意權，故其權力因而增大。澳洲上議院則無此權力。澳洲上議院乃衆議院的摹仿品——品質極劣的摹仿品……當兩院大多數屬於同一政黨之時，彼此之間，不生爭執。在此情形下，上議院僅於常會閉幕時倉卒間，將衆議院通過的議案，盡量的予以同意。但是，如上議院大多數黨與衆議院大多數黨處於敵黨的地位，則糾紛生矣。』（註三）

法蘭西　法蘭西上議院根據一八七五年二月二十四日頒佈之憲法組織成立。當拿破崙三世失敗後，巴黎臨時政府召集國民會議。在國民會議中，保皇派聲勢頗大，堅持設立上議院，採間接選舉制，一以保持守舊派的勢力，一以抵抗直接代表人民的下議院之民主勢力。共和派爲欲使保皇黨接收共和政體計，對保皇黨表示讓步，承認設立上議院。一八八四年憲法修正案成立時，改變上議院組織，並規定以後關於上議院的組織問題，得由兩院用普通的立法程序通過。

按一八八四年十二月九日法律的規定，上議院名額三百名。歐戰後，收回阿爾沙斯羅蘭二省（Alsace與Lorraine），增加議員十四名。任期九年，每三年改選三分之一。凡年滿四十之法人，享有公權，且滿足當兵義務者有被選權。其選舉方法由（一）各州（Department）衆議員，（二）各州州議員，（三）各縣（Arrondissements）縣議員，及（四）各市（Commune）市議員代表合組選舉團（Electoral

Colleges) 選舉之。每州上議員名額，以每州的人口爲比例，多者十名，如新省 (Seine) 是，少者一名。

以職權論，法國上議院可分爲四種：(一)立法權。此權計有兩部分：(甲)財政案立法權。按一八七五年二月二十四日頒佈的根本大法第八條規定：『財政案先由衆議院提出通過。』上議院是否有修正，增加或減少財政議案數字之權，則乏明文的規定。一八七六年衆議院與上議院因修改預算案，發生第一次的爭執。嗣後同類糾紛的發生，亦不一而足，結果，有所謂「最後一言」(The doctrine of the last word) 的原則，卽凡是財政議案經上議院修正後，如衆議院不予同意，且堅持原案，則上議院卽應讓步。(乙)其他普通立法權，上議院與衆議院平等。(二)行政權。大總統於衆議院任期未滿前，如欲解散衆議院，須得上議院的同意。(三)司法權。第一，法國上議院有大赦權。第二大總統或閣員被彈劾時，由上議院組織審判所判決之。(四)選舉權。上下兩院聯合會議，選舉大總統。

法國內閣因上議院的反對而辭職者，至一九三〇年爲止，計有四次。一九三〇年十二月四日上議院對達旦內閣提出質問案，投票反對達旦內閣者一四七票，贊成達旦內閣者一三九票。結果，達旦內閣辭職而去。復次，上議院有時將衆議院通過的重要議案擱置而不予討論，以阻礙立法工作的進行。例如，一九〇九年衆議院通過所得稅案，至一九一三年時上議院始予以通過。

除上述各國外，尚有瑞士與德意志，雖同屬聯邦國家，但此兩國上議院的組織與職權，與其他國家上議院的組織及其職權，又各不同，故另述之。

瑞士　瑞士上議院（Council of States）按地域的平等原則，組織而成。每完全州選出議員二名，每半個州選出議員一名，共計四十四人，此與美國及澳洲上議院的組織相同之一點。至於議員的當選資格，選舉方法，及服務期限，則由各州自行規定。有的地方由州議會選舉。但在行使直接民權的州，則由人民直接選舉。任期有規定爲一年者，有規定爲二年者，但多半以三年爲期。議員薪俸由各州支給，但議員因服務於議會審查委員會之故，另由中央政府予以薪俸。

瑞士上議院與衆議院職權幾完全相等。憲法第二章第七十一條規定，聯邦最高職權，由聯邦議會（Federal Assembly）行使。所謂聯邦議會，係包括衆議院與上議院二者而言。故事實上，瑞士上下兩院乃兩個同一職權的機關，一切議案兩院有同等創議權。至於何者應先由何院提出，則由兩院議長協商辦理。內閣閣員對兩院負責，在任何院有投票權，任何院可以向內閣提出質問。關於選舉聯邦行政院委員與委員長，國務總理（Chancellor），陸軍總司令，聯邦法庭法官，及一切法律問題的解決，與特赦令的頒佈——等問題，由兩院開聯席會議，以聯邦議會名義行之。開聯席會議時，由衆議院議長主席。

瑞士兩重立法領袖制度，在其他的國家，斷難運用成功，然在瑞士則行之不敝，其故安在？蒲徠斯在所著近代民主政治論瑞士人民及其歷史一章中，予吾人以下列的答案。

蒲氏謂：『瑞士政黨勢力，遠不如美法兩國政黨勢力之大。因為在行政方面，兩院不能罷免國務員，而在立法方面兩院又無最後的表決權，因為立法最後的表決權，屬於人民全體。在兩院中各政黨的組織，極其鬆弛，各黨雖各有一領袖，但其職權極小。』（註四）

是以，議院討論議案，能以大公無私，而不為黨見所束縛。

復次，瑞士民族特性，亦為瑞士兩重立法領袖制度成功的原因。試再申引蒲徠斯氏之言：『瑞士議員，表現人們所知瑞士民族的特質，卽誠實敏捷，善於決斷，不用感情，不尚意氣。對於一切的問題，能從實際方面着想，以普通知識為準則，不似德國民族之好尚玄理，不似法國民族之眩於詞藻。』（註五）

德意志　歐戰後，反對代議制度的聲浪，高不可遏。德意志瑋瑪憲法，適於此潮流中產生。此憲法的精義，在注重社會化。但是就德意志上議院的組織言，殊乏啓迪之處。憲法第六十條規定：『設立上議院（Reichsrat）以代表各邦，參加中央立法與行政。』上議員由各邦政府派遣邦政府的人員充任，人數六十六名。凡人口滿一百萬之邦者，在上議院中有一票——即出議員一名。但任何邦，至多不得超過全體票數五分之二。如此的限制，其目的在抑制普魯士的勢力。普魯士有上議院議員二十六人。

德意志上議院職權有二：(一)憲法的修改。憲法第七十六條規定，衆議院得提議修改憲法。修改案提出於衆議院時，須有全體議員三分之二的出席，出席議員三分之二的通過後，復經上議院出席議員三分之二之票數的通過，修改案乃由大總統宣佈成立。上議院對衆議院通過的修改案，如不予同意，可於兩星期內，要求將修改案交付人民複決。如兩星期內，不要求交付人民複決，則兩星期期滿時，由大總統將修改案宣佈成立。(二)立法權。上議院無創議法律權。內閣向衆議院提出議案時，須先得上議院的同意。如兩者不能同意，則由內閣將提出的議案暨上議院的意見，一併向衆議院提出。上議院對衆議院通過的議案，有抗議權而無否決權。如有抗議，必須於議案通過衆議院後之兩星期內，將抗議向內閣提出。如衆議院對提出抗議不予同意，則由大總統於三個月內，將爭執案付人民複決。如大總統不於此時期內，將爭執案交人民複決，則此案即不發生效力。但如衆議院以三分之二的出席票數，對上議院抗議不予同意，則大總統於三個月內得將原案宣佈成爲法律，或將原案交人民複決。上議院由內閣閣員主席，議院內委員會委員長亦由內閣閣員充任。每邦在每個委員會內只有一票。各部應將行政情形不時的報告於上議院。各邦上議院議員秉承本邦政府的訓令，以表決議案。議員各人旣以本邦政府的意見爲立場，故遇議案付表決時，各邦上議員可委託本邦議員一人代表投票。德意志諸邦邦權 (States right) 觀念本甚深，凡此規定，皆其證明。

世界上行使兩院制者，不僅上述各國。凡前所舉，僅擇其重要者述之。但就所稱述者觀之，可知各國第二院制度，在組織與職權的方面，均與近代議會政治有枘鑿不投的現象。

論者以挪威第二院的組織，爲最適於運用。英國一部分政治學者，頗主張根本取消英國的貴族院，而代之以挪威的第二院制度。挪威衆議院 (Storthing) 每三年改選一次，人數一百二十三人。新議會召集時，由新選議員選舉全體人數四分之一，組織復審委員會，名之爲 Lagthing。其餘四分之三的議員組織所謂 Odelsthing。前者無創議法律權，但對於 Odiesthing 通過的議案，得予以修正。如 Odelsthing 對修正案不予同意，而 Lagthing 又堅持其主張，則兩者開聯席會議，以三分之二的出席票數表決之。但是以挪威 Lagthing 的組織及職權論，究竟爲第二院制，抑僅爲衆議院的委員會，則學者意見頗不一致。且歐洲諸新立國家之有第二院者，對於挪威之制，無所取材。

(註一)Marriott, John A. R., The Mechanism of the Modern State, Oxford Press, 1927, Vol. I, P. 413.

(註二)McBain, H. L. and Rogers L., The New Constitutions of Europe, Doubleday Page and Co., 1922, P.39.

(註三)Bryce, James, Modern Democractes, MacMillan, 1927 edition, Vol. I, I, P. 348.

(註四)見前第三四五頁。

(註五)見前第三八四頁。

第六節　第二院問題(下)

第二院存立的理由及各大國第二院的組織與職權，在上節中已爲申述。世界上行使兩院制的國家爲數誠多，但行使一院制的國家，亦不能謂爲僅有。統計中央議會與地方議會之爲一院制者，共有六十餘處。以國家論，則有猶哥斯拉夫，依色東利亞(Esthonia)，拉特惠亞，利仲尼亞，芬蘭，巴拿馬，波爾加利亞，山多明哥(San Domingo)，科斯他利加(Costa Rica)，漢都拿(Honduras)諸國，均採一院制。德意志諸邦有十六處行使一院制。加拿大十省中有八省行使一院制。他如奧大利，匈牙利，與瑞士各省，亦有行使一院制者。

主張兩院制的重要理由，爲(一)第一院立法有倉卒草率的流弊。設立第二院，使立法經過多加一層手續，以謀制止與糾正。(二)下議院爲政爭的中心，對於立法技術，易於忽視。設立第二院，可作爲立法技術的方面之復審（Revision）機關。(三)在聯邦制度國家中，第二院爲聯邦觀念寄託之所，故爲必不可少的機關。此三層理由，在主張一院制者的心目中觀之，認爲與事實不甚相符，茲析言之：

第一院立法有倉卒草率的流弊　以英國第一院過去的事實證之，殊覺不確。英國一八三二年通過的選舉改革案，其改革運動，早已發端於一七六九年。一八三二年後，更有憲章黨運動，標明六項主張：一、男子普及選舉權；二、議會每年改選一次；三、平均選舉區；四、選舉用投票法；五、取消關於議員被選的財產限制；六、議員應由政府給薪。憲章黨運動於一八四八年瓦解，但憲章黨的主張，均於一八四八年後次第的實現。一八五八年議會取消議員被選財產限制。一八七二年議會通過祕密投票選舉法。一八八四年議會通過選舉改革案，爲英國男子普及投票權的起點。一八八五年議會通過議員名額分配案，以立選舉區平均的原則。一九一一年通過議會案，規定議員每人每年給俸四百鎊。同時規定每屆議會生命由七年減爲五年。上面的事實，要足以證明英國衆議院每通過一重要議案，乃數十年議會內外人士努力運動的結果，而無倉卒力辦的現象。一八八八年通過的地方自治案，亦是十年奮鬬的結果。英國行政習慣，每遇有應興之事，輒先由政府委任專家多人，組織皇家委員會（Royal Commission），搜集材料，研究方案，向政府作具體的建議。政府根據研究的結果，成爲議案，向議會提出。其間往返經過，由成立皇家委員會之日起，以至議會通過提案之日止，常有須時十餘年之久者，此尙得謂之爲有倉卒或草率的流弊！

衆議院立法是否陷於「倉卒」或「草率」的流弊，本爲一事，而第二院的制止與糾正功用，事實上是否能如一般人之所希望，則不可不詳晰考究。一九一〇年美國紐約州下議院通過議案一，一二八件。此一，一二八件議案送至上議院時，經上議院否決者一六一件——僅占全數百分之十四。同時紐約州上議院通過議案一，〇三六件。此一，〇三六件議案送至下議院時，經下議院否決者六九件——僅占全數百分之六。合計兩院通過議案共二，一六四件。其中被上下兩院否決者共二三〇件。此二，一六四件議案，最後經州長否決（Vetoed）及人民複決不予通過者共二四〇件。以較兩院所否決的議案爲多。如謂議會立法，必須另有裁制的機關，以免倉卒草率之弊，則衡之以一九一〇年紐約州的事實，設立第二院以謀立法機關彼此裁制之益，反不如行政領袖運用否決權(Veto power)及人民運用複決權之有效力。

設立第二院可作爲立法技術的方面之復審機關 持此說者，又未免抹煞事實。此可於下列三點證之：(一)第二院組織的構成分子，並不優於第一院。(二)第二院所立之法，在立法的技術上，並不優於第一院。(三)第二院對於第一院通過的議案，在立法的技術方面，並不使之有進步。

(一)從組織方面言，英國貴族院，什九均係貴族，除遇特別事故外，這些貴族均不出席議會。此輩人對於立法規程，尙多茫然，安望其對於立法的技術方面有所貢獻。英國貴族院有法律議員(Law Lords)六人，由英皇遴選精於法學者充任，係終身職，以補貴族院法律知識的窮乏。立法技術，全恃法律知識以爲之基。例如創立勞工撫卹法，是否與憲法精神，及現行同類性質的法律之明文或含義相衝突；法的條文與法的主題是否一貫；提出的修正案與原案的明文或含義是否矛盾；以及各條文字的規定是否正確——等類問題皆屬於立法技術之部分，決非現在的英國貴族議員所能勝任。其次，由政府委派組成的上議院，其選擇的標準，側重政黨主義。至於被選派者之有無立法的經驗，與是否嫻習立法技術，則不在選擇條件之內。加拿大上議院議員由政府選派，保守黨組閣則選派保守黨員爲議員。反之，自由黨秉政時，則選派自由黨員爲議員。故實際上，上議院乃政黨政治的分贓所。再次，民選上議院制，其最著者有美國的上議院。除年齡一項而外，美國上議院議員的立法技能，並不高出於美國的下議院議員。一九二七年時，美國上議員九六人中有三〇人曾任下議院議員——幾占上議院全體人數三分之一。其餘人數中，有數人曾爲下議院候補議員而競選落第者，是更不能謂此數人，較下議院議員爲特優。匪特此也，由一九二〇年至一九二五年五年之中，美國上議院議員提出議案共二九，三三二件，其中經上議院通過者三，一一三件——占議案全數百分之一〇・五。在同一時期中，下議院議員提出議案八六，六三二件，其中經下議院通過者僅二，九三一件——占議案全數百分之三・五。上議院議員九六人，下議院議員四三五人。以人少的院，在同一期間內，較人多的院所通過議案的比例率爲高，是上議院對於議案的甄別，不及下議院的嚴格。美國立法方面的改良，爲減少量的增加，與提高質的進步。今上議院對於自己立法量的方面不能裁制，質的方面無所增進，安能改良下議院所通過的議案之缺點？

(二)從立法技術言，第二院並不優於第一院。美國勒卜拿斯加州(Nebraska)設有議案修正委員會，由下議院議長，下議院書記長，及立法參考處主任(Director of Legislative Reference Bureau)

三人合組而成。其使命在修正（To revise）第一讀後之一切議案。一九一七年該委員會審查下議院議案八〇三件，其中因立法技術上的缺點（Defective）而予以修正者計一一四件——占全體議案百分之一四。同時審查上議院議案三三一件，其中因立法技術的缺點而予以修正者記一三七件——占全體議案百分之四一。以此證之，第二院的立法技術，反視第一院爲不如。

（三）第二院對於第一院通過的議案，在立法的技術方面，不能使之有進步。一九一三年美國舉行州長會議時，干沙斯州州長何基氏（Hodges）在會議中演說，指摘議會立法的荒謬。何氏首舉該州的旅館檢查法爲例。此法之中，夾雜有凡辦公處所與臥房內的地氈，及一切設備，須善爲佈置一類的規定。其次爲限制汽車速度法，內有一條，謂『本法律對於享有政治勢力者的汽車夫的特殊權利，不予阻止，不予爲難，及不予侵犯，上項車夫並得駕駛運貨汽車，其行駛速度得由駕駛人自行斟酌，總以與駕駛者自己的安全不生妨礙爲合宜。』前者於旅館檢查的法律中，而雜以辦公處所與臥房地氈的設備問題，誠風牛馬之不相及。後者於限制汽車速度之時，對於有政治地位人物的汽車夫之行駛速度，明言爲法律所不能及。此等事，見之於游戲文章中則可，但載之於莊嚴的法律明文中，則有失法律的尊威。匪特此也，一九一三年該州法律全部第一七七，第一七八，第一七四，與第一七五各節，完全重複雷同。第三一八節經第三一九節修正，而兩節全文均予登載。如此重複錯雜，牽扯嘲笑的法典，均經過該州上議院作第二重的通過。是上議院之不能糾正衆議院通過的議案之錯誤，甚爲顯然。美國麻色傑塞州爲兩院制，而兩院均以立法技術見長稱。但一九一四年麻省下議院因上屆議會上下兩院通過的議案之條文規定，有欠妥當，而予以修正者計六六件。又一八八七年美國中央議會上下兩院通過國內貿易法（Interstate Commerce Act）。一八九四年時，此法經下議院提出修正，復經上議院審查通過。據史丁遜氏（F. J. Stimson）研究結果，一八九四年的修正案，對於原案，雖增加不少的條文，但彼此雷同者有之；彼此條文文義各相抵觸者有之。修正案全文計二十七頁，若另由嫻習立法技術之人，重行起草，則全案不過四頁。一切重複雷同抵觸之弊，均可免去。

議會立法，有兩部重要工作：（甲）立法原則。例如創立老年撫卹法，政府將採資助原則歟？抑採不資助原則歟？（乙）立法技術。據法學泰斗阿斯丁（Austin）的意見，立法的技術之部分，較原則之部分爲困難。原則由政府——或議會——決定。但技術工作，則有賴於專家人才。一個議案，於未經議會通過成爲法律之先，須經過幾重立法的過程。在每次過程中，須有一次技術方面的審查與修正。茲將每次的過程，分述於左：

（甲）調查時期　議案於未經起草以前，關於此案的事實，統計，及一切有關係的材料，須先從事調查。此項調查工作，在英國則有隨時成立的皇家委員會（Royal Commission），委派專家人才，及行政領袖組織之。由此委員會詳細調查事實，然後向政府建議方案。大凡一切重要議案，於未具體化之前，均經過如此的程序。美國設有關稅常務委員會（Tariff Commission）。每次國會通過的關稅議案，大半以關稅常務委員會所搜集的材料為根據。利用專家委員會，調查事實，建議方案，然後由政府根據事實或方案，創議法律，以應社會民生的需要，幾為近代民治國家立法必經的途徑。惟其如此，然後法律方有事實的根據。惟其如此，然後法律方適合人民的需要。

（乙）議案起草　議案起草，在英美兩國幾成為法學專家的專利品。此乃法治制度的自然結果。以美國論，立法的首要問題，為所立的法，在憲法上有無根據，與憲法明文或含義有無衝突，及與其他單行法律是否抵觸。此外對於政府的組織原理及社會經濟的動力，亦為法律起草者所必知。美國大理院有拒絕執行與憲法抵觸的法律之權。英國司法機關亦有解釋（Interprete）法律權。故起草者對於議案的字句，尤須正確，且須互相銜應，以冀滿足司法機關的解釋。英國設有議會法制局（Parliamentary Council To the Treasury），附設財政部內。有主任一人，副主任二人。政府議案（A Government Bill）經內閣會議決定後，由主管部院，或由臨時組織的委員會，將議案大綱及原則書列，交法制局起草。在起草期間，起草者幾無日不與主管機關的長官討論研究。如遇重要的議案，有歷時五六月之久，方能起草完畢。起草完畢後，呈送主管長官核閱。由主管長官將草案提出閣議討論之後，始正式的提出議會。至議員個人提案之屬於國家性質，而得內閣的贊助者，常將草案交法制局修正後，始正式的向議會提出。自一九二二年至一九二五年三年之間，法制局起草議案平均每年約九十件。美國上下兩院亦設有法制起草的機關。此舉的動機，起始於一九一一年哥侖比亞大學設立的立法起草研究所（Legislative Drafting Research Fund），由張伯倫教授（J. P. Chamberlain）主其事。張氏及同事認法制起草，係屬專門的技術，且爲使美國國會議員認識此種專門技術的重要起見，乃於一九一六年由研究所派賓滿氏（M. Beaman）赴華盛頓京城，自動的幫助兩院議員起草議案。當此之時，議會正討論全美輪運委員會（United States Shipping Board）組織法。賓氏認議會起草的組織法中，條文多不一貫，排列亦不合理，字句亦欠正確。建議修改，當蒙採納。歷來議員，認大學教授只知空談，關於實際立法，不屑與謀的心理，至是頓變。未幾議會方面，更承認有自立法制起草機關的必要。一九一八年兩院乃成立立法顧問處（Office of Legislative Council），分兩組辦事。下議院爲一組，設主任一人。上議院爲一組，設主任一人。顧問處的目的，在幫助議員起草或修正屬於國家性質的議案。一九二七年下議院提出之所得稅案，完全由下議院立法顧問主任賓滿氏起草。

（丙）修正工作（Revision） 議案起草之時，縱令起草者萬分周慮，但不能謂爲毫無訾議。有於議案提出議會之後，尚特立委員會，施以一度的修正工作者。一九二五年美國勒卜拿斯加州（Nebraska）下議院設有修正委員會，乃由議長，書記長，及立法參考處主任（Director of Legislative Reference Bureau）組織之。凡議案經過第一讀後，須由此委員會審查修正。一九二一年路易聖安拿州（Louisiana）州憲規定，由州之司法廳長，及兩院議員代表各一人組織立法委員會。凡議案在第三讀以前，須交付此委員會審查，關於議案條文的構造，是否有重複抵觸之病，及是否與州憲的明文或含義有衝突之點。

第二院爲維持聯邦均權制度之必不可少的組織 此乃美國上議院成立的主因。但在今日政黨政治運用之下，此說已完全失其根據。就以美國論，甲州下議院民主黨議員與甲州上議院民主黨議員的政治立場有何區別？甲州共和黨上議院議員與乙州共和黨下議院議員的政治立場又有何區別？嚴格言之，現在政治競爭，大都以經濟勢力爲界別的主眼。美國農產區域的上下兩院議員，無論其爲民主黨員，或共和黨員，占在同一的戰線上面，以與工業區域的上下兩院議員堅壁對壘。在名義上，美國上議院議員有共和黨與民主黨之分，但實際上，美國上議院議員只有保守派（Old Guards），進步派（Progressives），與農團（Agricultural Bloc）之分。近十年來的美國上議院政治史，乃進步派與農團兩大勢力的奮鬭史。農團以保持美國農產區域的利益爲目的。凡來自農產區域的上下兩院議員，無論其籍隸共和黨或民主黨均屬之。柏蘭（G. R. Brown）告訴我們：『西部農產各州上議員集合而成的農團組織，有極深遠的意義。此農團所代表的意義，不是政治的而是經濟的。其所藏蓄的潛勢力，較其所發現於外的力量爲大。從此團體的集合，而益知美國西南兩部具有同一的利害觀念。無論何時，如西南兩部握手合作，卽可統治美國。將來美國東部及東部的新英格蘭一帶，如欲繼續保存其在美國政治上的管理權，其關鍵在以能否與西部農業區域的激進派合作爲轉移。而此項合作條件，又全恃工業區域是否願意將其自私心屈服，以適應農業區域的要求爲轉移。』（註一）

今日的美國上議院，已失去其維持地理原則的聯邦主義之基本觀念。此不獨美國上議院爲然，卽澳洲的上議院，亦在同一變化的過程中。凱斯氏（A. B. Keith）謂：『如以上議院爲各州權利的保障，則其效力完全等於零。澳洲工黨，無論其在朝在野，均主張中央集權政治，將各州的地位削減，成爲一個自治區，使州的單位增加，一切聽命於中央政府之處斷。……其不屬於工黨之其他上議員，除協力強求政府予各議員有直接利益關係的地方以財政上之方便外，縱遇關係本州利益的重要事端，亦多無心過問。上議員與衆議員由同一選民舉出，但其分子總視衆議員爲不及。上議院雖常作有用的工作，但仍不能滿足理想中低額限度的標準……。』（註二）

第二院不必存在的理由，既如上述。試更從組織方法論，益令吾人感覺其無存在的必要。

推選方法 推選有二法：（一）由政府推選。如加拿大上議院然，結果，流爲政黨酬庸之所。（二）由團體推選。但團體推選，將以地理區域爲單位？抑以職業團體爲單位？嚴格言之，團體雖以地域爲界，但其組織，則以職別而分。故兩者實二物而一體。團體推選的困難點，在缺乏合理的原則，以支配議員名額。如以團體的人數爲原則，其在工業國家，則人數衆多的團體爲勞工。結果，必流爲勞工專制。如以職業地位的重要爲原則，則何種職業爲首要，何種職業爲次要或再次要的分配，又何以定之？

直接選舉 如與衆議員選舉同時舉行，則選舉結果，有使兩院大多數分子屬於同一政黨的可能。如此，即是一個政黨，操縱兩院立法事業。議案之通過下議院者，即自然的通過上議院。在此情形下，上議院匪獨失其修正（Revision）議案的功用，且直形同虛設。如兩院議員選舉不於同時舉行，則兩院中的大多數黨，必不屬於同一政黨。如此，則政府議案多生一重阻礙。佛蘭克林氏比兩院制，如兩馬馭一車，前後背馳，進退失據。復次，上議員若由人民選舉，直接受命於人民，則權力卽自然的增加，同時下議院職權卽受其侵越。內閣政治的運用，亦卽不能伸縮自如。莫根教授（H. I. Morgan）謂上議院權大，則內閣力弱，法國其例也。

間接選舉 如法國然，最大弊端爲易受行政官吏勢力的支配。一九一三年以前，美國上議院議員亦由省議會選舉。結果，政黨少數頭目，得以操縱一切。至一九一三年時，始由憲法規定，由人民直接選舉。

上議院選舉方法之不易規定，旣如此，但捨此而外，尙有職權問題，亦爲第二院制度不易解決的問題。

職權問題應有的討論爲：一、兩院職權取平等原則歟？二、抑有強弱的分別歟？茲分述其利弊：

兩院職權平等 關於財政議案權，兩院之不能平等，已成天經地義。但關於其他的立法權，兩院亦不能平等，其不能平等行使的理由有二：

第一，如兩院權力平等，其在運用內閣政治的國家中，內閣必須對兩院負責。一身事兩主，爲內閣政治根本原則所不許。縱令內閣不對上議院負責，但須出席上議院，辯護議案，答覆質問，亦爲時間所不許。

第二，如兩院權力平等，遇意見不能一致時，缺乏平衡的解決方法。按現行兩院制國家，遇兩院意見不能一致時，解決之法，爲(甲)解散兩院。澳洲憲法規定，凡議案於三個月內，經下議院兩次的通過，且同時經上議院兩次的否決者，得由總督解散兩院，再舉行選舉。新議會開會時，兩院開聯席會議，以絕對大多數之票數，將原案通過。(乙)由與爭執議案有直接關係的內閣閣員，向兩院奔走疏通。此爲法國解決兩院爭執之一法。(丙)由兩院組織聯合委員會解決。英美法三國議院利用此法。試以美國爲例，兩院聯合委員會 (Conference Committee) 爲美國立法機關中最重要的部分。凡重要議案，均以此委員會爲最後的主宰。故欲知美國立法手續的癥結者，不可不明乎此委員會之職權。茲述於左:

議案經下議院通過後，送至上議院，上議院往往將衆議院通過的議案，予以修正的通過。通過後，由上議院將該案復送回下議院。要求下議院對於修正各條，予以同意。下議院議長於接到修正案後，卽發交與該案有關係的審查委員會審查。照例審查委員會對上議院修正之案，不表贊同。故於向大會報告審查結果時，即提議組織聯合委員會，與上議院交換意見，以期趨於一致。

聯合委員會由兩院聯合委員組織而成。兩院委員人數，不必相等。有時下議院指派委員三人，而上議院則指派五人者。反之，有時下議院委員較上議院委員人數爲多者。實際上，聯合委員會乃兩個委員會合組織而成。下議院方面被派的委員，自爲一委員會。上議院方面被派的委員，自爲一委員會。兩方交換意見時，其有須付表決者，由兩院被派的委員，各自分開表決，各以大多數票數的決定爲去取。如議案的某條，經兩方委員各以大多數的表決表示同意，則即算成立。否則，此方多數贊成而彼方多數反對，則意見即是不能一致。

下議院聯合委員由議長指派。在指派以前，議長關於人選問題，例須向該案的主辯人，徵求意見。但按習慣議長常指派下列委員三人：(一)主管該案的審查委員會委員長，(二)位居委員長之次的審查委員，此即所謂 Ranking majority member，以代表下議院大多數黨，(三)審查委員會中少數黨方面的首席委員。由此三人組成下議院方面的聯合委員(用議會立法術語表之，聯合委員會委員，名稱爲 Managers)。

以性質言，聯合委員會可分爲兩種：一種爲 Simple Conference ——簡單聯合委員會，其職權有一定的範圍。一種爲 Free Conference ——自由聯合委員會，其職權爲無限定的自由聯合委員會委員，有全權處理的自由。但實際上，當指派委員之時，則並無所謂「簡單」與「自由」的分別。

聯合委員會的職權，受兩種裁制：(一)聯合委員會委員不得加入新的法律（New legislation）於所討論的議案之內。(二)聯合委員會委員所加入者，必須與原案的主旨相同。聯合委員會的報告，如超越上項規定的範圍時，有兩種補救的方法：(一)得由議員在大會提出異議（To raise a point of order），(二)或由議員動議交審查委員會復查（Recommittee）。但是，此兩種補救方法，事實上，少有行之者，即偶一行之，亦不易發生效力。一因聯合委員會的報告，常於議會閉會之前二三日，始行提出。此時時短事多，議員們無暇對於委員會的報告，加以詳細研究。其次，聯合委員加入之條文，究竟是否係屬新的法律，與是否與原案的主旨相符合，經由議員提出異議後，最後的裁決權，則仍採之於議長之手。至於動議交審查委員會復審一節，亦不易實行。因爲復審動議提出時，如上議院方面的聯合委員會委員已卸去其職務，或復審動議付表決時，未得大會多數票數的通過，則其動議即不能成立。

對於聯合委員會的報告，除提出異議與動議復審外，兩院只有全部採納，或全部否決的途徑，而不能動議修正其任何部分。聯合委員會權力龐大的祕訣，卽在於此。以由六七人組織而成的兩院聯合委員會，實際對於兩院議員意見不能一致的議案，可以完全修訂，而且可以迫使兩院全體採納通過。如不予以通過，則閉會期近，兩院無此時間，將議案重新再議。有時大會對於聯合委員會報告之一部分，或一極小之部分，雖不表示同意，然以限於全部採納或全部否決的規定，只有採瑕瑜並納的原則，將全部報告予以通過。聯合委員會開會時，係祕密性質。在人數較少的上議院中，聯合委員會制度，實爲促成少數議員操縱立法的主因。由一九一七年至一九一九年時，美國中央上下兩院成立聯合委員會共一〇五個。其中有上議員五人列席八二個聯合委員會。上議院且利用聯合委員會爲要挾的工具。因爲上議院議員常任意提出若干修正案，於經下議院通過的議案，以便將來在聯合委員會中，由上議院方面的聯合委員，迫使下議院的聯合委員承認。不然，上議院議員卽以否決該議案相恐嚇。(註三)

兩院權力不平等　大都第二院權力較第一院爲弱。然兩院間仍不免發生爭執，以阻礙立法的進行。一九一一年後，英國貴族院與衆議院幾次的爭執，卽其明證。

由上述觀之，第二院制，在論理上已失其存在的根據。在事實上，則有其組織之困難。如認一院制應有裁制的必要，則下列方法，均視第二院的裁制為優。(一)允許人民有複決法律權。(二)如係聯邦國家，允許中央大理院有解釋憲法及有解釋議會法律是否與憲法相抵觸之權。或(三)採用歐戰後，猶哥斯拉夫與芬蘭兩國的辦法。猶哥斯拉夫憲法第八十六條規定，議案於未經發生法律的效力以前，須於一屆議會期內，經過兩次的票決通過。至兩次投票距離時間的長短，則未明白規定。但為方便起見，除重要議案，在一屆議會期內，須經過兩次的票決外，其他通常議案，如經過三讀手續，卽算通過。芬蘭議會法程規定，議案在第三讀時，得由在場議員一人動議，停止其討論，以待至下屆常會開會時再議。下屆年會開會時，得由出席議員三分之一的要求，繼續中止其討論，以俟選舉舉行後，新議會開會時再議。新議會開會時，舊案重提，須從該案第二讀後起始討論。但此規定不得施行於政府提出的議案。一九二四年芬蘭議會通過的一一三件議案中，有二十四件當第三讀時，經議員動議交下次常會討論。有五件交新選議會討論。

在行使政黨政治的國家中，議會中之少數黨乃大多數黨之最有效力的裁制。萬一少數黨放棄或不能行使其裁制的責任，則有全國選民在民治國家中選民具有最後一切的裁制權。

(註一)Brown, G. R., The Leadership of Congress, Indianapolis: The Bobbs-Merill Co., 1922,

P. 279-80.

(註二)Keith, A. B. Responsible Government in the Dominion, Oxford Press, 1928 revised edition, Vol. I, P. 496.

(註三)其他國家關於兩院爭執的解決辦法如左：

一、南非洲規定，如上議院將財政議案否決，或將其他性質的議案在兩屆議會期中連續否決二次時，則由兩院開聯席會議，以出席議員多數票數表決之。

二、澳洲皇后島規定，如上議院將下議院通過的議案，在兩屆議會期中，連續二次否決時，則將此案交付人民投票，以國民多數票數表決之。

三、瑞典規定，如兩院對於財政議案，意見不能一致，則由兩院分開投票，將票數加爲一起，一齊計算，以多數票數表決之。

四、葡萄牙規定，如此院對於彼院通過的議案，至下屆議會閉幕時，尚未予以表決，則此項議案即自然的成爲法律。

五、歐戰前，奧大利規定，如兩院對於預算案或對於召募臨時陸軍案，意見不能一致時，以數字最少的議案爲有效。

六、阿根廷，巴西，智利規定，如甲院通過的議案送至乙院，經乙院予以修正，由乙院將議案送回甲院，甲院不予同意，又將議案送至乙院，但如乙院以三分之二的票數主張維持修正案，則須將議案送回甲院，但如甲院亦以三分之二的票數主張維持

原案，則原案卽算成立。否則，乙院的修正案，應爲有效。

第三章　議會職權

第一節　立法權

議會職權有三：(一)立法權。(二)財政權。(三)監督政府權。本節所述，專及於立法權。

以歷史事實言，當議會制度形成之初，議會只有請願權與陳情權。至於立法權，則屬之君主。此不獨在昔英國爲然，即法國在一七八九年革命以前，議會亦不能直接創議立法。立法權屬之議會，乃英國人民經過長久時間的奮鬭得來。但遲至今日，民治昌明，世界上設有議會機關的國家，其立法權尚有操在君主手中者。一九一八年前，德意志帝國之立法權，屬於帝國皇帝。帝國議會——祇向皇帝陳述意見，請願立法。日本憲法第五條規定，天皇享有立法權，由貴族院之同意行使之。

從理論方面言，法律爲主權意志的表現。立法機關之所在，卽國家主權之所在。法由君立，則主權在君。法由民立，則主權在民。但一國之大，民數之多，領土散漫，聚處無由，事實上全體民衆，不能躬自參加立法工作，故必須選派代表，代司其事，於是議會以立。

議會——由人民選舉而生的議會——代表人民立法，乃其生存重要件條之一。但議會是否因即代表人民行使其主權，則其說不一。概括言之，可分爲二：一說謂主權在民，此主權不能委託任何個人或機關行使。持此說者，謂人民設立行政機關以代表人民行政，而不代表人民行使其主權。人民設立立法機關以代表人民立法，而不代表人民行使其主權。此說意思，以憲法乃人民自己所賦予，係人民自己意志的表示，用以規準國家根本制度，美國其一例也。美國聯邦憲法第一條規定，立法權允由立法院行使，第二條規定，行政權由大總統行使。他如捷克斯拉夫憲法第一章第一條規定，『本憲法由人民（Soveign people）規定何種機關制定法律，何種機關執行法律，與何種機關保障人民的權利與自由。人民爲保持經憲法保障之權利起見，對於上述機關，乃有如此的限制。』此可作爲上說的又一證明。一說謂主權在民，但委託議會行使。智利憲法第三條規定：『主權由國民享有，但委託由憲法設置的機關行使。』瑞士霸州（Bern）憲法第二條規定：『主權屬於人民全體。運用之者直接的爲選民，間接的爲被選官吏。』一九一九年芬蘭憲法第二條規定：『主權屬於人民，由人民選舉的議員在議會行使。』至於英國議會，則是主權代表學說最有力量的證明。

上述兩說，孰是孰非，茲不具論。但兩說之中，有一共同的立足點，其點爲何？就是兩說均認議會有立法權是。如謂議會只代表人民立法，其「法」何以立？如謂議會代表人民行使主權，則行之者為誰？對茲兩問，搜求答案，為本文討論的目的。但搜求的途徑，則以議會立法程序為主幹。

近代立法程序，以英國議會為策源地。由英國而傳播歐美兩大陸。一七九七年至一八〇一年美國吉福遜（Thoma's Jefferson）以副總統資格主席上議院時，根據英國議會習慣，編議會法程指南（Jefferson's Manual）一小冊，成為今日美國議會法典之威權者。法國革命時，法人杜蒙（Etienne Dumont）譯英儒邊沁（J. Bentham）所著立法大綱，作法國國民會議法程的模典。十九世紀初半葉時，歐洲各國之設立議會機關者，大都以杜氏譯本為議會立法程序的圭臬。此外英國各殖民地議會，亦沿用英國立法習慣。各國議會法典，既直接間接的承襲英國習慣，故彼此立法程序的根本規定，大都相同。茲分述於左：

議案的提出　英國議會，分議案為兩種：一種屬於私人性質的議案（Private bill）。關於此類性質的議案之立法手續，已詳述本書第二章第四節中。一種屬於國家性質的議案（Public bill）。關於此類性質的議案之提出方法有三種：（一）由議員事先在議事日程（Orders of the day）中申明；（二）由議員臨時提出（Motion for leave to introduce bill）；（三）每日開會時由議員提出。此又名爲十分鐘律。

（一）由議員事先申明　每次議會常會開會後的第二日，提案人須一律向議長報名。開會後的第三日，由各報名人用抽籤法，分別次序。同時各提案人向公共議案處（Public bill office）領取議案格式紙，照式塡寫。每星期五日，由議長按抽籤的次序，呼提案人名姓。提案人名姓被呼時，卽將提案交書記長收。由書記長將提案題目，朗誦一過，此卽所謂第一讀。提出的議案卽付印，分發各議員。

（二）由議員臨時提出　議員得在大會臨時動議，以提出議案。此法曲折甚多。動議人須向大會申述提案的目的及理由。出席議員，對於提案如表示反對，則須經過辯論的程序。辯論時日，有至數日之久者。辯論終止時，尙須經過表決手續，以決定是否允許提案人將議案提出。但是，當提案人起立動議之時，如無人表示反對，則卽不須經過辯論的程序，而逕由大會允許其將提案提出。提案人必須按照規定的辦法，向公共議案處領取提案格式紙塡就。提案人經大會允許其提案後，卽離開本人席次，站立會場門口，候議長呼名。議長呼名後，提案人答稱 A bill, Sir ——主席，有一議案。議長卽令其將議案提出大會。提案人乃將提案交書記長，由書記長將提案題目，朗讀一過，此卽第一讀。讀畢，將提案付印分發。政府重要的議案，有由主管閣員採用此法，向大會提出者。因爲此法能予提案人對於提案的性質與重要得作一度鄭重的申述。

〔三〕議會每日開會時議員得動議提出議案　如有人反對，雙方各得作五分鐘的辯論，此卽所謂十分鐘律。

美國衆議院關於議案提出的手續，極爲簡單。提議人在提案上注載自己姓字，並載明交某某審查委員會審查，將提案投置書記長室的議案箱內，由書記長按收到的次序，編列號數，逐日登載議會記錄中。至於某案須由某審查委員會審查，議長——實際上，書記長——有重行支配之權。行政各部送達國會的意見書，與大總統送達國會的咨請書，由議長或大會分發各關係審查委員會審查。如審查委員會認爲有將行政部或大總統意見提爲議案之時，則由審查委員會委員長以個人名義，按照上述的手續將議案向大會提出，再由議長發交審查委員會審查。美國議案提議人以一人爲限。無副議人與連署人的必要。

加拿大議會規定，如議員欲提出議案，須用書面通知議會書記長，由書記長將通知書，登載議會記錄上。登載後的第二日，由提案人在大會用書面動議，如無異議，卽由書記長將提案交法律書記(Law clerk)校正，校正後卽付印，此與英國議會程序相彷彿。其他英屬自治國家的立法機關，關於議案提出的規程，亦與此同。

瑞士習慣更爲特異。按憲法規定，除兩院議員有創議法律權外，各州更得以公函（By correspondence）向中央議會創議法律。自一八四八年後，瑞士各州運用此權，向中央議會創議法律者不過十次。兩院議員亦多不直接的行使其創議權。遇有事件發生時，由議員在大會提議，請求政府將事件詳爲研究，作成議案，向議會提出。如此項請求經兩院通過，政府卽照請求，擬成議案，提出於議會。但是近來的手續，更趨簡單。每屆議會開會時，政府行政委員會將本屆應行提出的各項議案，一次的提出於議會。是在議員方面，卽請求手續，亦可省卻。

議事日程（Orders of the day）　議會事務繁多，每日會議，須有固定的會議程序，以事處理，庶免顚倒無章的流病。此種會議程序，稱爲 Order of business。會議程序與議事日程，係屬兩種不同之物。議事日程，乃專指當日交付大會討論的某項議案而言；會議程序則係開會時議事的秩序表。會議程序，包括議事日程。以次序言，議事日程，在會議程序中居末一位。試以美國衆議院每日會議程序表爲證：

（一）禱告（每日正午開會）

(二)書記誦讀先一日會議紀錄，紀錄如有錯誤，得於此時更正。

(三)更正議案分發審查的錯誤。

(四)處理議長案前存件。

(五)處理未完事件。

(六)挨次由各審查委員會將審查完了的議案，報告大會。

(七)議員動議，將大會變爲全體委員會，以討論財政性質的議案。

(八)議事日程。

按英國衆議院開會程序的規定，議事日程，亦居最末一位，有如左列：

(一)禱告(每日下午二時四十五分鐘開會。)

(二)討論地方議案，時間十五分鐘至三句鐘時，如討論尚未完畢，則另定時間討論。

(三)質問。

(四)動議散會——如質問人對內閣閣員的答覆，不滿意時，得動議散會。

(五)人民或團體請願案的提出。

(六)動議向各部要求作行政報告。

(七)議員請假。

(八)議案的提出。

(九)議事日程。

當日由議會於規定程序論事之中，討論已經提出而未經辯論的議案者，謂之議事日程。但向議會提出的議案爲數甚多，性質亦不一律。美國衆議院將審查委員會審查完了，報告大會的議案，分載於三個表册上，英文稱爲 Three calendars。凡屬於財政性質的國家議案，而必須經過全體委員會的討論者，列爲一表，稱爲 Union calendar。凡不帶有財政性質的國家議案，而不須經全體委員會的討論者，列爲一表，稱爲 House calendar。凡屬於地方或個人性質的議案者，列爲一表，稱爲 Private calendar。大會對於各表册上的議案，有時並不依排列次序的先後，而予以討論。美國衆議院中設有指導委員會 (Steering Committee)，以決定何種議案，應須優先討論。經決定後，由指導委員會主席，於先一日或先數日在大會中宣佈，庶使議員大衆，不至有臨時措手不及的痛苦。法國衆議院，每週議事日程，由議長與政黨領袖及各審查委員會委員長——有時內閣閣員亦得加入，於先一週協同決定。經決定後，將日程表登載議會紀錄中，再由大會通過。凡欲提議改變規定的日程表者，須得議員五十人之副議，提議方能成立。

議案經過數讀 一五一六年英人莫爾（Thomas Moore）在所著烏托邦中，有參事會的設立，規定會內提出的議案，不得於提出的同一日辯論。從此點觀察，吾人可知當時立法機關，立法草率的情形。莫爾的主張，卽在矯正當時立法草率的缺點。一七七四年美國大陸會議開會時，亦規定議案，不得於提出或辯論之日，同時付表決。從此點觀察，吾人更知在美國立國之時，對於議案必須經過幾讀的程序，尙無明文的限制。但是，時至今日，議案通過，必須經過三讀，則幾已成爲通例。英美兩國及英屬各自治國家議會均規定議案須經過三讀的程序，方能通過。美國各州中有三十州的憲法規定，議案的三讀，不能於同日舉行。此三十州中有四州規定，三讀中的兩讀，得於同日舉行；但有時如有出席議員三分之二的表決，得免除第二讀或第三讀。法國議會議案的通過，祇須經過兩讀，兩讀相隔的時間爲五日。

議案三讀經過的程序如何，吾人不可不知。茲將每個議案在美國衆議院經過的程序分列於次：

（一）第一讀——議案提出之時。

(二)付審查委員會審查。
(三)審查委員會報告。
(四)議案分別註册（Placed on the calendar)。
(五)如係財政議案，議案由全體委員會討論，然後進入第二讀。否則，直接進入。
(六)第二讀。
(七)謄正（近來習慣均付印）及第三讀。
(八)通過。
議案經衆議院通過後，送交上議院討論。玆爲明白全局過程起見，將此後程序，續述於左：
(九)上議院討論（議案由衆議院達到上議院時，卽交審查委員會審查。此後經過之三讀程序，與在衆議院同。）
(十)上議院如照原案通過，而不加以修正。則通過後，仍將原案送回衆議院，由衆議院書記註册，交議長簽字。
(十一)上議院如將原案修正的通過，修正後，將原案送回衆議院，要求衆議院對修正案予以同意。

（十二）衆議院大會討論經上議院修正的議案（如上議院修正之案，帶有財政的性質，則於上議院送回衆議院後，須先經過審查委員會的審查，及全體委員會的討論。）

（十三）如衆議院對上議院修正案，不予同意，則成立兩院聯合委員會，解決兩院的異議。

（十四）兩院聯合委員會將爭執點妥協後，各向本院報告，予以通過及登記。

（十五）登記委員會（Committee on Enrolled Bills）校正。

（十六）衆議院議長與上議院議長簽署。

（十七）送達大總統核准。

（十八）大總統如予以否決，則將原案暨否決理由一倂送回創議原案之院。

（十九）兩院復議（如兩院各以三分之二的票數，將否決案再予通過，則大總統的否決爲無效。）

（二十）國務院存案（如議案經大總統核准，即由大總統簽署，將議案交國務院存案。如大總統予以否決，復經兩院各以三分之二的通過，拒絕大總統的否決，則由最後表決通過之院，通知國務院，將原案存案。）

議案經過三讀之時，每讀的「讀」字工夫，究竟如何，亦不可不知。美國衆議院法程第二十一條規定，第一讀讀議案題目（Reading by title），第二讀讀議案全文條目，第三讀讀議案題目。但任何議員於第三讀時，如要求讀議案全文條目，則卽須將全文條目誦讀。第三讀時，復得動議交審查委員會復審（Recommit）。第一讀在議案提出於大會之時舉行。但按今日衆議院的習慣，議員提案並不在大會提出，祇將提案投置國會書記長室的議案箱內，由書記長將逐日收到的提案之目錄，登載國會紀錄上，以代替第一讀。故實際上第一讀並未曾讀。

英國議會議案，第一讀在議案提出於大會之時，由書記將議案題目，朗讀一過。第一讀後，卽決定舉行第二讀的時日。第二讀時有辯論，但只辯論議案的原則，而不辯論議案細目。此時如欲動議反對此案，以使之不能成立，則反對者，得向大會動議，將此案第二讀的時日，改至六個月後之同日舉行。此乃動議反對的刻板文章。如此動議經大會通過，則議案的命運，中止於此。議案於經過第二讀後，始交審查委員會審查。其審查範圍，僅及於議案內條文的規定，是否與決定的原則相符。議案於第三讀時，大會對於議案，只能全部採納，或全部拒絕。如欲予以修正，須動議交審查委員會復審。茲將英國衆議院屬於國家性質的議案經過的程序，分列於左，以供專心立法技術者的研究，且可與上述美國立法程序相對照。

(一)第一讀——議案提出之時。

(二)第二讀——討論議案原則。

(三)議案付臨時委員會討論。

(四)議案付全體委員會討論——凡財政議案及追認政府臨時法令 (Confirming provisional order) 均在全體委員會中討論。此時討論及修正範圍，僅及於議案細目。

(五)付審查委員會審查。但如議案經過全體委員會討論，則不由審查委員會審查，而逕付通過。

(六)大會討論 (Report stage)。討論範圍僅及於全體委員會修正的條文。但由全體委員會討論的議案，如未經修正者，即不須經過大會討論的程序。

(七)第三讀。

(八)通過。

美國各州憲法，多規定議案須經過三讀，每讀必逐段宣讀。但同時有規定關於維持公安及社會健康等類的議案，認爲必要時，得以議員三分之二的表決，免除三讀中的任何一讀或任何二讀。若三讀必須逐條宣讀實際上匪獨收效小，且耗時多。因爲每個議案於提出大會後，均印成若干份。經審查委員會審查完了之後，亦印有若干份，以供議員的研究，故無須書記在大會再爲逐條朗誦。卽令由書記誦讀，聞者亦領略不易。况當書記朗誦之時，議員多旁及他事，毫不注意，而所耗的時間則甚鉅。例如美國國會自一七一七年至一九一九年時，國會通過的議案，以數字計算，共八四〇，〇〇〇字。每分鐘至多可讀二〇〇字。若將通過的議案，每件逐字誦讀一遍，則至少需七十小時。國會每日工作時間，平均爲五小時。按日計之，需時十二日。若將通過的議案，逐件逐字的予以三讀，則非兩月之久，不能完畢。

修正案（Amendments）　議案鮮有不經過修正者，惟修正的技術方面，深有改良的地步。伊爾伯（C. P. Ilbert）論英國議會時，謂議會提出的『修正案，多倉卒草成，不顧文法，不顧邏輯，不顧成體與理性，以堆積於每段或每句的首端，俾於討論時，得優先的注意。立法文字，應當準確切實。但是議會事多，且盛滿黨爭的空氣。故文字的表示，不易精切而確實。……』美國國會關於此點，亦有同樣的病態。惟歐洲國家議會的辦法，頗有可取的地方。法國議會規定在第二讀時，如欲提出修正案於某個議案，而事先未得主管審查委員會的同意者，則須先經大會正式用投票表決的許可，方有提出修正案之權。歐戰前，德意志帝國議會規定，議案於第二讀後，如欲提出修正案時，須得議員三十人的簽名要求。如修正案被通過，原案即須經過校正委員會的校正，然後始再由大會通過。美國麻色傑塞州州議會設有議案第三讀審查委員會（Committee on Bills in Third Reading），其職權爲校正錯誤，修改字義，更正條文，以免除重複雷同的弊病。經此委員會修正後，報告大會，然後由大會通過。

議案在第三讀時，只讀議案題目。第三讀後，發交付印。故由第三讀至付印時，並無討論的機會。有時少數議員，乘人不備，於此時提出修正案。提出後，修正案且居然通過，致使其他議員無挽救的機會。爲免除此種弊竇起見，美國有五分之三的州議會，明文禁止提出修正案於第三讀之時。且爲防止潛竊纂改起見，紐約州議會規定，議會於表決某案之三日前，須將此議案付印，發給議員每人一份，以識鑑別。伊利諾埃州州議會規定，在大會最後表決以前，須將議案正文及修正案條文付印，分發各議員。有時議案全文甚長，原文與修正案不易分辨。故美國各州有二分之一的州議會規定於議案付印時，須將修正案條文用活字體或星標或括弧等類的標記付印時，以誌分別。

辯論（Debate）　議會原爲國事的評判所（The grand assize of the nation），故辯論乃議會

的本職。約翰・密爾以議會功用除「談話」外，無更爲重要者。伯芝浩（W. Bagehot）論英國憲治，亦謂議會政治，卽是以議爲政之治（Government by discussion）。

辯論的用處有二：一用以批評行政領袖，二用以討論立法議案。前者將另論之，本節則僅及於立法問題。

威爾遜謂：『……立法機關的辯論行爲，與享有自治之人民，顯有極端的重要，因爲議案未經立法機關徹底的討論者，其通過的實際，必甚曖昧……』（註一）墨柯爾亦謂：『立法的最後希望爲有結果。此結果由投票表決得來。但如以所得的結果，與未得結果前之經過的步驟比論，則吾人常過於重視結果，而忽視結果以前所經過的步驟……平心靜氣的討論，爲免走錯路的最重要保障。立法機關亦猶人然，行而後思，卽不免爲意志衝動的犧牲者。辯論權乃議會制度組織中基本原則之一。以美國政府制度論，無論立法與行法，無論陪審官或法庭的判決，均根據首先討論的步驟之結果……』（註二）

但究之實際，辯論權並非漫無限制者。玆將限制的方法，分述於左：

（一）議員個人辯論權的限制　除本書第二章第三節所論述外，復按議會明文與習慣的規定：

(甲)議長對於議員在大會發言，操有認可與否決的絕對大權。(乙)普通議員發言權，受種種條文的限制，且事先須經議長或本黨領袖的許可。(丙)黨的領袖或議會中審查委員會委員長有優先發言權。一九一一年二月二十一日有自由黨議員某在倫敦泰晤時報披露其自己的經驗如左：『有一次為求無愧於本區選民推舉的盛意起見，我擬對當時議會討論的某案略予表示意見。乃乘他人演說完畢之時，起立要求議長承認予我以發言權。但當我每次起立之時，議長均承認他人先我發言，如是者歷三日。我發現先我被議長呼名發言之人，在未起立的前數分鐘，並未出席大會。最後乃有人告我，謂事先須得委員會委員長的許可，方能在大會有發言權。我係新選議員，當即採納此君的意見，往見委員會委員長。委員長問我將說些甚麼話。大凡往見委員長者，須在議會經事久，方能向委員長作滿意的解釋。』

(二)每個人對每個議案辯論次數與時間的限制　議員發言權既不容易得到，且既得到之後，亦非漫無限制者。美國衆議院對於議員發言的次數，有下列的限制：(甲)每人對於主案只能發言一次。但如係動議人，或提案人得於他人發言完了後，立起作一次的答辯。(乙)每人對於主案發言一次後，如主案經人提出修正案，則對於修正案得發言一次。(丙)議案主辯人於開始辯論時，發言一小時。

復於結束辯論時發言一小時。(丁)在規定的次數以外，如欲發言，須得大會出席議員全體的同意(Unanimous consent)。

其次，美國衆議院對於辯論時間的限制：(甲)有一點鐘辯論律(One hour rule)，即每人得發言一小時。但本人得將時間分給他人一部分(Yield the floor)，(乙)某種動議提出後，得舉行四十分鐘的辯論，正副兩方面各二十分鐘。(丙)在全體委員會中有五分鐘辯論律。

(三)每個議案須經過幾度的辯論　各個議會的習慣頗不一致。英國衆議院對於議案的原理——或政策——作兩次辯論。一次當議案提出之時，但實際上少有舉行之者。一次在第二讀時期。至於議案的條文，則作一次或兩次的辯論。一次當議案在常務委員會中或全體委員會中時舉行。如議案經常務委員會或全體委員會修正，則於議案達到大會時，大會對修正案尙須舉行一次辯論。加拿大議會除上述程序，與英國習慣相同外，當議案在第三讀時，尙多有一次的辯論。美國衆議院對於提出大會的議案，例予一次辯論——辯論議案的細目。如係財政議案，則此辯論在全體委員會中舉行。如係國家議案而不帶財政性質者，則在第二讀時舉行。希臘憲法規定，議案於通過議會時，必須經過三次辯論，及三次投票的表決。一次辯論議案原則，兩次須將議案逐條辯論，且每次辯論不得於同日舉行。希臘爲一院制國家，如此嚴密的規定，乃所以代替第二院之設立。據著者意見，認每個議案在原則上應有一次的辯論。對於議案條目，應有一次的辯論。惟其如是，庶時間與實效兩有裨益。

制止辯論法（Closure） 議會中少數份子，爲欲迫使大多數黨允許種種的要求起見，常運用兩種阻礙方法，以阻撓議案的進行：一種方法爲作長時間的演說。此法在過去之時，行之甚易且甚多。但近來議會法程，對於議員取得演說的機會，多方限制。議會欲作長時間的演說，除英美兩國上議院不加限制外，在任何衆議院中，幾爲不可能的事實。美國上議院議員，事先無須向議長取得發言權。議會對於議員個人演說時間，亦無規定的限制。如欲終止某案討論，須經出席議員全體同意的表決。因此種種原因，美國上議員，以個人的力量，實際上有阻止議案通過上議院之權能。上議員有不斷的演說至十三四小時之久者。第二種搗亂方法爲提出種種怠工動議（Dilatory motions）。例如，動議散會，動議復審（Motion to reconsider），動議將議案放在棹上（Motion to lay on the table），提出法定人數問題，提出修正案於原案，及要求對於每次搗亂的動議，均用唱名投票表決法。此種搗亂行動，最易發生於會議閉幕的前數日。際此之時，議會領袖亟欲將一切議案通過，而少數份子則於此時乘機阻止，以事要挾。此種行爲，在英國謂之 Obstruction，在德意志謂之 Dauerreden，在澳洲謂之 Stonewalling，在美國謂之 Filibuster。

在行使內閣制的國家中，一個重要議案的通過與否，與內閣政治命運有絕大的關係。即在行使總統制的美國，如某項財政議案，被少數議員運用搗亂手段，不能於議會閉會前通過，其影響於國家經濟，亦至大且鉅。

一八八一年英國議會有愛爾蘭獨立派議員二十餘人，為喚醒英國人民對於愛爾蘭自治運動，予以注意起見運用搗亂動議，以阻止議會通過取締愛爾蘭革命法（Coercion bill）。有一次議會開會四十一小時，尚未閉會。議案進行被阻止。最後議長乃用快刀斬亂麻的辦法，不俟他人動議，逕將議案付大會表決。表決後，議長以所行無法典的根據，乃商請內閣總理格蘭斯敦向議會提出緊急律（Urgency Resolution），一八八二年與一八八七年，議會將此緊急律次第修正，成為今日議會常會法程第二六條（Standing Order, 26）。此條規定如下：『議題經提出後，出席議員可即時起立動議，將本題付表決。主席如認此動議，並不違反法規，或不侵犯少數黨權利時，即應將議題交付表決。本案表決時，不得有辯論及修正案之提出。』

上述規定，即所謂簡單結束辯論法（Simple closure）。如經出席議員百人的贊成，則辯論即算結束，議題卽應付表決。此法實行後，其效力祇能終止對於某個問題的辯論。如遇一極複雜，極冗長，問題極多的議案，則不能一筆結束。於是乃又有分段限制討論法（Closure by compartiments），又名機螺釘（Guillotine），由政黨領袖事先協議，將議案分爲數個段落，規定每段辯論時日若干。如規定時屆，無論辯論終止與否，卽將該段議案付表決，俾便繼續辯論議案的其他段落。關於其他段落的辯論，亦如前規定。除分段限制討論法外，又有選辯法（Kangaroo），此法承認議長或賦稅委員會委員長有權將議案的修正案，選擇其應當討論者交付討論。一九一九年此法正式成爲議會會議法規(Standing Order, 27A)。

法國議會議員對於某項辯論，認爲有終止的必要時，則呼 La cloture! La cloture! 如呼聲在一人以上，議長卽應將終止辯論的提議，向大會提出。此提議經提出後，得由反對此項提議之一人，起立發言一次。如終止辯論的提議被通過，卽須將大會討論案付表決。但是，當內閣閣員或審查委員長演說之時，不能提出終止辯論的提議。內閣閣員或審查委員長演說後，例有議員起而答辯，當答辯時，亦不能提出終止辯論的提議。法國議會，對於每一個修正案，舉行一次辯論。故每辯論修正案一次，須提出終止辯論的提議一次。

美國衆議院制止少數議員搗亂的方法，除會議法規第十六條第十目規定，議長有權拒絕一切怠工動議 (Dilatory motion) 外，尙有所謂特別程序 (Special order) 的運用。此程序惟法程委員會 (Committee on Rules) 能行使之。一九一〇年以前，法程委員會的主席，衆議院由議長兼任，爲衆議院中最有權力之委員會。一九一〇年衆議院發生「革命」運動，減削議長威權，議長遂退出法程委員會。但自一九一〇年後，委員會固有的職權，則未稍減。此委員會的職權有二：(一)有將議案提前提出議會討論之權；(二)有限制議案討論方法之權。議會對法程委員會的動議或報告，有予以隨提隨議的優先權。且對法程委員會的動議，大會只能全部採納或全部拒絕，而不能予以部分的修正。茲舉兩例以明之：其一，規定何時及何種議案，應由衆議院儘先討論通過，俾一切怠工動議無提出的可能。其二，限制議案辯論的時間，及修正案的提出。爲保存兩例的眞義起見，茲將原文照錄於左：

一

'Immediately upon the adoption of this rule, and at anytime thereafter during the remainder of this session, it shall be in order to take from the Speaker's table any general appropriation bill with Senate amendments, and such amendments having been read, the question shall be at once taken without debate or intervening motion on the following question: will the House disagree to said amendments en bloc and ask a conference with the Senate?' And if this motion shall be decided in the affirmative, the Speaker shall at once appoint the Conferees, without the intervening of any motion. If the House shall decide said motion in the negative, the effect of said vote shall be to agree to said amendments.

"And further, For the remainder of this session the motion to take a recees shall be a privileged motion and take precedence of the motion to adjourn" (見 Congressional Record, 57th congress 2nd Session, P. 2760.)

二

"Resolved, That immediately upon the adoption of this resolution the house shall resolve itself into the Committee of the Whole House on the state of the Union for the consideration of the bill H. R. 8245.

"That general debate shall be confined to the bill, and be equally divided between and controlled by the chairman and ranking minority member of the Committee on Ways and Means and shall terminate when the committee of the whole arises on August 18, 1921.

"Thereafter the bill shall be considered for amendment under the five-minute rule, but committee amendments to any part of the bill shall be in order any time and shall take precedence of other amendments.

"That clause 3 of Rule XXI shall not apply to committee amendments.

"That consideration of the bill for amendment shall continue until Saturday, August 20, 1921,at 3 o'clock in the afternoon, at which time the bill with all amendments that shall have been adopted by the Committee of the Whole shall be reported to the House, where upon the previous questions shall be considered as ordered on the bill and all amendments to final passage without intervening motion except one motion to recommit: That the vote on all amendments shall be taken in gross.

"That all members shall have leave to extend their own remarks in the Record on the bill until August 31,1921."（見 Congressional Record, 67th Congress, 1st Session, P. 5123.）

右錄第二例所指的議案，係緊急賦稅律 (Emergency tariff bill)，先由衆議院通過，送至上議院。經上議院提出修正條文八三三目。修正案通過後，全案由上議院送回衆議院。衆議院法程委員會乃向大會提議，規定(一)修正案在衆議院的普通辯論 (General debate) 規定爲兩日。(二)衆議院賦稅委員會提出的修正案有優先討論權。結果，議員個人卽無提出修正案的可能。(三)全案於付表決前，只容許議員動議將全案交委員會復審 (Recommit)，且此項動議，只以一次爲限。

議會爲立法機關。議員代表人民立法。但由上述近代議會實際的行事觀之，議會的立法權，實際爲少數政黨領袖居中行使，而大多數議員，則只於議案付表決時，投票贊成與反對。如謂議會代表人民行使主權，則事實上主權的行使人，祇不過議會中的少數政黨領袖。

不特此也，卽議會的辯論職能，亦已失其功用。今之議會已由辯論會 (Debating society) 而變爲事務所 (Business body)。議員的辯論權，受有重重的限制，爲議員者不能欲言卽言。美國上下兩院會議紀錄後登載的議員演說詞，實際上並未曾在大會上宣讀過，而祇由大會允許其登載於紀錄中的尾端（Leave to print in congressional record），以裝飾議員們的門面。議員們常將此項不演不說的刻板文章，郵寄各人當選區內的選民，以作本人對某項議案主張的宣傳品。此種現象——議員在大會無辯論機會的現象——原因有二：（一）由於政黨操縱的結果。關於此點，後當專論及之。（二）由於議會事繁，議案增加，以有限的會議時日，卽令完全用之於討論政府提出的重要議案，尙虞時間不足。至對於議員個人提出的議案，則更無暇顧及。近來英國學者乃倡爲各種補救之策，其最著者莫如分治主張（Devolution）。分治主張有兩派，一派主張職能分治，將議會分爲政治與經濟兩院，如魏伯夫婦（Sidney and Beatrice Webb）的主張是。一派主張地域分治，凡屬地方立法，由地方設議會負責。凡屬英帝國全體立法之事，由帝國議會負責。以現在的倫敦議會爲帝國議會，而另於蘇格蘭，威爾斯及英格蘭地方各設地方議會。法國亦有分治學說（Regionalism），主張廢止現行的州（Departments）制，而重劃全國爲二十五區。每區設區政府及區議會，爲地方自治的單位。關於區行政及區立法事宜，有自治權。英法兩國均單一國家，中央行政權與立法權集權過甚，宜其有分治的主張。若美國則爲聯邦國家，各州均有自治權。美國衆議院事務繁多，大半由於議員個人提出私人議案過多之所致，如請領卹金案，賠償私人因公受累之賠償案，以及向中央政府請款補助地方事業案，不一而足。爲減輕議會工作起見，婁士氏（Robert Luce）主張將此類性質的議案，不與國家性質的議案同一立法程序。如英國議會習慣然私人性質的議案由私人請願經過特別委員會審查後，然後由議會通過。

上述各種補救辦法，僅少數學者的主張，杳無實現的可能。按著者意見，議會如欲增加立法效率，則議會事務應當減輕。而減輕的方法，以實行地域分治原則，較之實行職能代表原則爲佳。其理由容於討論職業代表制時詳述。

(註一)Wilson, W., Congressional Government; Boston, Hougton Mifflin, 1885. P. 78.

(註二)McCall, S. W., The Business of Congress, New York, Columbia University Press, 1911, p. 98.

第二節　財政權

『無代表，不納稅。』此乃一七七六年美國獨立時的革命口號。在今日二十世紀時期中，除少數獨裁國家而外，凡世界上文明國家，均由人民選舉的代表機關，規定人民納稅之義務，而行政機關，則祇按照人民代表機關的規定，以向人民徵稅。魏羅貝（W. F. Willoughby）謂：『立法機關，乃國家的「貯藏所。」一此語卽立法機關管理政府財政的根本觀念。因凡關於國款之應當如何籌措，及應當如何使用，均由立法機關決定。行政官吏的責任，祇在按律徵收，保管，及使用款項等事。是以，行政官吏不過立法機關的經理人，以執行立法機關所議決的事件。立法機關對於行政機關則爲委託人，負有監視被委託的經理人盡職與不盡職的責任。立法機關以委託人的資格，對於經理人須訂條律。一方用以監督經理人在職務上的行爲，一方更可以隨時審核經理人的賬目。如因手續不清或因處置不善的原故，以致虧損公款，均應由經理人負責賠償。』（註一）

議會監督國家財政，在原則上，已成今日民主政治的天經地義。惟監督的形式與方法，則各國殊不一致。茲以國別爲單位，將英美兩國的財政管理制度，分別敍述，使吾人對之，得有整個連貫的印象。

一　英國

在未敍述英國議會監督國家財政的詳細方法以前，著者應首先枚舉英國財政管理制度的特點，以作本題討論的主眼。（一）英國政府財政，完全受衆議院的監督。凡關於財政立法案，須在衆議院提出，貴族院無修正與否決之權。（二）惟英皇——實際卽內閣——有建議（Recommendation）財政立法權。(三)財政案必須在衆議院全體委員會中討論。(四)衆議院議員,如提出修正案於財政案,在數字方面只能提議減少而不能提議增加。(五)政府收入完全存儲英國銀行。此存款名爲總集金(Consolidated fund)。其支出亦取之於此總集金。

梅斯戡(Erskine May)謂:『國用由皇帝(The Crown)請求,由衆議院允許,經貴族院同意。如皇帝不向衆議院請求款用,則衆議院即無議徵的必要……』(註二)

議會監督政府財政的着眼點爲預算。預算乃政府每年的財政報告書。內容可分爲三部分:一部分說明本年度政府收支情形,一部分預計下年度出入數目,其他一部分建議增減或新加稅率,以符下年度政府費用之數。

政府編制預算的步驟,與議會監督預算案的形式,爲財政管理制度成功與失敗的主母。英國財政管理制度,較之其他國家均爲嚴密。凡關心財政管理制度者,對英制尤應具有確切的認識。茲將英制各重要點,依立法程序的先後,分述於左:

歲出預算(Estimates of expenditure) 政府各部院會每年將各該機關經常費用開列報告,乃爲編制預算的第一步工作。英政府常年費用分爲兩類:一種爲固定費用。如英皇左右文官年俸

(The royal civil list) 司法官年俸，及內外債息金等屬之。此類費用，年由總集金內支出，數目係固定的，無須每年改編，亦不須逐年向議會提出通過。一類爲流動費用 (Supply services) 此類費用，每年支出數有增減，故須每年改編一次。屬於此類者爲陸海空軍及文官費用。

英國會計年度於每年四月一日起始。政府支出的預算書則於先年十月一日着手編製。各部如有擴充計劃，需要大宗費用，而認預算有增加的必要時，事先應與財政部商洽。如兩方意見不一致，則開內閣會議，討論決定。其所以必須經過如此的手續者，一因各部預算統計，除陸海空三部外，均由財政部向議會提出；二因習慣的規定，凡政府向議會提出財政要求時，必須先經財政部的許可，方能提出；三因依據內閣政治原則，各部行動，須全體負責，故於必要時，由內閣會議取決，以免因一部的問題，而牽動全局。每年十月一日由財政部將製就的歲出預算表格式，分送各部院會，請各部院會將下年度費用數目，按表填就。填寫之時，有兩個原則，爲各部院會所不可忽視：(一)費用數目必須以節省爲原則，(二)數字計算，不得以過去一年者爲標準，而應按照下年度的需要，單獨計算。各院會當編填歲出預算之時，與財政部有不時接洽的必要。如遇支出項目，有所增減或變更，則須商知財政部。如財政部有異議，得訴之內閣會議。但上訴之事，實際上少有發現。即令發現，內閣會議亦必維持財政部的主張，以符責任專一的原則。至於海陸空各部每年經費數目，則由財政部長先與各該部長規定。規定後，付內閣會議決定。決定後，由海陸空各部部長按照規定的經費數目，分別支配各部院會預算書，至遲於一月十五號左右彙送財政部，再由財政部審查付印。

議會常會於一月底或二月初間開會。開會時，例有皇帝演說（The king's speech），分述政府對內對外政策及應行提出的議案。最後，並請求議會通過政府提出的預算案。反對黨對英皇演說例須答覆。雙方辯論，常經過一週時間，始告結束。此辯論結束後，財政部長將各文官機關，及內務部與所屬稅收機關的歲出預算，向議會提出。海陸空各部的預算表，則由各該部長直接提出。

財政部提出的歲出預算表（Estimates），祇乃預算的一部分。其他一部分，則包括稅收計劃。歲出預算在議會中的歲出審查委員會（Committee on Supply）中討論。稅收預算則在議會中的稅計審查委員會（Committee on Ways and Means）中討論。

在議會常會期間，每星期四日歲出預算案有優先的討論權。關於全案的討論時間，大抵以二十日爲限。歲出審查委員會討論歲出預算案時，按各機關工作的性質，將歲出預算的全案分爲一百五十章。每章代表一項工作（Service），由委員會逐章表決。每表決一章，則該章即成爲決議。但是，英國會計年由四月一日起首。以時間論，無論如何，議會不能於三月三十一日以前，將一百五十章的歲出預算討論完畢。同時政府於四月一日以後的費用，即無着落。際茲青黃不接之時，例由財政部長向議會提議，先行將下年度費用預支若干，以能維持五六個月之久為定限，此之謂預支案（Vote on account）。但款從何出？於是議會乃集議於稅計審查委員會(Committee on Ways and Means)中，由此委員會通過決議，(一)允由總集金項下支付預支之數，或(二)由借債或租稅項下支給。按歷來的習慣，預算案總在八月初間，方能全體被通過——且議會法程的規定，歲出預算至遲須於八月五日前全體通過。故於第一次預支案通過後，由四月至八月之間，尚須通過預支案一二次。直至最後，將以前幾次通過的預支數目，及其餘經費數目，彙集共成為一案，總名為 Appropriation Act，包括本年政府經費總數，並准許財政部照通過總數支付。但如款無所出，財政部長有臨時借款付給之權。歲出預算案在歲出委員會中討論時，議員只能動議減少某項經費數目，而不能動議增加某項經費數目。對於減少某項經費動議的措詞與數字，均係固定，即只能動議減少英金一百鎊。其目的一在促醒政府對某項事件的注意，二在利用此項動議機會，以批評行政機關的行為。

歲入預算(Estimates of revenue) 當各部會院編制歲出費用表之時，財政部則忙於編製政府下年度的收入預算。財政部之稅務司，內地稅司，以及郵務司則又爲直接負責編製歲入預算的主管官員。由各該司人員預計下年度從所得稅，內地稅，印花稅，郵政收入，及遺產稅（Death duties）各項收入下所得的總數爲若干。如預計下年度收入超過支出，則財政部須向議會建議，以減低所得稅或減低茶稅，或發還某項稅收的一部，如預計下年度收入不敷支出，則財政部須設法抵補。英國稅收分爲兩類：一爲永久稅收，其稅則不因年變更。英政府每年有四分之三的稅收，屬於此類。財政部對於此年入四分之三的永久稅收項下，不能予以變易，以謀抵補。一爲常年稅收，其稅則得每年變易。英政府每年稅收之屬於此類者，僅及總數四分之一。所得稅，茶葉稅，及烟酒稅屬於此類性質。所得稅爲直接稅——直接財產稅，此可名爲富人稅。他如茶葉等稅，則爲間接稅，此可名爲平民稅。如政府入不敷出，則只能於此常年稅收入項下謀抵補。至於抵補方法的特別規定，及其着眼點，則爲內閣財政政策命脈之所繫。如增加直接稅，且其稅率取累進的原則，則是取償於富人。如增加間接稅率，則平民負擔必增加。內閣的政治命運，與夫政黨勢力的起伏，常因於財政政策之如何而定。一九一一年英國議會通過的議會案（Parliament Act），係因路易·喬治（Lloyd George）預算案爭執的結果而來。一九二三年英國普選，保守黨因主張關稅保護政策而失政權。關稅保護，有利於英之工業製造家及地主階級。假如一九二三年保守黨選舉勝利，則保守黨必於預算案中實現其關稅政策，以移嫁人民間的財政負擔。

財政部長在議會稅計審查委員會中，陳述政府下年度收支情形，及其賦稅計劃的演說，謂之預算演說（The budget speech）。當預算演說之時，議場議席以及旁聽席均爲之滿，此實議會政治極關重要的一幕。演說時間，均在初晚。恆歷三四小時之久。但間亦有歷六七小時之久者。晚近習慣，預算演說，近於解釋及申明性質，故爲時不多，因演說全文，均有印本，各議員手持一份，無庸財政部長之詳爲分說。關於歲出預算之部的立法程序，已經詳述。至歲入預算之部，於財政部長演說完畢後，由稅計審查委員會分類的討論。每類提議付表決後，成爲決議（Resolution）。各決議經大會通過後，共成爲一議案，名曰 Finance Act ——賦稅案。

歲出預算案與賦稅案經衆議院首先通過後，送達貴族院。按一九一一年議會改革案的規定，凡議案經衆議院通過後，如經衆議院議長註明該案係屬財政性質的議案，則貴族院對該案無修正或否決之權。

議會於通過政府預算案後，如何以監督政府機關，與政府機關是否按照議案的規定，以支用款項，而無中飽與濫用的弊病，則有賴於審計制度。英國現行審計制度，係根據一八六六年通過的 The Exchequer and Audit Department Act 法律組織而成，設審計司長 (Comptroller and auditor general) 一人，由英皇任命。但須經議會兩院的聯合決議，方能將其去職。此乃表示審計司長的地位，與司法官相同。但審計司的組織及其職員，則由財政部規定委派，審計條例，亦由財政部規定。

審計司長對議會負責。凡屬政府收入——關稅收入，內地稅收入，郵政收入，及皇家土地收入——均存儲英國銀行。財政部向銀行支用國款之時，雖一錢之微，必須經審計司長的許可與副署，方算合法。審計司長每年向議會作一審計報告，名爲 Appropriations Accounts，此審計報告，由議會公款委員會 (Committee of Public Accounts) 審查。

但是，英國議會監督政府財政的實效，究竟如何，則殊有研究的價值。以言審計制度，則現行審計制度無可訾議。審計長對於各使用款項的機關，處處必求其與法律規定的用途相吻合。以言行政管理，則英國凡負使用公款的行政人員，均清白無私。

但是，議會對於行政機關的預算，縱令其不合乎經濟的原則，亦不能施行有效力的裁制。其原因如下：(一)預算案的討論時日有限制，普通以二十日爲限度。且當辯論之時，議會運用取締辯論法，(Closure)以減少議員辯論的機會。(二)預算案付討論時，每投票一次，即視為信任案投票(A vote of confidence)的表示。議會如將預算案的某項否決，即是對內閣表示不信任，現內閣即須辭職。復次，議員對預算案，只能動議減少預算費用。按一九一八年法程改良委員會的報告，在過去二十五年中，動議減少預算規定費用之事，未曾發現一次。即令預算案未曾向議會提出，即令議會未曾將預算案討論，而預算案本身，亦必照樣的成立。(三)議員對於政府的收支情形，不易明瞭。本年度審計司的審計報告，至下年議會常會開會時始呈報議會。議會審計司的審計報告，須先經議會公款委員會審查，然後由公款委員會將審查結果，報告大會。此時雖查覺各部會院使用款項，有靡費情事，然已補救無及。且近來因時間不敷的原故，議會對於公款審查委員會的審查報告，迄未討論。

四十年前，議會即已起始研究財政立法程序的改良問題。且設立法程序改進委員會，專任其事，然均無結果而終。一九〇二年議會又設立委員會，冀欲研究辦法，使議會在以不批評政府財政政策的原則下，對於政府用款細目，能施行有效力的監督。委員會研究結果，建議由每屆議會設立一臨時計算委員會(A Select Committee on Estimate)，其職權在詳細審查使用款項機關的組織，工作，及用款方法與數目。每次審查以三數機關為限，且每次被審查的機關，均由議會公款委員會指定。審查結果，則呈報議會。此項建議，直至一九一二年始克實行。是年議會成立前此建議設立的臨時計算委員會，首先被審查者爲文官預算，有無撙節的可能。一九一三年繼審查海軍預算。一九一四年又審查陸軍預算。斯時歐戰發生，審查工作，乃以停止。但際此時期，國用增加的速率，誠屬駭人聽聞。至一九一七年議會又設立委員會，研究進一步的改良方法。一九一八年委員會向議會提出下列三項建議：(一)財政部對於其他各部的費用，應負積極的監督責任。(二)每次議會常會開幕時，山議會設立臨時計算委員會兩個。每個委員會的人數十五名。其職責在審查各使用款項機關的費用情形，與向議會作節省費用的建議。(三)歲出預算案在歲出預算委員會討論時，如有根據上項臨時計算委員會的建議，而動議修改歲出預算者，卽不得視爲不信任投票的表示。此項建議，亦未被採納。一九一九年議會曾一度決定是年政府預算，由議會常務委員會討論，而不由歲出預算委員會討論。但此規定，僅施行於一九一九年的預算案。

二十年來，英國議會的監督財政權，經過極顯著的變化。一九〇八年羅威爾著英國政府論時，謂：『關於歲入歲出的創議權，完全操之政府手中。衆議院僅有權減少或拒絕政府提議的數字，但此權鮮有用之者。在財政方面，議會的職務，在監視而不在指導。議會的眞正功用，不在管理，而在批評財政用途，與使財政用途公開。議會如公庭然。每當會計年度開始之時，內閣閣員須向此公庭解釋及辯證其財政政策。同時每屆會計年度告終之時，內閣閣員須向此公庭報告其經手的財政情形……』(註三)

羅氏所言，距今已二十三年。一九三〇年英國行政管理雜誌(Public Administration)十月號有克來斯特(Charles Christie)其人者，曾爲文曰『說來似乎奇怪！半世紀以前，以善於理事稱之英國議會，迄今尚無治理的方法，以應付其主要功用之一——即批評政府每年預算書。是遲至本世紀開始時，此種批評的工作，似尚在議會能力可能範圍之內。迨本世紀開始後，詳細的批評工作，日漸失其效力，直至今日，實際上議會已完全停止行使其監督財政用款之權……』(註四)

二　美國

美國現行預算制度，及關於預算的立法程序，係根據一九二一年國會通過的預算法與會計法(Budget and Accounting Act)而成立。

預算二字，在英國包括支出與收入兩者。兩者主計，均由財政部決定，及由財政部長向議會提出。議會根據財政部長的說明，分別討論。將支出之部通過，成爲歲出預算議案(The Appropriation

Act)將收入之部通過，成爲財政議案（The Finance Act）。英國人民，注重於收入預算的討論。故普通人民心理中所謂預算案者，卽偏指收入之部而言，卽賦稅問題。是其在美國與歐洲各國，預算二字，則專指政府常年支出的統計而言。茲將美國預算案成立的經過程序，分述於左。

預算的編製　中央財政部內設有預算處，處設主任（Director of budget）一人，副主任一人，由大總統任命，但不須經過上議院的同意。預算處組織由大總統規定。同時各部設有預算專員一人，受預算主任的指揮。各部預算及其他補助費用表，先由各部司長編製，由專任員統一規定，呈交各主管長官審核。在每年九月十五號以前，各部須將所編製的預算表，彙送預算處。其有不按時彙送者，大總統得令飭預算處人員代爲編製。預算主任對各部預算統計有更正，修改，與增減之權。預算主任將各部預算，編成整個的預算表兩份。至於立法司法兩院之預算，則由兩院各自單獨編製，惟須於十月十五號以前，彙送大總統。大總統對立法司法兩院預算書，不得予以修改。十二月國會開會時，由大總統將行政院預算，連同立法司法兩院預算案，一併咨送國會。預算書內須載明：(一)下年度政府的收入數計，(二)本年度政府的收支數計，(三)本年度接收上年度常年或永久費用項下餘款的數計，(四)財政部上年收支比較，本年度財政部收支預計比較，下年度預計收支比較，及(五)政府債務情形。美國會計年度於七月一日起始。

國會立法程序　大總統將預算書送達衆議院後，由議長交預算委員會審查（Committee on Appropriations）。預算委員會將大總統預算書，按照各部組織的分類，分別編成預算議案。預算案須由預算委員會公開審查（Hearings）。各主管機關長官及其有關係的官員，得向委員會陳述意見，並由委員會詳細質問各主管長官，對於各該部會的預算計劃，有無減削的可能。預算委員會公開審查完畢後，將擬就的議案，加以修正，提出於大會，由議長交全體委員會討論。至於討論的經過程序，已見前節，茲不述。預算案通過衆議院後，送達上議院。上議院照例予以修正，送回衆議院。衆議院則照例堅持原案。於是乃由兩院組織聯合委員會（Conference Committee），以妥協兩院的意見。兩院最後通過的預算案，與原來大總統提出之預算書的面目，完全不同。因國會對預算案有自由斟酌之權。美國衆議院預算委員會委員長墨登（M. B. Madden）說得好：『按預算法（一九二一年通過的預算法）的規定，建議預算的責任在大總統，但規定數目的最後責任則在國會。在彼一方面，大總統就其所知，將政府的需要說明——說明政府應行從事的工作與費用。在此一方面，則由國會決定建議中的何項工作，應即進行，與建議需用的款項，應否盡數允許。是以在預算法的行使下，有兩大勢力，各

有其應負的責任。大總統的責任，爲說明其計劃。國會的責任，則爲限制其計劃的費用。』（註五）

試舉例以明之。一九三〇年美國勞工之失業者近四百萬。是年十二月國會開會時，胡佛總統向國會提出救濟失業問題計劃，要求國會撥款一，〇〇〇，〇〇〇，〇〇〇以至一五〇，〇〇〇，〇〇〇元。此款的用法，由內閣閣員組織委員會分配之。十二月九號衆議院根據胡氏的計劃，通過議案，准撥一一〇，〇〇〇，〇〇〇元，且將通過之款，指定由內政，農業，及陸軍三部雇用失業工人，以從事於建設的工作，如修路，築堤，及修理國家花園等事是。至於胡佛總統主張組織閣員委員會的建議，則置之不理。此案經衆議院通過後，送達上議院討論。上議院於十二月十一日通過前案時，將衆議院通過之一一〇，〇〇〇，〇〇〇元增加至一一八，〇〇〇，〇〇〇元。「一國三公」各行其是，此實三權分立制度的必然現象。大總統的預算計劃，至衆議院時，經過一次的改變，由衆議院而上議院時，又經過一次的改變。至於兩院意見不同之點，則由兩院聯合委員會妥協之。大總統提出的預算表，至此之時，已完全的失去其本來面目！有時上議院或衆議院於通過財政議案時，更加以附帶條文，且此條文與原案主旨常不相合。例如於陸軍預算案中，提出全國陸軍由某某將軍統率的修正案，希圖於無形之中，取消大總統統率陸軍大權。此種方法，謂之 Rider，因大總統於批准議案之時，只有全部的批准，或全部的否決之兩法。預算議案——或其他之財政議案——關係重要，且時間迫切，大總統對附帶條文雖不贊或，但不能因此之故而遂將全案予以否決。

按盎格洛·色克遜民族代議政治的原則，認使用款項及徵收款項，爲行政機關的責任，而審查使用款項的賬目，則屬於立法工作。故英美兩國議會均設有審計司，以負審計之責。美國現行審計制度，亦係根據一九二一年通過的預算法與審計法而成立。審計司設審計總監一人（Comptroller general），副審計總監一人（Assistant comptroller general），由大總統徵求上議院的同意任命，但非經上下兩院聯合決議的要求，不得免職。任期十五年，但不得連任。審計總監獨立於行政部，不受任何官吏的指揮，對國會負直接責任。實際上審計總監乃國會的代表。每當國會常會開會時，審計總監須向國會報告一年內的審計工作。

審計總監的職權有兩種：(一)審核財政部收支票據，(二)處決及釐正向政府提出的經濟要求(Claims)。關於兩者職權的分別，魏羅貝言之甚詳。

魏氏論審計總監審核財政部的收支票據權如下：『無論任何政府的組織中，必有一司庫機關，此機關通稱爲財政部，其責任在收納及保管國家的公款。當其支付款項之時，應須按照律令的規定。

且既爲國款的保管員，更應按照律令的規定，將收入與支出的數目，確實登記。關於付款一層，財政部長的責任，彷如銀行兌票員（Paying teller）然。遇有人持支票往銀行取錢時，兌票員先檢查此支票是否合法，發給此支票的人，是否有權發給，然後付款。至於此人何故取款，款取出後，如何使用，用後有無賬記等問題，均與兌票員無關，且亦與彼毫無責任。財政部對於國款祇爲形體上（Physical）的保存者。而立法機關則爲法律上（Legal）的保存者。非有立法機關的命令，一切款項，不能動用。向財政部繳款，或向財政部支款，均有一定的手續。照美國習慣，向財政部繳款，或支款，均有一憑單，稱爲財政部憑照（Treasury warrant），由財政部長簽字，由審計總監副署，方生效力。審計總監乃國會的代表，以審核財政部動用所存的款項時，有無法律的根據。』（註六）

其次，關於處決及釐正向政府提出的經濟要求，魏氏謂『……向政府提出的經濟要求，是否合法，與應當准許與否，並非會計師的責任。會計師的責任，祇在審查用款後的簿記確實與否。如查有不確實的情形，會計師應即報告申明。會計師的責任，即止於此。此種制度，謂之支出後的會計制度（Post-audit），與付款前的審計制度（Pre-audit）不同。本來政府償還債務，須經過三層手續：（一）債務償還的請求與核議，（二）議決付款，（三）付款後，賬目由獨立的審計機關或審計官員審核此款，是否應當支付。在第二層手續——議決付款手續——以後，施以審核，謂之付款後的會計制度。在第一層手續——卽——核議手續——後，但在付款以前，施以審查者，謂之付款前的會計制度——卽審計制度。在此制度下，第一層與第二層手續同時由一人負責。」（註七）

審計制度，乃所以代表議會，於預算案通過之後，繼續行使議會的財政上監督權。英美兩國財政立法程序的不同，已如上述。茲再概括的比較論之，以明其不同之點。（一）英制財政議案由內閣提出，由內閣負責，議會不能修改。美制則財政議案由大總統建議，由議會中有關係的審查委員或議員個人提爲議案。英制責任專一，美制則責任分立。（二）英制內閣閣員出席議會辯論，財政議案自提出以至通過議會之時，以財政部長爲主辯人。美制內閣閣員不能出席議會辯論，財政議案自提出以至通過議會之日，以審查委員會委員長爲主辯人。（三）英制內閣爲財政立法的主宰。美制則議會審查委員會委員長爲財政立法的主宰。

三　其他國家的財政立法制度

美國議會的財政立法程序，自爲一種制度。英制則爲所屬各自治政府財政立法的模型。至於歐洲大陸國家，則取法於法國的財政立法制度。

法國歲出預算，由各部會先自編製，由財政部長總其成。歲入預算則由財政部獨自負責編製。法國會計年度於每年一月一日起始。但各部會於先二年之十月間，即着手編製。例如一九三二年的歲出預算，於一九三〇年之十月即已起始編製。歲出與歲入預算案，由財政部長向議會提出，由議會交付預算委員會，由預算委員會分組審查。在審查期間，委員會會議不公開。委員會議記錄，於預算案通過後，始得宣佈。各關係部部長或常務文官得出席委員會陳述事實。按照習慣，預算委員會如增加預算時，必於事前徵取內閣的同意。據預算委員會委員長杜模 (Doumer) 的自述：『預算委員會有一必循的途徑，即無論預算委員會委員，或其他之議員，如事先未取得內閣的同意，而提議於預算案內增加國用者，則其提議必遭拒絕。』一九〇五年陸軍常年預算，頗嫌不敷，議員中有主張增加預算者。但預算委員會堅持須由政府方面動議增加，方爲合法。如政府方面不動議增加，則議員方面不能代庖。此即證明法國財政立法的創議權屬之政府，而議會則只有批評之權。一九〇〇年議會更於法程中明白規定，議員不能於預算案內提出修正案，以另立機關，及增加卹金與薪俸。

預算議案與法律議案 (Legislative Act) 的性質有分別。議員們常有乘預算案在大會討論之時，提出修正案——或提出附文——於預算案之後，以變更現行法律者。此在美國謂之 Rider，在英國謂之 Tackling 例如一九〇七年法國議會通過預算案之時，在預算案內，附加司法官吏任免一條。此類條文，若單獨提出於議會，成爲獨立的議案，則恐無通過的可能，故只有夾雜於預算案內，以圖朦混過去。且按過去事實，議員中曾有互相結合，向政府提出某項要求，以爲預算議案通過的條件者。一八八六年法國衆議院議員迫令政府接受解散天主教神學院的修正案，一八八八年復迫令政府取消中央教育部視察員制度的修正案，以爲通過預算案的條件。諸如此類，雖爲不常發現的事實，但亦不能不設法取締，因遇偶發現之時，多數議員均無相當的防備，而在國民方面亦無表示其意見的機會，而遂遽以通過。影響所及，足以使現行制度，發生極大的變更，實有違反議會政治的原理。一九一三年議會爲滌除此弊計，乃規立原則，於預算案內，不得夾雜有變更現行法律的條文。

法國預算案由預算委員會審查完了，報告於大會後之第八日，起始辯論。第一次爲普通辯論，如關於經濟的節省，及行政組織的改革等問題屬之。第二次爲逐條辯論。此時議員得提出修正案的主文。但如因時間短促，普通辯論的程序，得由大會議決停止，而即直接的討論各部預算案的主文。每部預算，由預算委員會報告大會之時，有預算委員會委員一人爲報告員，大會討論該部預算案時，即由此報告員爲主辯。集各部預算案之大成，爲總預算案。總預算案最後由預算委員會審查完了，報告大會，而以委員會委員一人爲總報告員(Rapporteur general)。預算案自內閣提交衆議院後，以至通過衆議院之時，其命運卽委託於報告員(Rapporteur)的手中。總報告員的地位，直駕財政部長而上之。總報告員恍如交戰時的進擊司令，指揮所屬下總動員令，以攻擊內閣的財政政策。財政部長惟出席議會，親聆報告員的指摘而已。但是，在政府方面，財政部長爲預算案之唯一負責人。議會如欲增加或減少某部預算時，此部的部長須先取得財政部長的同意，然後方能承認議會增加或減少該部預算的提議。縱令內閣總理，亦無獨斷之大權。一九一一年內閣總理嘉普賚(Joseph Caillaux)宣言，謂在渠允許縮減預算以前，須先得財政部長的贊同，此乃政府責任專一的良好習慣。反之，在議會方面，以預算委員會爲財政立法的總主管，除直接帶有財政性質的議案，例由預算委員會審查外，他如間接的涉及財政用款之議案，於議會付審查委員會審查時，例由此審查委員會，徵求預算委員會的意見，以覘被審查議案之涉及財政方面者，是否認爲可以成立。預算委員會對此案的意見書，例須附載於審查委員會的報告書內。預算案於每年六七月間始由議會通過。在預算案未通過以前的政府費用，由議會通過臨時月費，名爲 Provisional Twelve，由大總統用命令，將臨時月費分撥各部使用。

法國審計工作，分爲兩個步驟。第一步工作，由審計法院(Court of Accounts)任之。審計法院人數一百四十名，由大總統任命，係終身職。審計法院於每年五月一號後，作一審計報告，呈報大總統。第二步審計工作，爲組織審計委員會。由大總統任命議會議員，審計法院法官，及最高行政法院法官(Council of State)組織之。審計委員會的職責，爲審查審計法院的報告，審查完畢後，向議會另作一詳細報告。議會乃根據此報告，通過決議，名爲審計法(Law of Accounts)。

英美法三國的財政立法制度，均各有其歷史的演進。祇因泥於慣性勢力，卽其最顯著的缺點，亦相習相因，不易改革。歐戰後，新立國家財政立法制度的實際運用，是否免去英美法三國之缺點，則以缺乏記載，無從得知。但就憲法明文的規定言，值得吾人注意者，有左列各點：

兩院制下財政立法權的規定　奧大利亞新憲法規定，上議院無否決預算案國債案，及中央財政案之權。捷克斯拉夫憲法規定，上議院於一個月內，須將下議院通過的預算案及陸軍案，予以通過。此與一九一一年英國議會案對於英國貴族院職權的規定相同。德意志憲法規定，下議院如不得上議院的同意，不能增加歲出預算案。從此點觀察，德意志上議院的財政立法權，較美法兩國的上議院猶有過之。

預算案提出議會時期的規定　奧大利亞規定，政府至遲須於現行會計年度終止的八星期前，將下年度收支預算，提出下議院。猶哥斯拉夫規定，政府至遲於議會開會後一個月，將預算案提出議會。此種確定預算案提出時期的規定，爲以前多數國家所未有。可謂新制中優點之一。

議員提案的規定　捷克斯拉夫憲法規定，凡兩院議員於提出議案時，須將提案通過後，政府於執行此案時，應須費用的估計，及如何以籌備此費用的意見，附載於提案之後，此爲立法手續之極大改良者。如此的規定，使議會在通過某案以前，即能得知此案的經濟代價。此制之利有二：（一）如提案並非當急之務，而實行之時，耗款又多，則議會得否決之。（二）如提案甚重要，雖耗款多，議會得設法籌措，以實現其提案。

審計制度　猶哥斯拉夫設有審計院，院長一人，至審計員人數多少，則憲法上無規定。審計長及審計員由中央最高行政法院推舉兩倍的人數，由衆議院就推舉名單內的人名選舉之。但自審計院院長以次之半數審計員，須爲法律家，其餘一半以曾任財政部長，或曾任財政行政官十年者爲合格。審計院院長與審計員，不能由政府罷免。其職權爲審核與監督中央及地方收支帳目。每年向議會作審計報告一次。

波蘭設有監察院（Supreme Board of Control），其職權爲監督政府財政之管理，審核政府出納簿記，及每年向議會報告一次。監察院的組織，由單行法規定。監察院長的地位，與內閣閣員同。但對於議會直接負責，而不列席內閣會議。

芬蘭設有審計司 (Bureau of Audit and Accounts)，以審核財政部的出納。審計員人數五名，由議會按比例選舉的原則選舉。每次議會常會開會時，由議會規立審計條例，以審核財政部的財政行政情形，及財政部是否遵照預算案的規定，以使用款項。

(註一)Willoughby, W. F., Principles of Public Administration, Baltimore, Johns Hopkins Press, 1927, P. 621.

(註二)May, Sir T. E.; A Treatise on the Law, Privileges, Proceedings and Usage of Parliament, London, Butterworth and Co. 13th edition, P. 493.

(註三)Lowell, A. L., The Government of England; New York, Mac Millan, 1919 edition, Vol. I, P. 288.

(註四)Christie Charles, The Legislature and Public Administration, Vol. VIII–NO. 4, October, 1930, P. 371.

(註五)New York Times, June 11,1922.

(註六)見前Willoughby, W. F. P.628.

(註七)見前Willoughby, P. 635.

第三節　監督政府權

議會職權，不在直接行政而在監督政府行政，此義曾於本書之首章第二節論代議政治的理論時，言之甚詳。至監督之法，就其性質言可分爲兩種：一種屬於管理的，一種屬於批評的。

一　管理權(Regulatory power)

近代政治學者，以立法機關比擬營業公司的董事部，而行政機關則等於營業公司的總經理。總經理根據股東大會所通過之章程的規定，享有行政權。至於何政應行，行之之法爲何，及行之時，是否按照規定的手續——等問題，則爲董事部應決之事。董事部對於總經理處於指揮（Direction），視察（Supervision），及管理（Control）的地位。

立法機關之於政府，亦猶營業機關的董事部之於總經理，而處於指揮，視察，及管理的地位。其指揮，視察，及管理的方式爲：(一)規定政府工作事項，(二)規定執行工作的機關，(三)規定執行工作的人員，(四)規定執行機關的經費與謀經費的籌措方法，(五)設立機關以負視察及管理的責任。

規定政府工作事項　在議會政治的國家中，政府工作之事項，不由行政領袖自己決定，而由議會規定。例如修築公路，在設有議會機關的國家中，公路之應否修築，須由議會決定，至行政機關的職責，則只按照議會的規定以修築之。在總統制國家中，政府應與應革的事項，總統或行政部部長有建議於議會之權。其在內閣制國家中，內閣閣員以議員資格，在議會中有直接動議之權。但無論在總統制或內閣制之下，最後規定與通過之權，操之議會。凡未經議會議案規定的事項，行政院不能從事工作。換言之，行政院行事，如不遵照議會議案的規定，或缺乏議會議案規定的根據，卽是違法而應受法律的裁制。

但是，關於政府工作的規定辦法，有兩種不同的制度：一種取概述主義，一種取嚴密主義。前者以法國爲顯著的證例。法國議會通過的議案，容許行政機關之執行者，有寬度的斟酌權(Discretionary power)，並得由行政機關長官以命令(Decree)補法律規定中之隙際。後者以美國爲例。美國國會通過的議案，其條文的規定，至爲詳晰。其目的在減少行政機關長官行政時的斟酌權。惟是晚近以來，美國立法規定，有由嚴密而入於總括的趨勢。例如濬通河港經費問題。在一九一四年以前，某河當濬，某河當通，均於議案之內，分列的規定，即每項的用款數目，亦爲分別支配。結果，議員方面，乃有朋比爲奸的弊病。甲區有河，乙區有港，則甲乙兩區的議員，爲結歡各該選舉區內的選民計，相約合作，以達到河港皆由政府出資濬通之目的。至於甲乙兩區之河或港，是否應當濬通，非所計也。且有時所謂某區的河或港者，實際上不過水深三尺之溝。此種「互惠」政治，年耗政府款項數百萬元。至一九一四年時，議會方面始覺分列規定的辦法不妥善，乃改弦更張，凡以後國會於通過濬通河港經費的議案時，只由議會規定經費的總數，至於總數之如何分配方法，則由主管行政長官，斟酌辦理。

規定執行工作的機關　議會不獨有權決定某事當興，與某事當革，並且有權決定當興之事，應由何項機關執行。例如美國禁酒問題，美國中央政府於財政部內附設禁酒公署，專司其事。但最近則由國會將禁酒公署改設於司法部內。美國習慣，凡行政部所屬之司，處，科等組織，均須經國會通過後，始能成立。惟於一九一八年歐戰之時，國會允許美國大總統於必要時，得斟酌將行政院的各部，會，處所有之職權，重爲支配，以收行政上效率之用。但大總統之此項自由支配權，於歐戰和約成立後的六個月，即自然的解除。此後則仍由國會支配之。歐洲各國的習慣，與美國不同。歐洲國家的行政長官，得斟酌設立機關，在行某項之事。試以法國言，法國行政各部的設立，其權究操之議會，抑操之行政領袖，則憲法無明文的規定。惟按過去的習慣，如行政院欲增設某部，得由大總統——實卽內閣——以行政命令（Executive Decree）宣佈之，而不必由議會通過議案。不過增設一部，同時須增加預算。議會有表決預算之權，是卽間接的有裁制政府增設行政機關之權。但議會如認有設立某部之必要時，亦得自動的提出議案，通過而成立之。一八九四年殖民部的設立，卽由議會創議通過的結果。

規定行政工作的人員　行政工作的人數，行政工作的性質，及行政工作的薪俸等級的差別等問題，由議會規定。除此數者而外，最要者爲工作人員任期的規定。在行使總統制的國家中，行政元首的任期，在憲法上有固定的規定。至於總統制下之內閣閣員，其任期雖不受國會的裁制，但如內閣閣員有溺職或犯法情事時，衆議院得提議彈劾，或要求大總統免去其職務。在內閣制度國家中內閣閣員的任期，以議會「不信任投票」的結果爲轉移。故英國內閣的政治命運，決之於議會之手。

規定行政機關的經費　關於此點，著者於上節論財政權時，曾詳言之，茲不再述。

設立機關以負監督及管理的責任　各國議會設立的監督機關，可分下列各種：

（一）調查委員會（Committee of Investigation）係臨時由議員動議組織而成，其目的在調查行政院，或行政院某部的工作情形。英美法三國議會常成立此類的組織。歐戰後，諸新立國家，在憲法上且有明文的規定。德意志憲法第三十四條規定，如衆議院議員有五分之一的要求，得成立調查委員會，此委員會係公開性質。但如經全體委員三分之二的表決，則得開祕密會議。凡屬司法及行政人員，有向此委員會供給證人證物的責任與義務。其有違抗委員會法令者，則以違反刑律論。普魯士憲法第二十五條的規定，亦與上述相同。他如奧大利（憲法第五十三條），猶哥斯拉大（憲法第八十一條，）波蘭（憲法第三十四條）及丹士格自由城（憲法第十九條）均有同類委員會的規定。

（二）議會休假委員會（Recess Committee）　當議會閉會期間，行政領袖及內閣人員因缺乏立法機關的監督之故，常發生種種不洽輿情的行爲。歐戰以前，奧大利帝國憲法第十四條規定，在議會閉會期間，政府頒佈的命令，其效力與法律同等。此條影響所及，能使議會監督政府的權能，等於烏有。因凡重要事端，政府自然的乘議會休假之時，以命令行之。日本憲法第八條亦規定遇有緊急之時，天皇爲維持公安起見，得於議會休假時，頒佈命令，以發生法律的效力。歐戰後，新生國家，鑒於日奧政府乘機越權的流弊，乃於議會休假之時，設立委員會，以繼續行使議會監督政府的責任。德意志憲法第三十五條規定，在議會常會閉會期間，或舊議會期滿後，但在新議會開會前，由議會設立委員會，以謀議會權利的保障。普魯士憲法第二十六條亦有同樣的規定。

捷克斯拉夫的規定，則更為詳細。捷憲第五十四條規定議會於被解散後，但在新議會開會前之期間，或議會期滿後及新議會開會前的期間，或當議會常會休假期間，由兩院設立委員會，委員人數二十四人，其中十六人由下議院議員中選舉之，其餘八人由上議院議員中選舉之，同時有候補委員二十四人，其中十六人由下議院議員中選舉之，八人由上議院議員中選舉之。在此委員會行使職權的期間，通常立法議案，須經其通過。如遇緊急事端，亦得由委員會代表議會兩院表決之。委員會任期為一年。新議會開會時，無論委員會的任期完了與否，須改選。選舉委員會時，兩院議長亦有投票權。選舉用比例原則，但政府閣員不得被選為委員或候補委員。委員會委員長由委員中的下議院議員選舉一人任之。此外有副委員長二人，一由委員中之上議員任之，一由委員中之下議員任之。委員會有立法及監督政府權。但無權（甲）選舉正副總統，（乙）修改憲法，（丙）更動政府公務人員，（丁）增加人民永久財產負擔，（戊）增加人民當兵義務，（己）削奪國家財產及（庚）對外宣戰。每屆議會兩院常會，或新議會開會時，委員會正副委員長須將委員會工作情狀，各向所屬之院，作一次之報告。

上述各國議會休假委員會實際運用的效力究竟如何，則不可不知。英儒赫德蘭·莫黎氏謂：

「實際上，此等委員會的規定，並不重要。因上述國家的議會會期長，政府又極其虛弱，內閣匪獨無專橫及侵犯議會職權的危險，並且在事實上，適得其反。即以波蘭而論，內閣處處受議會的阻礙與批評，以致不能從事於建設的工作。結果，乃有下列的反感——即內閣不應不斷的受代表機關之監督。一九二六年波蘭於政變後，對憲法提出修正案，規定議會每年開會一次。每次於預算案提出後之四個月閉會。如預算案不能於四個月內通過，則政府得以命令宣佈之。如議會被大總統解散，則新議會選舉日期，得由大總統宣佈於議會被解散後之四個月舉行。」（註一）

（三）外交委員會　上述各委員會爲監督政府對內的行政行爲而設，而外交不與焉。蒲徠斯謂外交爲立法與行政機關兩者間權限最不容易解決的問題。歐戰以前，外交例由政府專辦。一八八六年英人約翰生（Sir Harry Johnston）著外交政策常識（Common Sense in Foreign Policy）時，謂當時英國的外交政策，由英皇內閣總理，外交部長，外交部常務次長，及財政代表數人決之。當維多利亞女皇治英期間，英國外交政策，大半須由女皇取決。即外交部長的人選問題，女皇亦多所主張。一八五五年克里米亞（Crimea War）戰爭告終，訂巴黎和約，英代表克拉登公爵（Lord Clarendon）以條約草案呈維多利亞。維多利亞即覆書克氏，謂關於英國在條約下所獲得的利益，克氏應予以說明。

在未有說明以前，她不能作具體的裁決。維多利亞去位後，愛德華七世繼位。英國外交益受皇帝的支配。昔者維多利亞利用外交總長，以貫徹其意志今愛德華則自負折衝的責任。當其在位之時，數次遊歷意，德，法，俄諸國。每次遊歷均無內閣閣員，以爲隨從，完全由彼一人，直接與諸國元首交換意見。按英國習慣，當英皇接見外國公使之時，外交總長必須在座。英皇與外國公使不能直接通信，如外國公使致書英皇時，須由閣員轉呈，或將原函另錄一份，送外交部備案。英皇於答覆外國公使信件時，亦須先交主管內閣閣員閱看，然後發出。凡此習慣，均所以維持責任內閣的原則。故愛德華的行爲，實違反英國歷來的憲治習慣。一九一〇年喬治五世卽位後，對於外交雖不似乃父愛德華的獨斷，但亦不能謂爲毫無活動。歐戰前，巴爾幹半島問題緊急之時，喬治皇帝爲參加之一人。

英皇有創議外交政策之權，但辦理之責則由內閣負之。至於議會在外交方面的監督權，則祇爲間接的，而不是直接的。間接監督的方法爲(甲)利用內閣總辭職。因外交失敗，內閣須全體負責。(乙)利用財政監督權。因履行條約，須有賴於經濟，議會如不給錢，則條約卽無從履行。(丙)討論外交部預算時，得對外交政策，予以辯論。(丁)向外交部長提出質問。但上述各種方法，實際上，並不發生效力。利用財政權，以否決因條約而規定的費用或財政負擔，爲最危險之事。議會於討論外交部預算時，亦從未舉行外交政策的辯論。向外交部長提出質問，亦不易得到眞情。歐戰初起時，英國因自己榮譽的關係 (Obligations of honcr) 助法以抗德。英議會曾向內閣數次的提出質問以探知英政府祕密中允許助法，究竟至何程度，卒之不得要領。

有提議於英國議會中設立外交委員會，以監督政府外交者。此項意見之提出，不止一次。然終未被採行。更有提議將一切條約，付議會通過者，此議亦未實行。但是，一九一九年之巴黎和約，則曾提出於議會通過，以開英國議會通過條約的先例。一九二一年羅龐納氏 (Bonar Law) 將米索坡坦利管理條約 (Mesopotamian Mandate) 提出議會之時，更明白的宣言，謂締結條約之權在政府，至於通過或否決之權則在議會。今日英國議會，對於外交政策享有之監督權，即止於此。

外交條約於締結之後，交付人民代表機關通過，爲近代外交民主化之一法。但捨此外，尙有於議會內設立外交委員會者，此制以美國爲最著。美國聯邦憲法第三條第二段規定，大總統有締結條約權，但須經上議院議員三分之二的同意，方生效力。一八一六年上議院更設立外交委員會，委員人數現爲十七人。其中十人屬於大多數黨，七人屬於少數黨。委員會有召集證人 (Witness)，及迫令證人到會問話之權，但無檢閱政府文件之絕對大權。委員會得向大總統要求供給關於某項外交問題的文件，及其有關係的材料。照例大總統均允予所請。但認爲必要時，得拒絕之。一九三〇年倫敦海縮條約提出上議院後，上議院外交委員會要求胡佛總統將海縮會議前，美國駐外各大使關於海縮問題的報告，咨送委員會，以供參考。胡佛總統拒絕上議院的請要。胡氏的理由是，各大使的報告，往往涉及駐在國政府人物之個人意見，有不便宣佈的苦衷。大總統與上議院外交委員會相互間的關係，並無成文條律的規定，故彼此間之合作程度，因人與政黨的關係而異。如委員會之大多數與大總統屬於同一政黨，而大總統又才能卓越，長於駕御，且委員會中人亦願受指揮，則外交委員會匪獨不與大總統爲難，且能在議會中，常對各方代爲疏通。當條約在締結期中，大總統無向委員會徵求意見或同意的義務。但大總統爲減少議會方面的反感起見，在條約進行期中，常與上議院外交委員會委員長，及其他重要委員，作私人談話，互換意見，以求諒解。但如外交委員會大多數委員與大總統不屬於同一政黨，則外交問題，卽變爲黨爭之的。一九一九年美總統威爾遜與上議院因凡賽條約的衝突，卽其例也。威爾遜爲民主黨員，彼時共和黨在上議院中爲大多數黨，亨利·納基（Henry Lodge）以共和黨員任外交委員會委員長，反對凡賽條約。卒之美國不克加入國際聯盟。一九二〇年哈丁繼威爾遜爲總統。斯時共和黨仍爲上議院中大多數黨，外交委員長則仍爲納基氏。哈丁庸懦不足稱，而納基氏則桀傲不馴。外交委員會之勢力，遂益增加。一九二二年哈丁總統召集華盛頓會議時，派納基氏為美國五代表之一，使之躬與會議，參訂條約，庶將來條約提出議會之時，得免阻力的發生。納基氏去世數，波拉（William Borah）繼任外交委員長。波氏為上議院共和黨中激進派的領袖，富有個性。近數年來，美政府的外交政策，甚受其牽制。

法國一八七五年憲法規定，大總統有締結條約與批准條約之權。批准後，須送達上下兩院。但所締結者，如係和約或商約，或關係政府財政，或關係法國僑外人民的財產，則須經兩院通過後，方生效力。此外大總統如對外宣戰，須先得兩院的同意。兩院均設有外交委員會，專司監督政府辦理外交之責。如認為必要時，得通知外交當局出席委員會，解釋一切。在過去期間，法政府所締條約，有未經送達議會者，委員會於事前既不預知，事後亦未獲施以審查。例如一九二〇年的法比軍事協定，一九二四年的法捷條約，均未由政府送達議會。

德意志瑋瑪憲法規定，於下議院設立外交常務委員會。無論在議會常會休假期間，或議會期滿後，或於議會解散後而新議會未召集前，此委員會有隨時集議之權。委員會開會時，係祕密性質。但如經全體委員三分之二的表決，得公開之。一九二三年挪威與丹麥兩國議會取法德制，亦設立外交常務委員會。

一九二一年瑞典通過憲法修正案時，規定於議會內設立外交常務委員會，委員十六人，上下兩院各八人。每次議會常會開會時，用比例選舉法選舉之。委員會會議由瑞典皇帝或委員六人之要求召集之。瑞典皇帝常親臨主席委員會議，並常召集內閣閣員，或外交專家列席。每屆議會開幕，或其他必要期間，外交部部長須向委員會報告外交經過情形。凡重要外交政策，於未定之先，外交部長須商之委員會。至於政策決定之權，則在內閣，惟經內閣決定之後，則須通知委員會。委員會得檢閱一切的外交文件，並且對於一切有嚴守祕密的責任。政府所締條約，例須提出議會通過。但如認為有不能提出議會通過時，則須先得外交委員會的同意。其他國家之設立外交委員會者，有波蘭，捷克斯拉夫，羅馬尼亞，土耳其，及荷蘭諸國。至於奧大利，芬蘭，匈牙利，波爾加利亞諸國議會，則無此機關。

議會監督外交之權，以美國上議院為最大。按憲法明文的規定，美國上議院對於政府締結條約有同意權。但按之過去事實，上議院於行使同意權時，同時行使修正權與保留權。此兩種——修正權與保留權——惟美國上議院行使之。至其他國家的議會，除通過或否決外，未聞有予以修正或保留者。

二　批評權

議會政治，乃以議爲政之治。批評則爲運用議治的最重要部分。批評方式，分爲兩種：（一）質問。（二）投不信任票。

質問　（Interpellation）　試先言英國。嚴格言之，英制乃是詢問（Question）而非質問（Interpellation）。英國衆議院中，每個議員均有向內閣閣員詢問之權。詢問時間，規定由每星期一至星期四下午三點十五分鐘起始，至四點十五分鐘爲止。以議事程序論，議會每日會序，首先爲討論地方議案，其次即爲詢問。星期五日之同一時間，亦得提出詢問，但此時內閣閣員，無出席答覆之必要。議員之提出詢問者，須於事前將提出的問題，書列於詢問紙上（Order paper），交由議會書記長手收。使閣員方面得有相當的時間，搜尋事實，以答所問。閣員答案，例由各部常務文官，先爲擬就，由閣員在大會中照所擬就者，誦述一遍。當詢問時間，議長按詢問人名，依次呼名。詢問人名於被呼時，即起立口述其問題，由閣員答覆。答覆有二種：一爲書面的答覆，一爲口頭的答覆。詢問人如欲口頭答覆，則須於詢問紙上，注一星標記號。口頭答覆的優點，在使詢問者，或其他議員，得於所問的題目之外，乘機提出其他連帶有關係的問題。此之謂 Supplementary question ——附帶問題。附帶問題，一方面能使問者表現其攻略之妙，而在另一方面，復予答者於預擬的刻板答案以外，能表現其熟知主管部務情形的程度。萬一遇有不能卽予答覆之問題時，得由被問閣員申明展期答覆（Ask for notice of that question）。

詢問目的，在探求關於某項問題的事實（Information）。故提出的問題，（一）必須在被問閣員職權範圍內之事；（二）至少必須於先一日通知，（三）必須不帶有辯論（Argument），推測（Inference），暗射（Imputation），形容（Epithet），及譏諷（Ironical）的性質；（四）必須經議長認爲妥當者；（五）必須與個人在議會外所發表的言論無關涉；（六）不能涉及英皇，英儲嗣，印度總督，各自治殖民政府之總督，司法官，議會議長，議會委員長，及兩院議員人名與其行爲；（七）每人每日以四題爲限度。大凡問題之關係地方或私人利益者，由主管閣員用書面答覆。主管閣員如認提出問題，與國家利益（Public Interest）有損害時，得拒絕答覆。每日提出問題，由一五〇至二〇〇不等。如爲時間所促——至遲每日下午四點十五分鐘時卽須告終——得將未曾口頭答覆的問題，用書面答覆，在議會紀錄中宣佈之。

法國習慣，與英不同。法國議會有詢問（Question）與質問（Interpellation）的區別。詢問於議會每日開會起始，或每日會議閉會之時舉行。閣員答覆，得用口頭或書面兩種，口頭答覆，須先得閣員的同意。如係書面答覆，則於收到詢問之八日內，由閣員在議會紀錄中（Journal Official）答覆之。但主管閣員，如認提出的詢問，與國家利益有損害時，得拒不答覆，或藉口事實不充足，調查需時，得延長其答覆時間。詢問者於主管閣員口頭答覆之後，得作一次概括的反駁。對於詢問之答覆（一）不能付大會辯論，（二）不能由大會投票表決，故彼此折衝往復之間，缺乏政治鬬爭的濃厚興味。是以議員多捨此而運用質問方法。

質問提出之後，有辯論，有表決。質問者將質問題目交給議長。由議長將提出的問題，向大會宣讀一次後，卽交送主管閣員。但所問者如關於政府大政方針，則須送交內閣總理。質問案的辯論時日，由大會決定，但總以在下個月以內爲限度。如係外交問題，更得永久延期。事實上，辯論時日，例由雙方當事人事前協定。質問時，由質問者首先發言，極盡攻擊與批評的能事。次由被問之閣員作答。辯論結束時，卽由在場議員動議，主張大會應賡續因質問案而終止討論的議事日程。此類動議有兩種：（一）爲簡單日期動議（L'ordre du jour pur et simple）。例如『本院既據某部部長解釋，應卽賡續討論本日議事日程，』此外不加其他的考語。（二）爲複性動議（L'ordre du jour motive）。此卽於賡續討論本日議事日程的動議中，對於主管閣員的答覆，加以贊成或反對的考語。第一種動議，須先付表決。如遭否決，則進而表決第二種動議。第二種動議，不止一個。有爲內閣之反對派所提出者，有爲內閣之同情派所提出用以爲內閣辯護者。卽在反對派方面，有極端的反對者，有相對的反對者。雖同爲反對派，但動議之措詞，有輕重的分別。且爲淆惑事實起見，擁護內閣之人，常於動議之中，滿佈似是而非之詞，希圖通過，以苟延內閣的政治命運。有時如上述各種動議，數目過多，而發生優先表決權的爭執時，得將各動議，交審查委員會或組織臨時委員會決定，然後再由大會依次表決。質問日，規定爲每週星期五。並規定（議會法規第一一二條）議會於辯論預算案之時，不得向內閣提出質問。

狄驥認質問不獨爲議會行事的主要法則，且爲議會中少數派的最好工具。但反對之者，則視質問制度，一錢不値。藍沙氏（De Lanessan）以議會質問比「馬戲。」因每遇有質問案時，巴黎羣衆，卽爭赴議會，參觀熱鬧。並且互相賭賽（Betting），以卜質問案的結果，及對於內閣政治命運的影響。質問案耗時亦甚多。法國議會常會於每年一月第二週之星期二日開會。一九二〇年時，由開會之日，以至是年四月五日，議會共開會議三十六次，其中十九次，完全用之於質問，其餘十七次，用之於立法工作。

比利時與猶哥斯拉夫兩國議會的質問形式，與法國相類似。捷克斯拉夫憲法第五十二條規定，凡議員個人有對內閣總理及內閣閣員提出質問之權。但實際上，凡質問的提出，須有下議員二十一人——或上議員十一人——的簽名，方能成立。被質問的閣員，須於兩個月內親向議會答覆，否則須用書面答覆。如經大會的表決，更得另外規定答覆時日。波蘭憲法第三十三條規定，被問閣員須於六星期內用口頭或書面答覆。如對於提出問題，不能答覆時，亦須於規定期限內，用書面說明不能答覆的理由。利仲尼亞（憲法第五十六條）則分別載明，凡議員個人有向政府提出詢問之權。至質問則須有議會法定人數四分之一的提議，方能向政府提出質問。提出後，政府須予以答覆。

法國議會質問制度予議員個人的權力過大——議員個人能提出質問，及議員個人能動議(Ordre du jour pur et simple 或 Ordre du jour motive)，以求大會表決。捷克斯拉夫，波蘭，利仲尼亞諸國之制，視法國亦無大長處。惟德意志議會的質問法，則似爲現行各制中之最可取法者。按德制規定，質問案提出時，須有議員十三人的連署。如須予以討論，則須有議員五十人的要求。如將質問案付表決，則至少須有議員三十人的提議。

在內閣政治運用下，質問案影響所及，足以使內閣政治命運之或生或死。故提出質問之權，不能寄託於議員一人的身上。其在總統制度下，除被彈劾外，行政元首之任期，在憲法上有明文的規定，絕不受立法機關的意志之裁制。故立法機關，對於行政元首，無所施其質問。

投不信任票 英國議會議員個人，對於政府的某項行爲，或某項政策，認爲不滿意時，得動議指摘（Motion of censure）。指摘案付辯論時，議員個人不獨可藉此機會以攻擊內閣，且可藉此機會投票反對內閣。但每次議會常會期間，議員個人向大會提議的機會共計祇十七日。在此十七日內，凡提議者，於起立動議之時，未必均能得議長之注意，而允許其動議。卽令得邀議長之注意，以提出指摘案於議會，但議會開會時短而提議多，甚不容易達到付表決的程度。除議員個人提議指摘內閣的某種行爲或政策而外，尙有不信任投票法。此係議會中反對黨領袖對內閣的整個政策（General policy）表示不信任而提出。不信案如被通過，內閣的對付方法有二：（一）全體辭職，另由反對黨組閣，或（二）解散議會，舉行普選。按英民族議會政治的習慣，不信任投票案，例由議會中少數黨領袖提出。此種習慣，一方可以增進政黨領袖的責任，一方復可以鞏固政黨團體的紀律。

與英制不同者有捷克斯拉夫。捷憲規定，政府對下議院負責，下議院對政府得提出不信任案。不信任案付表決時，用唱名投票法，須有全體議員過半數的出席，出席人數之半數（50%）的票決，方爲合法（憲法第七十五條。）不信任案提出時，須有議員百人之連署。提出後，付委員會審查。八日內，委員會須將不信任案審查完畢，報告大會（憲法第七十六條。）在政府方面，亦得向議院提出信任案。此信任案不須付委員會審查（憲法第七十七條。）如不信任案被通過，或信任案被否決，則內閣向大總統辭職。由大總統選派代理人，直至新政府組織成立時爲止。但當時如無大總統或副總統，則內閣辭職及代理人的人選問題，由議會休假委員會決定之（憲法第七十八條。）

普魯士憲法規定，下議院對內閣全體或內閣閣員之一人，得提出不信任案。不信任案提出時，須有議員三十人的連署。提出後之十四日內，大會應予以討論。討論之第二日，得付表決，表決用記名投票法。如不信任案被通過，所有內閣閣員，須即時辭職，由內閣總理解散議會。但如內閣總理不行使解散議會權，或議會休假委員會拒絕其解散請求，則內閣總理須即辭職。反之，內閣全體或閣員之一人亦得依上述手續，向議會提出信任案。

一九二六年波蘭——畢蘇士克元帥獨裁政治下的波蘭——於修正憲法之時，亦規定關於要求某個閣員辭職的動議，不得於動議提出之日付表決。

(註一)Headlam-Morley, A., The New Constitutions of Europe, London, Oxford University Press.

1929, PP. 330-232.

第四章　議會政治與分權組織

第一節　行政元首與議會

國家根本組織之分爲立法，行政，司法三權，幾成爲近百餘年來歐美國家政治制度之正宗。首創此制者爲法人孟得斯鳩。孟氏傾心英國政治制度。一七四八年以研究所得，著法意一書，謂英之所以較其他國家爲富於自由者，因英爲三權分立的國家，卽立法機關，行政機關，與司法機關，分立爲政，不相混合。是以孟氏謂：『如立法權與行政權由一人或一個團體操之，則自由卽絕。因恐此一人（指君主而言）或此團體（指立法機關而言）一方面創立專制的法律，一方面施用專制的手段，以執行此法律。如司法權合併於立法權，則人民的生命與自由必受任意的蹂躪（Arbitrary control）因此時司法官已變爲立法者。如司法權合併於行政權，則司法官可以橫施其高壓行爲。』

其實孟氏對於當時英國制度的觀點，甚屬錯誤。因當斯之時，近代內閣制度，已俱模形。華爾波氏（Sir Robert Walpole）以衆議院領袖資格，由一七二一年至一七四二年主持國政，爲英國第一任內閣總理。當時立法與行政雖屬兩個組織，但主持此兩個組織者，祇乃瓦氏一人。換言之，當孟氏著法意推揚英國三權分立組織之時，英國立法權與行政權已操之於議會領袖之手。故孟氏所謂三權分立，祇由形式上觀察得來，並非英制的眞精神。

除孟氏而外，發揚三權制度的理論者，有洛克 (John Locke, 1632-1704) 與柏勒克斯東 (Sir William Blackstone, 1733-1780) 兩氏。孟洛柏三氏為十八世紀負有盛名的學者，故三權學說雖為孟氏誤解英制的結果，但經三氏的發揚，其說乃風行歐美兩大陸。

三權學說的實施，始於美國。一七九一年法國模倣美制，頒訂憲法，採用三權組織，是為歐洲三權制度的起始。自玆而後，以至一九一四年歐戰起始之時，世界上五十四個國家，政號共和者二十八國，君主立憲者十六國，君主專制者十國，除少數君主專制國家外，無論為君主立憲政體或共和政體，均採三權制度。

三權組織，最感困難者不在權的如何「分，」而在各「權」相互間的關係之如何銜接。各「權」之中，而尤以行政與立法兩者間的關係，為最難調劑。英儒塞基威克(Henry Sidgwick)謂『最高行政機關與立法機關的關係，為憲治構造中最棘手的一點。各政治理論家，對於國民監督立法 (Popular control over legislation）的原則，可以共同的承認，但對於行政與立法機關的關係，則所見不同。即在近代以普及民權爲議會制度最要的原素之國家中，對於行政與立法機關兩者間關係的規定，亦各不同。」（註一）

上文引述，涉及行政二字，此二字有廣義與狹義的分別。在廣義方面，行政包括全體文官（Civil service）及軍警官吏；在狹義方面，則僅指最高的行政領袖——即元首——而言。元首與立法機關兩者間的關係究竟如何，則爲本文應當研究的問題。

元首產生方法 議會制國家的元首有君主制，亦有總統制。君主式元首制的國家，最著者爲英國，猶哥斯拉夫，比利時，與日本。英國君主係世襲制，但其世襲權必須得議會的擁戴。議會此權，係根據一七〇一年通過的承繼法（The Act of Settlement）得來。按承繼法的規定，如威廉三世及冉娜皇后（Queen Anna）無所出，則由蘇華公主（Sophia）繼位。蘇華逝世後，以其子嗣之信仰新教者繼位。一七一四年冉娜逝世。諸子均先冉娜而死，根據承繼法的規定，應由蘇華公主繼位。蘇華之夫爲德國漢洛華郡王。一七一四年蘇華亦去世。乃由蘇華之子喬治一世即位。以德國郡王子而爲英皇帝，即從此始。今之英王喬治五世，即德國漢洛華郡王的第八世孫。英議會不獨有取消一七〇一年承繼法而另立他人爲君之權，並有根本取消君主元首制，而另立任何制度之權。猶哥斯拉夫憲法第五十六條規定，如國王無儲嗣 (No male issue)，得由國王徵求議會同意，於皇族中選立一人。比利時憲法第六十一條亦有同類的規定。惟日本則異是，日本天皇承繼問題，決之於皇家條律（Imperial House Law）的規定，而不容議會的絲毫參加。

其次，總統元首制。其產生方法有兩種：(一)人民直接選舉，(二)議會間接選舉。

(一)人民直接選舉　採用此制者有德意志與芬蘭，兩國均歐戰後的新立國家。德憲第四十一條規定，總統由德國人民全體選舉。任期七年，得被選連任。總統外不設立副總統。凡年滿三十五歲的德人，均有被選權。至於選舉的詳細方法，則因瑋瑪憲法會議之時，政黨紛爭，難趨一致，故決議由普通法律規定。按一九二〇年法律的規定，凡大總統競選人得有全體票數的絕對大多數者，卽當選爲大總統。但如競選人中無一人得此票數，則舉行第二次投票。第二次投票時，凡未加入第一次競選者，亦得於此時加入競選。故第二次投票時，對於競選人名額無限制。第二次選舉，以得多數票數者當選。如遇票數相等，則用抽籤法決定。德爲多數黨政治國家，在上述選舉制運用之下，各政黨得利用第一次選舉，以覘各黨的實力。迨第二次選舉時，各黨卽可分別混合，使競選的政黨單位縮小，推舉候補人二三人，以易達到多數票數當選之目的。一九二五年德意志舉行第一次大總統選舉。競選者七人，第一次投票結果，夏勒氏（Herr Jarres）得票最多，但不足全體票數之絕對大多數。乃舉行第二次投票。第二次投票時，夏勒退出選舉競爭，以興登堡元帥代之。此次競選者三人，選舉結果，興登堡元帥獲勝。一九三二年興登堡總統任滿改選，選舉結果，興登堡當選連任。

芬蘭憲法第二十三條規定，大總統選舉時，由全國合格選民於一月十五十六兩日選舉大總統選舉人（Presidential electors）三百名。至二月十五日由國務總理召集此三百名選舉人，用祕密投票法，選舉大總統一人，以得票超過全體票數之半數者當選。如無一人滿足此票數，則舉行第二次投票。第二次投票時，以得絕對大多數票數者當選，如仍無一人得此票數，則將得票最高之二人，付第三次投票，此時以得票最多者當選，但此時如遇票數相等，則用抽籤法決之。總統任期六年。能否連任，則乏明文的規定。芬蘭第一任大總統，經憲法特許由議會選舉。一九二五年第一屆總統任期期滿，大總統施脫爾布（Stahlberg）拒絕連任。連任之制，恐此後不能成立。芬蘭大總統選舉法，頗受美國的影響。美憲第二條第一段規定，大總統選舉人由各州選派，其名額與各州在中央參衆兩院的議員名額相等。一八三二年以前，各州的大總統選舉人，由各州州議會選舉。自一八三二年以後，則由各州

「人民」選舉，實則由各政黨居中操縱。各州大總統選舉人於一月第二週之星期一，在各州州議會集合，投舉正副總統各一人。各州州政府將選舉票封鎖，郵寄中央參議院，由參議院議長於二月第二週之星期三日，召集兩院聯合大會，當衆計點票數，以得絕對大多數票數者，當選爲大總統。如無一人得此票數，則將得票最高之三人，付衆議院選舉。衆議院選舉時，以州爲單位，每州只算一票。以出席議員代表三分之二的州爲法定人數，以得過半數州以上的票數者，當選爲大總統。同時副總統候補人中所得票數，如無一人滿足各州選舉人投票總數的絕對大多數時，則將得票最高之二人，付參議院選舉。選舉時，以全體議員三分之二的出席爲法定人數。如得票過全體議員半數之票數者，卽當選爲副總統。

(二)議會間接選舉　總統由議會選舉，惟法國行之最久。法國總統改選時，由退任總統於任滿前一月，召集兩院開聯合會議，選舉繼任總統，以得大多數票數者當選。但如退任總統不按時召集，則參議院議長得於總統任滿前半月召集兩院聯合會議，如總統逝世或因故出缺，則由兩院自行召集。總統任期七年，得連任。

波蘭，奧大利，捷克斯拉夫諸國大總統選舉法，均取法法制，由兩院聯會選舉。奧制總統任期四年，得連任一次，以得兩院全體票數的大多數者當選。但投票結果，如無人得此票數，則繼續投票，直至最後有人得此票數之時爲止。波蘭憲法第三十九條規定，大總統候補人以得兩院聯會票數的絕對大多數者當選。但如競選人中無一人獲得法定票數時，究竟如何辦法，則無明文的規定。一九二六年兩院聯會舉畢蘇士克元帥爲大總統。畢氏當選後，辭不就職。推摩西亞克氏 (M. Mosieki) 爲大總統候補人以自代。兩院聯會乃重行投票，此次競選者三人，投票結果，摩氏得二一五票，彭士開 (Buinski) 得二一一票，馬雷克 (Mareck) 得五六票。三人之中無一人獲得絕對大多數票數，乃舉行第二次投票。將第一次得票最高之二人付選舉結果，摩氏得二八一票，彭氏得二〇〇票，摩氏當選。捷克斯拉夫憲法規定，大總統選舉時，兩院聯會須有兩院全體議員半數的出席，以得有出席議員五分之三的票數者爲當選。如投票二次，均無結果，則舉行第三次投票，將第二次投票時得票最高之二人付選舉。第三次投票結果，以得票最多之人當選。如遇票數相等時，則用抽籤法決定。總統任期七年，得連任一次。並且第二次任滿後之七年，得再當選。

拉特惠亞與利仲尼亞 (Lithuania) 兩國爲一院制國家，議會每三年改選一次。拉特惠亞大總統，由議會選舉，以得全體議員（人數一百名）過半數的票數爲當選票。利仲尼亞大總統亦以得全體議員過半數的票數爲當選。選舉結果，如無人滿足法定票數，則將得票最高之二人付第二次選舉。第二次時，以得票最多者當選。如兩人票數相等，則以年長者爲當選。拉特惠亞與利仲尼亞兩國總統任期均三年，與議員任期相始終。在此制度下，大總統與新選議會之多數議員有屬於同一政黨的可能，故行政與立法機關易收合作之效。拉特惠亞大總統得連任一次。利仲尼亞的規定亦然。連任期滿後的三年得再當選。拉特惠亞總統任期期滿前，如議會被解散，則總統任期，卽同時終止，另由新議會選舉。

歐戰以後，新立國家行政元首的產生，除德意志外，如波蘭，捷克斯拉夫，拉特惠亞，利仲尼亞諸國均由議會選舉而不由人民直接選舉。在今日直接民權時代，而有此制，寧非怪事！但是總統由人民直接選舉，有一極大的危險，就是野心家得以利用羣衆的盲目心理，以勝選。洎勝選之後，復可利用人民票舉踴躍之誠，進而遂其個人之獨裁慾。一八四八年拿破崙三世，承襲乃叔拿破崙一世的餘威，標榜所謂國家主義以迎合當時法人的心理。法人爲所動，舉之爲總統。未四年，拿氏復利用人民選舉爲皇帝。歐戰後，諸新立國家於制定憲法之時，未始不以拿氏的故事，爲民選總統之戒。

伊色東利亞行政首領，雖由議會選舉，但其所處的地位，與總統有別。憲法第五十八條規定，『伊色東利亞政府包括行政領袖（The state head）與內閣閣員……』第六十一條規定，『行政領袖，代表伊色東利亞共和國，領導及統一政府的進行工作，主席政府議會。』所謂行政領袖者，實乃大總統與內閣總理的混合體。行政領袖由議會選舉，任期無限定，以能博得議會的信任與否爲轉移。伊色東利亞的政府制度，與瑞士有貌似之處。瑞士政府亦爲合議制，人數七人，任期三年，由兩院聯會選舉。並於七人中選舉一人爲總統，另舉一人爲副總統，任期一年。但是，伊色東利亞與瑞士兩國政制除貌似之處外，有一根本不同之點。瑞士政府委員有固定的任期，議會對之，無所謂不信任案的提出。伊色東利亞行政委員則無固定的任期，議會對之，如提出不信任案，即須辭職。伊色東利亞爲議會制國家，而瑞士者則爲非議會制國家。據伊色東利亞憲法起草者某氏言，伊政府不採用大總統制而設立行政領袖制的原因，在節省國家經費。某氏謂：『據個人意見，憲法會議的工作，最值得注意者，即在其解決最困難的政府元首問題，其解決的方法，爲採用議會制度，而廢止大總統。此在歷史上可謂創制。此制之被採用，係經憲法會議大會及委員會長久討論的結果。在理論上，此制是否有當，應由憲法學者討論。但當吾人在憲法會議中時，認廢止總統而設立行政領袖，乃實際的而非理論的問題——實際上使弱小的共和國如伊色東利亞，在財政方面能有節省。我深信其他的理由，遠不及財政理由

的重要。總之，行政領袖制度，行使至今，匪獨無不便的表現，且行之甚屬圓滿……」(註二)

節省財政，爲廢止總統的重要原因。究竟「重要」至何程度，惟伊色東利亞人知之。惟謂行政領袖制，行之甚便，則似乎過趨樂觀。因每遇伊色東利亞政府與議會衝突之時，行政領袖卽爲政府方面之當事人。當行政領袖因不信任案而辭職，而同時繼任者尙未選出之時，卽由議會議長代行政府領袖職責。匪特此也，行政領袖辭職後，負繼任人選接洽之責者，亦惟議長任之。是議長以立法領袖，在上項情形下，兼行政府元首之事。此爲憲法起草者始料所未及。近有主張設立大總統職位者，一九二四年伊色東利亞議會曾組織委員會，研究憲法的修改問題。後因各黨意見，難趨一致，故無結果。但修改之議，今仍未寢。一九三〇年秋，議會開會時，此議仍在醞釀中。

從元首的產生方法觀之，議會制國家的元首，有由選舉產生者，有係世襲君主者。元首由選舉產生，總統制與合議制國家亦有之。但君主世襲制，只可以見之於議會制的國家，而絕對的不能見之於總統制與合議制的國家。

元首的立法權　可分爲四種：(一)召集議會開會及停止開會權，(二)創議法律權，(三)否決議院權，及(四)頒佈法令權 (Ordinance power)。

（一）召集議會開會及停止開會權　奧大利憲法規定，新議會至遲須於選舉舉行後之三十日，由大總統召集。閉會日期由議會自決。至常會開會日期，則由議長召集。但如有議員全體四分之一的要求，或經內閣的要求，則議長亦須召集議會開會。捷克斯拉夫憲法規定，大總統每年召集議會開會兩次，一次於三月起始，一次於十月起始，大總統如認爲必要時，得召集特別會議。但如上議院或下議院議員的半數向內閣總理要求開會，則大總統須於要求後之兩週內，召集會議。倘大總統不予召集，則兩院議長得於下兩週內召集之。如議會閉會後的四個月，大總統不予召集開會，得由任何院五分之二的議員，要求大總統於兩星期內，召集會議。如大總統於此期內，拒不召集，則由兩院中任何院之議長，於下兩星期內召集。會議閉會日期，由大總統宣告，大總統並得宣告議會停會（Prorogue），停會日期，至多不得超過一月，且每年以一次爲限。波蘭憲法規定，大總統有隨時召集議會特別會議之權，但如有衆議院議員三分之一的要求，則大總統必須於二星期內召集特別會議。至於議會常會開會與閉會時日，則憲法上有明文的規定，不過由大總統爲之宣佈而已。法國大總統於每屆議會常會時間，得宣佈停會兩次，每次不得過一個月。

在行使議會制度的成文憲法國家中，議會開會與閉會日期，在憲法上均有明文的規定，大總統無自由斟酌之權。卽令無明文的規定，大總統的斟酌權，實際上有由內閣總理行使者。英國爲不成文憲法國家，議會開會時期，在法律上由英皇指定召集，在事實上則由內閣總理召集。至於宣佈議會停會之權，事實上亦由內閣總理操之。在議會制度國家中，議會常會——或新選的議會——開會時，行政元首有親臨議會，主席開會典禮，並向大會演說者，此在英國謂之 King's speech。若在行使總統制的國家，議會按規定時日，自行開會，行政元首不出席參加，而送達覺書，美國卽其例也。

（二）創議立法權　在內閣制度下，行政元首之有創議立法權者，爲數極少。芬蘭憲法第十八條規定，大總統有向議會提出議案之權，但此項議案，須經內閣會議的修正(Elaboration)。在議案未提出議會以前，並得向大理院或最高行政法院，徵求意見。捷克斯拉夫憲法第六十四條規定，大總統如認爲必要時，得向議會提出建議。猶哥斯拉夫憲法第七十八條規定，議案由內閣或內閣閣員秉承國皇命令(With the authority of the king)，向議會提出。歐戰後，其他新立國家——如德意志，波蘭，奧大利，對於大總統的創議立法權，則無明文的規定。按正當的解釋，就是大總統無創議立法之權，此乃責任內閣政治的必然趨向。法國憲法規定，大總統有創議立法權，但須經閣員副署。按之過去歷史，此權法國大總統從未行使一次。其在總統制的國家中，例如美國，大總統只有向議會送達覺書，及建議事項之權。

(三)否決議案權(Veto power) 行政元首對議會通過的議案，不予簽准，謂之否決——卽消極的抵制權 (Qualified negative)。否決有兩種：一爲絕對的否決 (Absolute veto)，議案被行政元首拒絕簽字後，議會無重行討論通過的機會。一爲緩性的否決 (Suspensive veto)，議案經行政元首拒絕簽字後，送回議院復議，如經兩院第二次法定票數的通過，則無須經過大總統之簽行，卽成爲法律。絕對否決權，除英皇外，只猶哥斯拉夫及其他少數國家的元首有之。英國自一七〇七年後，英皇的否決權，迄未行使一次。至緩性否決權，則爲近代國家行政元首用以抵制立法機關，濫用職權，或草率立法的流弊，使被否決的議案，得由議會作第二次的審愼討論。如被否決的議案而眞重要，眞爲輿論所要求，亦不難經議會第二次的通過。

法國大總統對兩院通過的議案，有否決權，但此否決權，未曾一次行使。因按憲法的規定，凡屬大總統具名文件，須由閣員副署。如係否決議案，則大總統於將議案退回議院時，須將否決的理由，向議會一併申明。申明理由，須表之於文件，此文件卽應有閣員的副署，方爲合法，並且，議會通過的議案，係經內閣的主張或贊同的結果，大總統如欲予以否決，內閣閣員何能爲之副署否決自己主張或贊成通過的議案？且從另一方面言，假使議會通過的議案，爲現內閣所反對，則現內閣於議案通過之時，卽已辭職，而另產生新閣，新閣閣員如係前內閣的反對派，則必爲通過此案之贊成者，亦斷無人爲之副署。在合議制下的瑞士總統，無否決權。

歐戰後，新立國家，如拉特惠亞，規定大總統得將議會通過的議案，送回復議。復議後，如議會仍予以多數票數的通過，則原案卽算成立。同時大總統亦得將議會通過的議案，宣佈延期執行。在延期時間，得由人民要求投票復決。但是，如議案經議會大多數票數的通過後，同時復經四分之三的票數作第二次的通過，或於第一次通過時，經議員四分之三的申明係緊急律者，則大總統應卽宣佈執行。利仲尼亞議會對大總統退回復議的議案（大總統於收到之三星期內，須將議案退回，）得以議員全體人數的大多數，將原案作第二次的通過。但議案於第一次通過議會時，如經議員四分之三的申明爲緊急，卽不得由大總統退回復議。捷克斯拉夫憲法規定，議會通過的議案，於送達大總統之一個月內，得由大總統送回復議，並附帶意見。送回後，如經兩院全體議員百分之五十以上的通過，或經衆議院全體票數五分之三的通過，則原案卽成爲法律。

芬蘭憲法第十九條規定，凡議會通過的議案，須送達大總統，以得其許可。如大總統不予許可，則此案留待下屆新選議會開會時，重付表決。蓋因議會通過的議案，往往有未經民意的正確表示，而即由議員主觀的意見提出通過者。在芬制運行之下，當新議會舉行選擧之時，人民方面對上屆未經大總統許可執行的議案，得以表示其意見，關於議員的人選問題，亦得以對於此案贊成與否爲選擧條件之一，此可謂爲變象的複決制。新選議會開會時，如以多數票數將上次未予許可執行的議案，照原案全文重行的通過，則該案即成爲法律。但如大總統對議會通過的議案，於三個月內，不表示許可，則是等於否決，即不須經過下屆新選議會重行表決的手續。德意志大總統無直接否決權，但大總統得將議案於通過衆議院後一個月內，付人民投票複決。縱令德國大總統認通過衆議院之議案的本身不健全，或與憲法有衝突，或與大多數民意有違背，或認表決時之大多數票數係屬偶然的，大總統亦不能以一己的見解，直予否決，而應將該案於法定期內，訴諸人民，以求享有國家最高主權的人民之判決。

否決權由大總統獨立行使，抑由內閣的建議（Advice）而行使，則各國憲法的規定與習慣，均不一致。捷克斯拉夫憲法第八十一條規定，政府提出於議會的法律草案，政府頒佈的行政令，及大總統行使否決權的否決意見書，均由內閣會議決定。在此規定之下，大總統的否決權，能否不受內閣的牽制，乃屬重大問題。捷克斯拉夫爲議會制國家，議案通過議會，必先經內閣的承認，如不經內閣的承認而通過議會，則內閣卽須辭職。今以既經內閣承認，且復經議會通過之議案，爲大總統所否決，而否決意見書則由內閣擬議，內閣其欲自相矛盾則已，否則何能爲大總統擬議是項意見書？自一九一九年以來，芬蘭大總統曾一再的行使其否決權。有一次，芬蘭議會通過法律，規定政府有強迫佔用木材公司可耕土地之權。此法通過議會之時，曾經內閣的承認，但大總統對之獨持異議，謂此法如允許其成立，則憲法對於人民私有財產權的保障，卽被取消，是不啻以普通法律，而修改憲法中所賦予人民的根本權利。芬蘭總統認爲不合，乃予否決。此爲芬蘭總統獨立行使否決權的證例。在採用總統制的國家，否決權之由大總統獨立行使，爲三權分立制度下，大總統對於議會立法權的唯一裁制。美國爲總統制國家。美國國會通過的議案，須經過下列三種手續之一，方能成爲法律：（甲）議案通過兩院後，送達大總統。如經大總統於收到後的十日內（星期日除外）簽准，卽成爲法律。（乙）如大總統於收到後的十日內（星期日除外）既不簽准，而又不將議案退回國會，則十日期滿後，該案卽自然的成爲法律。但是，如大總統於收到議案後，十日之期未到，而國會卽行閉會，閉會前大總統對於收到的議案，無所表示，亦不將議案退回國會，則國會閉會後，該案卽以被否決論，此種否決，謂之 Pocket veto

——袋中否決。因爲每屆國會閉會之前數日，大總統常將通過兩院的議案，於收到後，置於衣袋中，靜待國會閉會，使之無疾而終。美國大總統祇有否決議案權，以阻止不良的議案成爲法律。但無創立議案權，以使好的議案由國會通過。（丙）如議案經大總統否決，退回國會，國會兩院各以三分之二的出席票數作第二次的通過，則被大總統否決之議案，亦卽成爲法律。

（四）頒佈命令權（Ordinance power） 行政領袖的立法權，除創議——或建議——法律及否決議案以外，尙有頒佈命令權，其所頒佈命令的效力，與法律同等。行政領袖頒佈的命令有三種性質：（甲）獨立命令（Independent ordinance）。凡未經法律規定之事，而由行政領袖以命令行之者，謂之獨立命令。法國大總統以命令頒佈的警律，乃其證例。（乙）補充命令（Supplementary ordinances）。行政領袖於執行議會通過的法律時，頒佈條例——或法令——以補充此法之內容者，謂之補充命令，補充命令權，有爲憲法明文所賦予者，例如比利時憲法第六十七條規定，比王於執行法律時，如認爲必要，得頒佈一切條例（Regulations）與法令（Decrees）以補充之。但是補充命令，不能改變法律的本文，或停止法律的執行。他如芬蘭，智利，巴西亦有補充命令權明文的規定。（丙）委託命令（Delegated ordinances）。在某種情形下，行政領袖受憲法或法律的委託，有頒佈命令之權。例如丹麥憲法

第二十五條規定，遇有緊急事故，而議會又在閉會期間之時，丹王有頒佈臨時法令之權。但此法令，不得與憲法相牴觸。議會開會時，政府須將此法令，咨送議會。一九一四年十一月英國議會通過國防法(Defense of The Realm Act)規定，當歐戰進行期間，政府有頒佈命令，維持公安及鞏固國家之權。歐戰後，德意志憲法第四十八條規定，大總統有用武力強迫各邦服從憲法或中央法律之權，如遇聯邦治安發生危險時，大總統得用武力對付之，並得於此期間，暫時取締人民言論自由，集會自由，結社自由，及檢查郵電。惟於最短期內，大總統須將處置情形，報告議會。

法國憲法（一八七五年二月二十五日頒佈之部分）第三條規定，大總統有監視及謀達到法律執行的責任。根據此條的委託，法總統頒佈命令，以補充現行法律。除此補充令外，現在法國議會每於通過重要議案之時，在議案中，特許行政領袖於執行此法之時，得頒佈命令，以規定施行該項法律的步驟。此項命令，謂之行政令(Decree of public administration)，其效力與法律同等。如有違者，卽受法律的裁判。行政令的範圍，較補充令爲大。是以議會於議案之中，常同時規定大總統於頒佈行政令之前，須徵求最高行政法院的意見。大總統對於最高行政法院的意見，雖無採納之義務，但對於「徵求」的形式，如不遵行，則所頒佈的行政令，卽無效力。

法總統頒佈命令，須有內閣閣員的副署，方爲合法。故實際上，此項頒佈命令權，操之內閣之手，大總統不過備名而已。法總統所頒佈命令，如超越職權範圍之外，其補救方法有三：(甲)得由普通法院拒絕執行其命令，(乙)當事人得訴請最高行政法院宣佈其無效，(丙)當事人得向議會請願，由副署命令的閣員負責。

英國元首在法律上，亦有頒佈命令權，但在事實上，所有的命令，由內閣閣員負責頒佈，以 Orders In Council 名義行之。此項命令，謂之 Provisional orders ——臨時命令，於頒佈之後，由主管閣員，送議會兩院備案 (Lay on the table)。在指定期間，如兩院無異議，則所頒的命令，卽發生法律的效力。

英法兩國元首頒佈法令權，由內閣操縱，此乃現代責任內閣政治集權的病狀，以與總統制比較，其同異之點如下：(甲)總統制國家——如美國——的行政元首，受法律的委託，自行頒佈行政法令，無須閣員的副署。其在內閣制的國家中，名義上由行政元首頒佈法令，實際上由內閣閣員副署行使。(乙)在總統制的美國，對於大總統行政令超越職權範圍的補救法，除由議會提出彈劾案外，只有由法院拒絕執行。此外對大總統既不能提出訴訟，復不能由國會投不信任票，使之辭職改選。若在行使內閣制的法國，除由法院拒絕執行其命令，及由最高法院宣佈其無效外，並得由議會對副署該項命令的閣員，提出質問，甚或迫令其去職，使之負政治上的責任。若在行使內閣制的英國，內閣閣員對於一切行事，負法律上與政治上的責任。在法律上受民刑法律的裁制，在政治上則須辭職。換言之，英法之制，權在內閣，責亦由內閣負之。美則權在總統，法庭雖有拒絕執行總統命令之權，但大總統對於國會，不負政治上的責任。(丙)法國行政領袖有頒佈獨立命令，補充命令，委託命令之權。獨立命令權，由君主政治遺傳得來。法國當君主時代，政府行政，除經明白規定，責有專歸外，其餘未經規定之事，如認爲必要而應舉者，隨時由元首以命令行之，此之謂殘餘行政權（Residuary power），亦卽今日法總統獨立命令權的策源。此權匪獨爲美國大總統所未有，且亦爲英國行政元首所絕無。其次，補充命令權，亦當首推法之行政元首。因爲法議會通過的法律，僅立大綱原則，至於執行時的具體細則，則由行政領袖於執行之時，以命令補充之。英美兩國法律，條文嚴密，行政領袖按律執行，故鮮補充的餘地。至於委託命令權，則爲英美法三國行政領袖共有之權。(丁)在內閣制下的英皇，御尊位而無治權，在總統制下的美國大總統，有治權而不御尊位，在內閣制下的法國大總統則旣無尊位，又無治權。美制集權於總統。英法則集權於內閣，故無論其爲總統制，或內閣制，而集權於行政領袖，則爲近代政治潮流共同的顯著趨向。歐戰後，新立國家，對於美制拒不採用，但同時對於英法兩國行政元首制的虛設現象，亦力求避免。猶哥斯拉夫為歐戰後唯一的虛君制，但猶王遠不似英王之超然於政治局外。一九二九年猶王亞力山大更且宣佈狄克推多政治。波蘭，奧大利，匈牙利，捷克斯拉夫諸國元首由議會選舉，意在師取法國之制，但諸國元首的職權，均較法國總統的職權為大。近代政治學者，以法國總統之虛弱為構成法議會專橫，及政變頻繁的主因。挽救之策，不在利用強有力的第二院制度，而在使行政元首職權增大，或運用複決創議諸權，以為議會的裁制。一院制的國家，如猶哥斯拉夫，伊色東利亞，拉特惠亞，利仲尼亞及芬蘭諸國固無論矣，即如捷克斯拉夫，德意志，奧大利諸國，其第二院之職權，亦甚薄弱。蒲悅斯氏 (Preus) 為德意志瑋瑪會議制憲時之中堅者，他深信有強有力的民選議會，必須一強有力的民選大總統制以裁制之。蒲氏自謂『余信議會制度之應有的要求與先決，在樹立有權力的大總統以為平衡。』

(註一)H.Sidgwick, Elements of Politics, 1891, S. 429.

(註二)M. W. Graham, New Governments of Eastern Europe; New York, Henry Holt and Co. 1927, P. 302.

第二節 內閣

代議政治因行政領袖與議會關係的不同，而有總統制與議會制的分別。在總統制國家中，行政機關與立法機關截而爲二，不發生連環的關係，故分權理論能以成立。若在議會制國家中則不然。行政機關與立法機關在形式上，雖屬兩個組織，但實際上則兩相締結，以內閣爲其連環，此名爲內閣制（Cabinet government）。內閣制與議會制（Parliamentary government）名稱雖殊，而質體則同。前者爲英國及其所屬的自治國家習用的名詞，後者爲歐洲大陸國家習用的名詞。

內閣制策源於英國，此乃盡人皆知之事。但是內閣之產生，並非英人聰明設計的結果，乃是英國政治演進的偶然產物。當十二世紀時，羅曼民族統治英國，羅曼君主立元老院（Great Council）與吏治院（Curia Regis）兩種輔助機關。前者爲盎格洛·色克遜時代哲人會議的繼承者，亦卽他日議會機關的母體。吏治院係由元老院分子組成。故兩者雖爲分立的組織，實則吏治院乃元老院之一部分。吏治院員大半由君主侍從官員充任，與君主同出入，以備垂詢。元老院每年會議約三次，在閉會期間，由吏治院一手包辦。凡關行政，財政，及司法事宜，無不參預。迨至十三世紀時，政府另立司法機關

——如最高法院，普通法院，皇家法院，及平政院——專司法之事。同時吏治院亦變名永久院(Permanent Council)，爲君主的垂詢及行政機關。十五世紀時，永久院人數增多。君主垂詢，只能及於永久院中少數的親信份子，於是而有樞密院 (Privy Council) 的組織，實則樞密院即永久院中的行政委員會。日久樞密院人數亦增加，查理士二世在位時，常召集樞密院中的少數親信分子，在密室會議，名爲 (Cabal)，今之內閣 (Cabinet)，即此字脫胎而來。此少數分子或則側身議會，或則與議會中有力者通聲氣，日夕議事，使政府向議會提出的要求，得不至孤立無助。但此時查理士王選派當國者，並不與議會中的黨派勢力相映照。其幸秉國政，參列閣議者，亦只對國王而不對議會負責。迨至一六七九年時，議會中保守 (Tories) 與自由 (Whigs) 兩黨旗幟顯然，當國者即感左右失據的困難。一六八八年威廉三世即位，爲維持均勢局面計，選任議會中保守自由兩黨領袖爲樞密院大臣，同負行政專責，結果政出多黨，人謀不合，徒滋紛爭。一六九七年桑多蘭 (Sunderland) 公爵乃慫恿威廉王，放棄前此折衷政策，完全選派當時議會中居大多數的自由黨議員入樞密院，參預閣議，主持行政各部。國王選派議會中大多數黨分子組織內閣，爲內閣政治的第一基本原則。但當此之時，內閣政治之其他兩大要義，尚未畢現：因(一)此時參預閣議的行政大臣，尚無共戴的政治領袖，以爲統率，(二)國王乃親自主席內閣會議。威廉而後，喬治一世即位。喬治爲德國之漢洛華皇族，不諳英語，謝絕閣議。國事悉委內閣任之，內閣會議時由閣員中的公認領袖爲主席。喬治一世而後，其子喬治二世亦不親理國事。父子在位四十五年，際此之時，自由黨在議會中爲大多數黨，一脈相承，主持內閣，迨至一七四二年以自由黨領袖而主席內閣會議的華爾波氏 (Sir Robert Walpole) 在議會中失其統御大多數議員的能力因以辭職。自華氏而後，以至十八世紀末葉之時，內閣政治的形式，完全畢具。其所包含的要素爲內閣閣員(一)係由議會議員充任，(二)須代表議會中大多數黨，(三)須具有同一的政治信仰，(四)負政治上的連帶責任，及(五)在一個共戴的政治領袖指揮之下。

由上述觀之，英國內閣政治的發達，係由習慣演進的結果，不能於成文法律中得其眞義，且成文法律亦從未有若此的規定。一八六七年英議會通過加拿大自治政府案時，主張將英國的內閣制移植加士者，幾爲一致的意見。但是內閣制的精神，全在不成文的習慣中，非筆墨所能稱述，故僅泛泛的規定，加拿大政府設立樞密院，輔助國政，樞密院大臣由總督選派，召集，與任免。從此規定觀之，可謂與內閣政治毫不相關，實則在法律上立論，加拿大內閣閣員的地位，與英內閣相同。英國的內閣閣員即樞密院大臣，係以議員當選入樞密院。樞密院中有一非正式的小團體，即是內閣。故英國內閣閣員在法律上的地位爲「王僕」(His Majesty's servants),是以內閣總理於召集內閣會議時,其通知書中的措詞,亦爲「王僕會議」(A meeting of His Majesty's servants)並無「內閣」會議的字樣。內閣制由英國而傳播歐洲大陸。法儒愛斯曼謂此制爲今日世界上的主要政治制度。信如斯言,則對於此制的運用不可不知。

內閣的成立 內閣必須享有議會的信任,如議會對之,通過不信任案,則內閣卽應辭職,此爲內閣政治的基本原則。此原則在歐戰後新立國家之憲法中,多有明文的規定。如德憲第五十四條規定,內閣總理與內閣閣員須享有衆議院的信任,以行使職權。捷克斯拉夫憲法第七十五條規定內閣對衆議院負責,衆議院得對內閣投不信任案。他如猶哥斯拉夫,芬蘭,伊色東利亞諸國亦於憲法之中,明爲規定。

現內閣辭職,卽應由行政元首選派繼任總理,以組織新閣。就以英國而論,關於新總理之人選,英皇有必須遵循的習慣(一)卸任總理如提出繼任人選的建議,則元首應採納之。(二)繼任總理必須係反對黨公認或經反對黨議員推舉的領袖。現內閣總理向英皇提出總辭職後,由英皇召見反對黨領袖,以組織內閣的責任付之,此被召者卽是將來新閣的總理。新閣閣員名單由新總理擬定,呈請英皇任命。一九二二年路易·喬治的混合內閣解體，英皇命保守黨組閣，保守黨領袖張伯倫（Auster Chamberlain）表同情於喬氏，英皇乃命保守黨中坐第二把交椅的羅·龐納（Bonar Law）組閣爲總理。但羅氏因自己非該黨公認的領袖，不能召號該黨全體議員，只允暫爲維持，俟經該黨推舉爲黨魁後，方能正式任總理職。又一八九四年自由黨領袖格蘭斯敦因年老不勝繁鉅，辭職。自由黨議員羅斯伯來（Lord Rosebery）與赫柯（Sir William V. Harcourt）兩人均有繼任的資格。但維多利亞女皇不爲左右袒，直待自由黨議員推舉羅氏爲黨魁以繼格氏之後，維多利亞女皇乃派羅氏爲總理。由是以觀，議會中的黨魁地位，實爲候補內閣總理必不可少的資格，故實際上，英之內閣總理，係由議會中大多數黨推舉，英皇不過予以承認而已。苟其人而爲大多數黨領袖，則英皇雖惡其爲人，亦不能拒絕其爲總理。一八八〇年維多利亞女皇心惡格蘭斯敦，欲拒之爲總理，然泥於習慣，未遂所願。

英國在過去兩黨政治運用之下，議會中政黨只有多數與少數之分。故組閣問題，甚易解決，今則三黨分立，情勢複雜。一九二三年保守，自由，勞工三黨競選，結果保守黨有議員二五八名，勞工黨一九一名，自由黨一五九人，三黨之中，無一黨居大多數的地位。保守黨雖爲多數黨，但於普選之前，位居絕對的大多數，今以大多數黨而降爲多數黨，足徵國民方面對之有減少信任的表示，保守黨領袖包爾温不願繼任閣揆，乃言於英皇，請召勞工黨領袖麥克唐納組閣，英皇從之。勞工黨在議會中爲少數黨之一，以少數黨而組織內閣，開英國近代議會政治的創舉。復次一九二九年議會五年任期期滿，舉行改選。結果，勞工黨當選議員二八九名，保守黨二六九名，自由黨五八名，三黨之中亦無一黨居大多數。勞工爲多數黨，其黨魁麥克唐納乃奉召組閣。不到十年之久，英國大多數政治原則，受兩次的摧殘。在現在三黨爭持之下，將來之類此現象者，正未可量。但當此兩次之時，英皇均俯從卸任總理的建議，召命勞工黨領袖當國。英屬各自治政府的內閣總理，在形式上由總督選任，但事實上亦與英倫習慣相同。如値兩大政黨對立之時，則議會中大多數黨領袖爲內閣總理之當然繼任者，總督不過予以承認而已。如値三數政黨分立，議會中只有多數黨而無大多數黨，則繼任總理人選，以卸任總理的建議爲轉移。但建議範圍，總不外大多數黨——或次多數黨——的政黨領袖。

在三黨角立之下，內閣總理的人選，不屬於議會中多數黨領袖，即屬於議會中次多數黨領袖，最少數黨只可利用機會，聯甲以倒乙，或聯乙以倒甲，但決無組閣的可能。故在此情形下，組閣問題，亦不難解決。若一個國家有十數以上的政團，則非有數個政團的結合，即不能在議會中達到大多數的目的。試以法國爲例，法國一九二八年選舉結果，議會中有九個政團，互相爭持，故遇組閣問題發生時，必須有數個政團的結合，方能在議會中占居大多數，而此數個政團，均各有其黨魁。以勢論之，法總統得於此數個黨魁中任擇一人，以爲內閣總理。且以勢論之，法總統對內閣總理人的選擇，以視英皇比較的爲自由。但細究之，則又不然。因爲（一）議會中政團林立，離合無常，各政黨領袖在議會中的號召力量，非總統所能明悉，故當閣潮發生之時，大總統常就商於熟悉議會政情之兩院議長，然後決定總理人選，此不啻對大總統之選擇權，於無形中加上一層限制。（二）新總理以能號召議會中數個政團，使得達到大多數之擁護者爲適宜。（三）新總理於奉到總統組閣之使命後，卽將閣員名單擬定，呈請大總統任命。任命後，新閣全體，卽須出席議會，宣佈大政方針，要求議會予以信任投票。信任案通過後，新閣方算正式成立。換言之，新內閣總理由大總統任命，但須經議會的追認，方能執行其權限。是總統選任總理之時，實際上須着眼於議會中多數分子所屬目的政黨領袖，而大總統之任命總理權，卽於無形中，又加一層束縛。晚近以來，每遇閣潮發生，各政黨領袖，常自告奮勇，羣趨總統府，向總統表示，以組閣的責任自負。但此種現象，對於內閣總理人選的原則，並不變易。此原則維何？卽應命組閣者，必須能號召議會中數個政黨，以達到大多數之擁護爲合格。

內閣必須享有議會的信任，方能立足，但享有議會的信任爲一事，而內閣行政，是否有利國家，則又是一事。假令內閣爲議會所信任，而大總統認其行事與國民利益有損害，大總統將何以糾正之？英法兩國行政元首對於享有議會信任的內閣，縱令其行事與國民利益有衝突，亦不能令其去位，而另外改組。歐戰後，新生各國制憲之時，對此問題，曾加研究。按瑋瑪會議憲法起草者的意見，認大總統與議會兩者間的政治立場，應相和諧，內閣雖代表議會中的多數，但如大總統認內閣行爲違反民意，或與國家利益有衝突時，則大總統得罷免內閣全體，或解散對此內閣表示信任的議會。惟罷免內閣，須有人副署，方生效力。據蒲悅斯的主張，德總統在此情形下，得請議會中少數黨領袖副署現內閣免職令，更由此少數黨領袖組織新閣，解散議會，舉行普選。德憲對於此旨，雖未有明白的申述，但按德憲第二十五條的規定，大總統有解散議會權，第五十三條規定，大總統有任免內閣總理及閣員權。若將此兩條併而言之，德國大總統如認爲必要時，縱令內閣享有議會的信任，亦得解散議會及罷免內閣。一九三二年普魯寧（Bruning）內閣在議會中雖有大多數的擁護，但因失去興登堡總統的信任，遂不能不辭職而去。猶哥斯拉夫與捷克斯拉夫兩國元首得斟酌委託議會中政黨領袖中的一人組織內閣，但當內閣享有議會的信任時，元首不得罷免之。

內閣總理由元首任命，內閣閣員則由總理選擬，呈請元首任命，爲英，法，波蘭，拉特惠亞，利仲尼亞，德意志諸國之制。內閣總理與閣員同時由元首直接選任，則爲猶哥斯拉夫，捷克斯拉夫，與芬蘭之制。

內閣總理與閣員的關係　內閣總理的名稱，首用於英國，此名稱係從習慣得來，在成文法律中，並無規定。一七七八年倍根斯費爾爵士（Lord Beaconsfield）簽立柏林和約時，自署內閣總理四字，此名稱見於正式文件者，以此爲第一次。法律上既無此內閣總理的官職，故凡爲內閣總理者，必身兼首席財政大臣（First Lord of Treasury），或長管其他部務。以地位論，英國內閣閣員之與內閣總理，儼有僚屬之分。內閣總理不獨有任命內閣之權，並且有撤免閣員之權。閣員長管部務，由內閣總理指定，各部行政，由總理督促，各部糾紛，由總理解決。除總理外，非經許可，閣員不得自由表示政見。一九二二年印度殖民大臣蒙特戈（E. S. Montague）未經許可，將關於印度問題的某項文件予以宣佈，羅·龐納總理呈請英皇將其免職。繆爾(Ramsay Muir)在所著『How Britain is Governed』中對於內閣總理的地位與職權說得最爲透徹：『……在一般教科書中，有一句極神聖的成語，爲各著作家所不厭稱述，卽內閣總理不過平等中之居第一位者（Primus inter pares）。此語用之於握有任免同僚大權的內閣總理，眞無意義。在事實上，但不在法律上，內閣總理乃國家的行政頭目。其權力之大，爲其他憲治國家的行政元首所不及，卽令美國大總統視之，猶有遜色。當內閣總理隸屬的政黨在議會中占大多數時，彼能爲美國總統所不能爲之事……條約未經簽訂與批准以前，彼能保證其必能簽訂與批准；法律未經通過以前彼能保證其必能通過；需用之款，未經議會允許以前，彼能保證其必能允許。內閣總理之所以有此大權者，因爲在議會中享有大多數議員的擁護，彼故能以一人執行議會與英皇所有之職權……『內閣總理乃政黨領袖，爲議會中大多數黨——至少占議員名額多數的政黨——公認的領袖。……如內閣總理所屬的政黨，在議會中失其多數黨的地位，或本黨議員推翻其領袖地位，則內閣總理即失去其所有的權力。是以，按英國政制的運用，每數年間，呈出一種現象，與東方故事中所傳士耳其的國老相同，忽而手握大權，忽而流爲乞丐。在選舉賭賽的輪迴競爭中，敗則由獨裁退而爲議士，勝則由議士進而爲獨裁。此一時也，有封侯晉爵，賜尊位，及任免一切官吏之權；有宣戰媾和之權；有決定何法當立，及向四千五百萬人民何稅當徵之權。彼一時也，則大權盡失，一事不能舉，只有對繼任者的行爲，予以批評。』（註二）

其他國家內閣總理的地位與職權，能與英國內閣總理相比擬者，惟歐戰前德意志帝國首相。德意志帝國內閣閣員，實乃政府之文官，完全聽命於首相。法國內閣總理，在原則上雖有任免閣員之權，但事實上因內閣由數黨混合而成，總理只能統率同黨的閣員，但不能統率屬於他黨之閣員。因屬於其他政黨的閣員，往往為各該黨之領袖，內閣總理對之，極意聯絡之不暇，何敢擺英國內閣總理的架子，命令而指揮之！

歐戰後，各新立國家之行使內閣制者，均拒絕採用英國內閣總理的獨裁制，而行使合議制（Collegiate system），一切問題，由內閣會議以大多數票數表決之。閣員與總理地位平等，總理僅負維繫全局的責任，內閣會議由其主席，除此而外，並未享有其他特殊的威權。例如拉特惠亞憲法第六十一條規定，閣員之立法草案，各部行政工作，及閣員提出的大政方針，均須付內閣會議討論，而不取決於內閣總理。利仲尼亞憲法第六十條規定，閣員對內閣會議表決的立法議案如有異議，得將其意見，用書面表示，一併送達議會。猶哥斯拉夫內閣受猶王而不受內閣總理的指揮。猶王文件由有關係的閣員副署，而不必由總理副署。猶王解散議會及頒佈法律之時，由全體閣員副署。內閣閣員個人秉承王命，或經內閣會議許可，得單獨提出議案於議會。捷克斯拉夫憲法第八十及第八十一兩條規定，政府行事，須由內閣會議表決。內閣會議時，須有過半數閣員的出席，方為有效。

內閣會議的組織　從內閣會議的組織觀之，而內閣總理與閣員間的關係，愈益顯明。內閣會議的組織，可分為兩種：（一）合議式的內閣會議，（二）獨裁式的內閣會議。

（一）合議式內閣會議的組織　內閣會議，由總理及各部部長組織，而以總理爲主席，此幾爲合議式內閣組織的共同基點。例如德意志（憲法第五十二條，）利仲尼亞（憲法第五十六條，）拉特惠亞（憲法第五十五條，）伊色東利亞（憲法第五十八條，）捷克斯拉夫（憲法第八十條，）芬蘭（憲法第三十八條）均有如此的明文規定。其次，內閣會議法定人數亦有明文的規定。會議時，如不滿足此法定人數，則會議卽不能舉行。捷克斯拉夫規定，須有過半數閣員的出席，芬蘭規定，須有閣員五人的出席。再次，會議表決，須取之於大多數。德憲有此規定。德意志內閣會議表決問題時，如贊成與反對兩方票數相等，則內閣總理得投一票，以破均勢之局。但是，如贊成與反對兩方票數勝負分明時，內閣總理是否參加投票，以表示其意見，則無從得知。以勢測之，德意志內閣總理當閣議之時，其所處的地位，恐如議會中之主席然，負執行會議法規的責任。是以德憲第五十五條規定，內閣總理遵照國務會議通過及經大總統批准的會議法規，主席國務會議。再次，爲明白內閣全體的職權起見，有更於憲法中明白規定，凡關某種問題，必須付內閣會議討論表決者，如德憲第五十七條規定，凡立法提案，及事涉一部以上而意見不能一致的問題，必須付內閣會議討論表決。拉特惠亞規定，各部法律草案，各部行政工作，及各部行政方針，須付內閣會議討論。利仲尼亞亦規定，立法草案由閣議表決。捷克斯拉夫內閣會議職權的範圍則更大，不獨立法草案及官吏任命，須由內閣會議決定，卽關於政治性質的問題，亦是皆然。

合議式內閣組織的結果，爲縮小內閣總理的職權，但同時使內閣受行政元首的控制。合議式的內閣會議，有規定行政元首出席會議者，如芬蘭憲法規定，大總統主席內閣會議，大總統缺席時，則由內閣總理主席。捷克斯拉夫大總統有出席及主席內閣會議之權，有隨時命令內閣或某個閣員，用書面呈報事實之權，並有隨時召集閣員會議之權（憲法第八十二條）。歐戰後，諸新立國家憲法起草者，一方面樹立議會政治，以張民權。一方面復伸張行政元首的職權，以裁制議會。結果，使立法機關與行政元首兩相對峙，而以內閣爲兩者間之樞紐。合議式內閣之組織，卽此種精神的表現。

（二）獨裁式內閣會議的組織　英國爲此制的最好證明。英國內閣爲樞密院中之一種非正式的小團體，此義曾於本節之首端論之。今日政府各部院長，在法律上爲樞密院中之行政委員，但各部院長並不全數均是內閣閣員。故嚴格言之，英國行政組織，在習慣上有行政院（Ministry）與內閣（Cabinet）之分。行政院包括凡經內閣總理呈請任命之各政務官，此類被任命者，與內閣總理的政治命運共進退。一九二四至一九二九年保守黨當國時，包爾溫總理任命各政務長官共六十六人，其中四十八人係衆議院議員，其餘十八人係上議院議員。此六十六人統屬於行政院（Ministry），但從未全體集議一次。至於內閣則由此六十六人中之充任重要部會院長官者組織之。閣員人名無定限，由內閣總理臨時敦請參加。英內閣總理職權之大，此其一點。如上議院議長，外交部長，印度殖民部長，內政部長，殖民部長，陸軍部長，財政部長，海軍部長，商務委員會長，教育委員會長，農業委員會長，郵政部長，司法部長，監印總管（Lord Privy Seal）等每次內閣會議，均被邀出席。大抵每次閣議被請出席者，約二十人左右。參加內閣會議的人數，既無定限，故閣議之時，亦無所謂法定人數的規定。

英國內閣會議，時間無一定，在議會開會期間，大抵每星期由內閣總理召集一二次，此外得由總理隨時召集。如遇緊要事故發生之時，有一日數議者，但在議會閉會期間，事務較少，故內閣會議，亦不常舉行。內閣之下，設有兩個常務委員會：一爲內政委員會，一爲財政委員會。委員會的委員均由列席閣議之人充任，其人數與任期均無規定。委員會職權在提出建議，或審查報告，聽由內閣會議決定。此外並常由內閣組織臨時委員會，負調查或研究某項問題的責任。內閣會議的地點，亦無一定，大半在總理官舍舉行。

英國內閣會議係祕密性質。局外人固不能窺其神奧，卽參加會議的閣員，亦不能洩露會議的內容。一九二五年保守黨包爾温爲總理時，各閣員相約於在職期內，不得將閣議時發生的爭論對外宣佈。一九一七年以前，內閣會議無紀錄，出席閣員亦不能筆記會議的內容，惟內閣總理得紀其大要。此蓋由於內閣會議完了後，內閣總理例須將會議的結果，用書面呈報英皇，故不得不有所記載，以備不忘。一九一七年喬治總理設祕書一人，司紀錄閣議之事。不五年而祕書暨辦事人員增至一三七人，年費三六，八〇〇英鎊。於是，反對之者乃應聲而起。迨羅·龐納氏任總理時，將人數減至三十八名。歲費則減至一五，〇〇〇英鎊。

內閣對外須一致，爲英內閣政治最重要的原則。但所謂「一致」（Solidarity）者，有兩方面的運用：（甲）內閣會議時，縱閣員意見有出入，但一經閣議決定之後，全體閣員卽應一致的服從，以實現所決議的事項。內閣總理的主張，在閣議時，富有強制力。如內閣總理對某項問題堅決主張，而閣員之中有持異議者，則閣員只有出於辭職之一途。一八八七年沙士伯來總理（Marquess of Salisbury）主張維持陸海兩軍增加軍備的預算，財政部長裘吉爾（Randolph Churchill）表示反對。結果，裘氏辭職。一九三二年一月，保守，勞工，與自由三黨所合組的國家內閣，因關稅政策，自由黨閣員的主張，與大多的閣員不一致，麥克唐納總理乃正式的宣言，謂自由黨閣員可以在會議中發言反對與投票反對關稅案，但同時他們仍然保存其閣員地位。內閣對外一致的原則，至是完全打破。其次，(乙)內閣全體一致同進退。如閣員之一人被攻擊，則其他之閣員負連帶的責任。如議員對某個閣員投不信任案，卽是對內閣全體下攻擊令。內閣全體因閣員一人之去留，而連帶的引咎辭職，以致議員方面有「投鼠忌器」的困難。不特此也，若因一人而牽及內閣全體，則內閣必解散議會以爲抵制。議會解散，卽須進行選舉，爲議員者，不獨受經濟的損失，且有得失的恐懼。此種連帶的責任制度運用的結果，產生兩種極大的流弊：第一，議會議員易屈服於內閣的權力之下；第二，內閣閣員只要有內閣總理的信任，卽可以放手做去，對於議員的反對，無所顧慮。

連帶責任制，爲團結內閣權力的利器，此制之發達，在過去以英國爲最盛，法國亦運用之，但不及英國的嚴格。歐戰後，新興諸國，一方面採用英之內閣政治，但同時亦力謀避免英制的極端傾向。故於規定內閣閣員負連帶的責任外，並規定閣員負個別的責任。如議會議員之大多數，對某個閣員投不信任案，則此閣員卽應辭職，而不連帶的及於其他閣員的政治命運。德意志，奧大利，普魯士，伊色東利亞，拉特惠亞諸國憲法中，均有此明文的規定。猶哥斯拉夫規定任何閣員個人，得秉承王命，向議會提出議案，不須經過內閣會議的決議，與內閣總理的同意，閣員對猶王與議會負連帶與個別的責任。芬蘭規定（憲法第四十三條，）凡內閣閣員對於閣議議決之事項，負連帶的責任，但如任何閣員對議決之事項，獨持異議，且其異議登載閣議紀錄者，不負連帶的責任。利仲尼亞除規定內閣閣員對議會負連帶的及閣員個人負個別的責任外，並規定（憲法第六十條）如任何閣員，對於經閣議決定，提出於議會的法律案不予贊同，得將其意見，用書面表示，一併送達議會。此與英國內閣政治「對外一致」的原則，絕對的相反。但是，此規定僅施用於法律草案，而不施用於內閣會議之其他決議。

內閣的地位與權力　無論在成文或不成文憲法的國家中，內閣乃議會中多數——或大多數——黨的領袖委員會，應行政元首之召，出長各部行政，使行政與立法兩機關，因此輩人而發生連結。白芝浩（Walter Bagehot）謂英國內閣如海芬（Hyphen）或扣帶(Buckle)，然將政府立法之部，連結於行政之部。故以來源論，內閣屬於立法機關，但以職權論，則屬於行政機關。如以與總統制國家內閣的地位相比較，則兩者不同之處，甚為顯然。總統制國家內閣閣員，同時不得為議會議員，亦不得出席議會參加辯論。試以美國而論，美國憲法規定，大總統除向各部行政長官，徵求關於各該部行職權範圍內之任何事項的書面意見外，並未有「內閣」或「內閣會議」的規定。在法律上，各部部長祇乃大總統的「助理者，」其任命雖須經過參議院的同意，但大總統有獨立免除閣員職務之權。

內閣會議，在法律上既無規定，故無所謂會議細則，會議時無紀錄，亦無祕書人員。閣員在會議時，祇表示意見，而無表決權。大總統對於閣員所表示的意見，更無採納的義務，此而謂之內閣會議，毋寧謂之爲參議會之較爲貼切。

議會制度國家的內閣，爲責任內閣制，而總統制國家的內閣則否。責任二字有兩義：一種爲政治的；一種爲法律的。議會中大多數對內閣某項政策或某項立法議案，予以否決，或因內閣某種政治行爲之不當，而提出不信任案，以致內閣辭職者，謂之政治上的責任。行政元首頒發之一切政令及文件，須有閣員的副署。此在英國乃係一種政治習慣，但在成文憲法的國家中，則有明文的規定。如副署的文件，而屬非法，則副署者應受普通法律或彈劾的處分，此之謂法律上的責任。卽以英國而論，英皇不直接頒佈號令，而間接的由下列三種形式代表頒佈之：（一）樞密院令 (An order in council)（二）御批的敕令或任命狀 (Sign-manual warrant)，（三）蓋有國璽的佈告，文札，特許狀，及其他函件。樞密院令，實卽內閣命令，其責任由列席閣議的閣員負之。御批的敕令，亦須由有關係的行政部長之一人或二人的副署，其責任亦由副署者負之。至有國璽的法令，則由監印大臣負其全責。「英皇不作錯事，」故凡所頒發的政令，悉由主管部長負其責。除倒閣的方法而外，如頒佈的命令，而超越職權範圍之外，則當事人得向普通法院起訴，使副署之部長，受刑法或民法的裁制。

總統制國家的內閣，對於總統處於顧問的地位，無行政權。大總統頒佈命令，亦無須閣員的副署，故其責任由大總統負之。但大總統在法律上，不受法律的裁制，惟國會得向其提出彈劾案。在政治上，國會對大總統亦不能有不信任之投票。內閣閣員全體或個人對國會不負政治上的責任。但如國會對某閣員不滿意而認其有溺職情形，則得由兩院通過決議，要求總統免其職守。但如國會發現某閣員在職時有觸犯法律的情事，則國會兩院得通過決議，要求總統令飭司法部向法院提出公訴。

內閣權力之大，以英國爲最。在行政方面，內閣決定政府對內對外的政策，及任免政府一切的官吏。在立法方面，凡議會通過的重要議案，不獨由內閣提出，且須先經內閣的許可。何種議案應當成爲法律；議案經過大會之時，其辯論的時間應當多少；及其辯論之時，何段應付辯論，與何段不應付辯論——均由內閣決定。當十九世紀初葉時，內閣受議會之控制（Control），內閣如無議會中多數議員的擁護，則提出辭職，而另由反對黨領袖組閣。今則議會受內閣之控制，如議會中之多數議員不擁護內閣，則內閣解散議會，另行普選。一九〇四年英國衆議員瓦爾登（L. Walton）在大會中宣言，謂英國已由議會政治而變爲內閣政治，近且更由內閣政治，而變爲內閣總理政治。瓦氏所言，雖稍近過激，但內閣權力之大，則爲不可掩的事實。

英內閣權力之大其原因有數：(一)內閣有解散議會權，故議員不敢輕易倒閣。自一八五八年以來，如議會對內閣通過不信任案，則內閣不辭職，而以解散議會的方法對付之。議會被解散，則議會匪獨競選需費，並且有落選的危險。因是之故，政府黨議員之不輕易叛黨固無論矣，卽反對黨方面，亦須審察內外，然後施行其倒閣的策略。其在歐洲議會政治的國家，內閣由數個政黨結合而成，各黨離合無常，故內閣時生化分作用。但每倒閣一次，祇內閣一部分的分子發生變異一次，故不須經過解散議會的手續。法國自第三共和成立以來，內閣改組八十餘次，但議會則只被解散一次。內閣的生命，既如此短促，其強制的權力，亦自微弱。(二)議員對於各部行政情形甚隔閡，不能作有威權的批評，與有效力的監督。議員的批評力與監督力既甚微薄，內閣的權力亦相因的伸漲。(三)議案過多，內閣對於議案的辯論時間，予以種種的限制，故議員無批評內閣立法的機會。(四)議員興趣不一，不能貫注全副精神於議會工作。議會每日下午二時後開會起始，以至夜半爲止。凡從事於工商業或執律師業者，總在下午五時以後，方能出席議會。且英倫社會習慣，下午二時與晚間八時十五分鐘左右爲午餐與晚餐的時間，議員之有社交癖者，卽不能於酒食應酬與出席會議之事，雙方兼顧，且人性好娛樂，大都捨議事而趨酒食，每當星期五與星期一日之間，更有遠出倫敦郊外之别墅，作高爾夫球戰者，議會事自無心過問，而任由少數有職守的閣員與政黨領袖操縱之。

内閣政治的趨向　綜括上所論述，吾人認近代内閣政治，有兩種矛盾趨向：其一爲集權趨向，以英之内閣爲代表。其二爲分權趨向，歐洲諸新立國家的内閣政治屬之。

（一）集權趨向的内閣政治　内閣集權制以英國爲首屈。在此制運用之下，其特點有三：（甲）每倒閣一次，即改選議會一次。（乙）内閣代表議會中多數黨，内閣總理爲多數黨的領袖，故當選舉舉行之後，如勞工黨議員之當選者，在議會中居大多數，則該黨領袖麥克唐納即是新閣的總理。同一原則，如保守黨議員之當選者在議會中居大多數，則該黨領袖包爾温即是新閣的總理。故實際上，人民投票之時，如希望麥克唐納爲内閣總理，主持國政，則投舉勞工黨人爲議員。如希望包爾温爲内閣總理，則投舉保守黨人爲議員。是以，英國選舉之時，各黨競爭，名爲議席之爭，實則爲總理地位之爭。換言之，英之内閣政治，爲民選總理制。（丙）英國内閣的政治命運，不決之於議會中的議員，而決之於握有選舉權的人民手中。曩者内閣對議會負責，今則内閣對人民負責。人民與政府之間，如影隨身之直接關係。在此制度之運用下，議員無專横的可能。

（二）分權趨向的內閣政治　歐洲新立國家，均取法英制。但實際運用，與英制背道而馳。英爲集權制，而歐洲各國則爲分權制。其分權的特點如左：（甲）內閣權力薄弱。歐洲各國，政黨林立，內閣必須由數個政黨結合，方能成立。各黨的信仰與主張，既不相同，卽內閣的行政方針，難有共同之準則。例如一九二〇年捷克斯拉夫之胥訥（M. Svehla）內閣，由五個政黨——人民黨，國家民主黨，農民黨，國家社會黨及社會民主黨——結合而成。閣員之籍隸人民黨者擁護天主教，對於政教分離的提案，表示反對。閣員之籍隸國家民主黨者，反對蘇俄，對於外交部長之承認蘇俄，深爲不然。閣員之籍隸國家社會黨者反對裁員，因裁員則危及鐵路職工——鐵路職工乃該黨黨員之大本營。換言之，胥訥內閣對此數個問題，內部的意見既不一致，故均置而不論，以免內閣的解體。復次，內閣由混合而成，在閣員方面，只知服從本黨黨綱及本黨命令以行政，而不受內閣總理的指揮與夫閣議的束縛。一九二六年波蘭當施材斯克（Strynsky）內閣時，議會中社會黨反對政府財政政策及主張畢蘇士克元帥復職。政府對該黨主張與要求，均不採納。該黨乃命該黨黨員之充任內閣勞工部長者辭職。後經各方調解，該黨乃另推一人加入內閣任勞工部長。不特此也，凡有重要問題或提案，常先由閣員各向所屬的政黨，提出討論，然後付閣議作形式上的表決。捷克斯拉夫當胥訥內閣之時，所有的重要議案，均先由五政黨領袖表決，謂之「五巨頭會議」——即太上內閣。五巨頭會議後，將決議事件，付內閣執行。故事實上，內閣會議，祇不過事務會議而已。再次，混合內閣的分子，既分隸數個主義不同的政黨，故其結合的先決條件，必須有一共同認可的行政大計，此行政大計，係各關係政黨調和融合的結果，空空洞洞，不關痛癢。然亦惟其如此，內閣組織，方能混合。至於內閣總理，則祇於公認方針的範圍內，以行使其職權，再次各黨參加混合內閣的閣員名額，通常按比例選舉原則分配。倘閣員名額分配不均，亦大足為內閣成立困難原因之一。一九二四年德意志新選議會中以國家黨議員人數為最多，故當組閣之時，該黨要求副總理，內務部長，及外交部長三席。後因所求未得許可，遂拒絕參加組閣。一九二五年伯費拿（Bavaria）人民黨始則贊成路德組閣，後因該黨之被邀入閣者只有一人，該黨乃變更態度，對路德總理，取消極的反對手段。有時政黨議員人數雖少，但亦能居奇制勝，例如德意志議會之中立黨（Centre Party），議員人數並不多，但無論守舊派政黨，或激進派政黨組織內閣，均須賴中立黨之助，方能成立。因此之故，自瑋瑪憲法施行以來，中立黨的實力，常位居第三，但所供給的閣員，則近全數之半。（乙）少數黨政治。在政黨林立的歐洲國家中，內閣必須由數黨結合，方能成立。但有因各黨政治主張的不同，以致不能得一共同承認的行政大計者；有因閣員人數分配不勻，以致政黨有不願參加組閣者；有因國家多艱，不願擔負責任，而寧居於在野黨的地位以作批評工夫者，因此種種原因，議會中政黨，多相率不願加入組閣，而任由少數政黨組織內閣，以致內閣閣員只能在議會中代表少數分子。一九二〇年德意志華倫白（Fehrenbach）內閣係天主教黨，人民黨，及民主黨三黨混合而成。三黨議員人數共二〇〇人，而議會全體人數爲四六六人。三黨實力，在議會中不及全體議員之半數。其所以能維持其政治命運者，因社會民主黨採取中立態度。又一九二四年馬克斯（Marx）內閣亦由上述三黨混合而成。三黨在議會中共有議員一三五名，議會全體人數爲四七二名，故內閣在議會中所有的議員，尙不及全體人數三分之一。芬蘭一九二一年的費洛拿（Vennola）內閣，在議會中有議員六八人，而議會全體人數則爲二〇〇名。以議會中少數議員擁護的內閣，其政治命運生存的必須條件有二：第一，內閣政策必須遷就議會中其他有力的政黨，以使之採消極的友助態度；第二，因爲議會中之其他各政黨意見紛歧，不能聯合戰線，因而對內閣不施行總攻擊。第一條係向人買好，第二條係利用各黨分裂，以維持內閣地位。但無論在兩者中任何情形之下，內閣均不敢行其所當爲之事。凡新內閣成立，首須出席議會，要求信任投票。在多數黨國家中，此爲不易達到之事。是以，一九二五年拉特惠亞總統召令議會中各黨領袖，分負組織內閣之責，而以任何一人，能得議會之信任者爲內閣總理。各政黨領袖奉令後，分途接洽，經歷多日，結果無一黨領袖能結合他黨以組閣。拉特惠亞總統乃復令社會民主黨與農民團(Peasant's Union)兩黨領袖同負組閣責任，重向各黨接洽。社會民主黨與農民團爲議會中最大的兩政團，兩黨領袖經過七週的分頭接洽後，始各將黨員名單，同時向議會提出，要求議會信任投票。結果農民團閣員得信任票較多，農民團內閣遂成立。在行使議會政治的國家中，由兩個政黨領袖分途負組閣責任，各將所擬閣員名單，同時向議會提出，要求議會分投信任票以決去取，此種辦法，恐以拉特惠亞爲創例。

(三)行政元首權力的增漲　在多數政黨的議會政治國家中，行政元首權力的增漲，爲必不可免的現象。其權力增漲的原因，可於下述各點見之：(甲)行政元首知組閣之不易，對於提出辭職的內閣，在新內閣未成立以前，不許其去職。前曾言之，內閣必須享有議會的信任，乃議會政治的基本原則。如現內閣辭職，係因議會不信任投票的結果，則行政元首應卽許其去職。如不許其去職，而以待至新閣成立後爲條件，卽有失去責任內閣制基本原則之旨。(乙)對於閣員人選元首常表示意見。一九三一年四月四日羅馬尼亞國王因商務部長人選問題，與內閣總理密郎勒斯鈎(Mironescu)意見相左，以致內閣全體辭職。(丙)大總統不獨阻止現內閣辭職，以待新閣之成立，且如遇議會中政黨紛歧，新閣難望成立之時，乃更任命專家內閣，以超然於政黨競爭局勢之外。一九二〇年九月捷克斯拉夫之都沙(Tusar)內閣辭職，各政黨不能合作組閣，捷總統乃派蘇勒(Jan Cerny)爲內閣總理。蘇氏係行政文官，並非議會議員，比奉到組閣命後，乃邀集各項專家爲閣員，成立專家內閣(Ministry of Experts)，至一九二一年九月辭職。際此一年期間，蘇勒內閣專努力於國家的經濟建設。故內閣全體，雖與政黨無關係，但因其努力建設之功，甚得議會中多數議員的友助。一九二二年芬蘭總統派迦仙多(Cajander)教授組織專家內閣(Ministry of Functionaries)。一九二四年德意志路德(Luthe)內閣成立，閣員之中匪獨有未列身議會爲議員，且多有與政黨毫無淵源者。行政元首在某種情形之下，於政黨範圍以外任命專家組織內閣，議會政治演變至此，殊非各國憲法起草者的臆料所能及！

(註一)Muir, R., How Britain is Governed, New York, Richard R. Smith, 1930, P. 84.

第三節 司法權

三權分立，係孟得斯鳩誤解當時英國政治制度的結果，此義曾於上節述之。孟氏目的，在建立一個政治制度，使人民自由獲有極安全的保障。但欲達到此目的，必須限制政府權力，而限制之法，莫過於將行政，立法，司法三權分開，使執行政者不能有立法權與司法權，任立法者不能有行政權與司法權，司法者不能有立法權與行政權。

但是，無論在議會制或總統制國家中，分權學說，均不能嚴格的實現。英國中央各部部長有頒發臨時命令（Provisional order）權，此臨時命令與法律的效力同等。各國元首有頒佈行政法令權，其效力亦與法律同等。此外有創議法律權者；有否決議案權者；有訂立條約權者。凡此諸端，均行政機關享有立法權的明證。復次，從司法權方面觀之，行政領袖有特赦權。不特此也，即以立法機關而論，亦同時握有行政權與司法權。在行政權方面，美國上議院有任命中央官吏的同意權，法國上議院有解散衆議院的同意權。在司法權方面，英美法三國上議院爲審理彈劾案的法庭，英國上議院爲最高上訴院，美國，比利時，及猶哥斯拉夫之議院有判決因選舉而發生的爭執之權。

再次，司法機關亦夾有行政權與立法權。在行政方面，上級司法機關委任下級司法人員。英國鄉村地方的公共衞生條律，限制酒商營業條例，及公路的建築或修理，均由地方法官監督執行。英國舉行選舉時，其秩序由地方法官維持。在立法方面，美國律師出庭規程，由法院規定，一八七〇年美國伊利諾埃州憲法規定，該州下級司法官對於州議會通過的法律，如認爲有缺點或有遺漏等情，得於每年六月一日以前，用書面呈報該州高等法院，由高等法院於每年一月一日以前函達省長。他如拿卜勒斯，加科羅納多，福羅來達，埃達和，華盛頓，歐塔及加利福尼亞等州均有同樣的規定。南美洲各國則更進一層。如秘魯，干達麥拿（Guatemala），山多明哥，伊喀多（Ecuador），項都拿（Honduras）及利加勒喀（Nicaragua）諸國關於司法性質的議案由法院起草。塞爾華多（Salvador）的最高法院對於議會之一切議案，有表示意見之權。哥侖比亞（Columbia）議會於討論司法案及民事問題時，司法官得出席辯論。塞爾華多，項都拿，及利加勒喀議會於修正或廢止現行法律的任何條段時，必須先由最高法院法官對修正或廢止案表示意見後，方付表決。

三權行政，雖職權互有交錯，但其分立的功用，則並不因此而消滅。其功用爲何？即在能產生平衡與裁制的現象。行政機關的職責在行政，但同時有否決議案權，與（在內閣制度國家中）解散議會權，以裁制立法機關的專橫。立法機關的職責在立法，但同時對被行政領袖否決的議案，有重行通過之權；對大總統任命官吏及訂立條約有同意權（如美國是）；在內閣制國家中，對內閣有投不信任票權；無論在總統制或內閣制國家中，對行政元首或內閣閣員有彈劾權，以裁制行政機關的專橫。再次，司法機關的職責爲裁判政府與人民，及人民互相間的爭執。在成文憲法國家中，政府的行政權，議會的立法權，及人民的基本權利，均有明文的規定。但是，如議會立法，超越憲法規定範圍之外——甚至與憲法意義相抵觸；或行政機關執行法律之時，超越法律規定範圍之外，以致侵犯人民權利，則須賴有法院以裁判之。司法機關乃所以謀人民自由及財產安全的保障，爲政府與人民間的仲裁者。對議會通過的法律，如認與憲法明文或含義相衝突，則法院有拒絕執行之權。是以，法院對憲法有解釋權，對普通法律有拒絕執行權。

法院解釋憲法及拒絕執行議會單行法律權。此制可分爲三種不同的制度：(一)美國制。(二)歐洲大陸制。(三)英國制。

美國制　美國法院之有解釋憲法及拒絕執行國會單行法律權，爲憲法明文所不規定。有之則自習慣始。一八〇三年二月美國大總統阿登斯 (Adams) 取得參議院的同意，任命馬伯來 (Marbury) 及其他數人爲華盛頓京城法官。惟阿氏因爲總統任期於是年三月四日期滿，交卸事忙，致委任狀未及發出。迨三月四日阿氏去職，墨狄遜 (Madison) 繼任總統。墨氏當卽通知新任國務總理覊福遜(Jefferson) 將馬伯來等人的委任狀扣留。馬氏聞委任狀被扣後，乃根據一七八九年國會通過的司法組織法 (Judicial Act)，直接向大理院起訴。因一七八九年國會通過的法律中，有一條規定，凡當事人權利被行政官吏侵害時，得向大理院請求頒給庭諭（Writ of mandamus），以強迫行政官吏執行其當行之事。馬氏根據此法，向大理院請求頒給庭諭強迫墨狄遜總統將委任狀交出。大理院院長麻雪爾氏（Marshall）於判決此案時，提出下列數要點：第一，馬伯來經上議院的同意，由阿登斯總統任爲首都法官，且委任狀之一切合法手續完全無缺，則委任狀卽爲馬某應有之物。第二，今馬某應有的權利，既經取消，則馬之訴諸法律，以保障其權利，亦爲當然的舉動。第三，馬伯來訴諸法律，雖屬正當的舉動，但此等事能否直接向大理院起訴，與大理院能否給予庭諭，則有研究的必要。按憲法的規定，大理院受訴案件，有兩類性質：一類涉及外國大使，公使，領事，及美國各州州政府者。此類案件的當事人，得直訴於大理院，此之謂 Original Jurisdiction。至於其餘一切的案件，只能上訴而不能直訴於大理院，此之謂 Appellate Jurisdiction。馬伯來既非外國大使或公使，或領事，或代表某州政府，徒根據一七八九年的法律，直訴於大理院，請求頒給庭諭，此項法律，在憲法上可謂毫無根據。大理院對於憲法上無根據的法律，不能執行；對於馬伯來所請頒給的庭諭，不能發給。美國國會通過的法律，經大理院認爲與憲法相衝突，而被宣佈無效者，此爲第一次。自茲而後，以至一九二八年，國會通過的法律，被大理院全部或一部宣佈爲無效者共五十三件。在馬伯來控墨狄遜總統案中，大理院院長麻雪爾對於司法權在成文憲法國家中的地位，有極深遠的言論。麻氏謂：『……立法機關的職權（在憲法上）曾經規定與限制，……假使任由被限制者逾越其限制的範圍，則限制的意義何在？且此限制又何必載之明文？假使徒有此限制，而不能施行於被限制之人；假使被限制者按自己的主觀意見，認為當行者行之，不當行者亦行之，則憲治與非憲治的區別即被取消。……憲法是永久的最高法，不能由通常的手續改變，或與其他之議會單行法律立於同等的地位，如其不然，憲法即與普通法律相同，任由立法機關認為可改變者改變之。……由前之說言之，憲法不能由通常的手續改變，則凡與憲法相違反的議會單行法，即不得謂之法。由後之說言之——憲法由立法機關認為可改變者改變之，則人民之制立憲法，以限制立法機關，可謂無意義的舉動，因立法機關的職權，根本不受成文憲法規定的限制。大凡起草成文憲法者，均認憲法為國家的永久基本法，是以，成文憲法國家認與憲法相抵觸的法律為無效。』

準此以談，麻氏乃謂『司法機關的職責，為判定何者是法。……假使兩法互相抵觸，則法院判定何者應當執行。』（參看Marbury vs Madison）。

國會通過的法律，由行政機關執行。執行時，如人民的基本權利被侵害，當事人乃根據憲法某條的規定，訴請中央法院，予以保障，中央法院至此之時，乃判斷此法是否與憲法某條的規定相抵觸，是以，中央法院的解釋憲法權，必須待有人根據憲法提起訴訟之後，方能行使，並非隨時隨地可得而行使之。試舉例以明之。一八九七年紐約州州議會通過勞工法，規定麵包工廠工人工作時間，每週至多不得過六十小時，如以日計算，則每日至多不得過十小時。此法實行後，麵包工廠主人羅科洛，拒不遵行，乃受違法的處分。羅科洛不服，上訴於紐約州復審法院。羅氏敗訴不服，再上訴於紐約州高等法院，又敗訴。至是羅科洛乃根據中央憲法附文第十四條，上訴於中央大理院。中央憲法附文第十四條規定，無論何州，非經法律的正當手續，不得剝奪人民的生命，自由，與財產。工作自由，乃人生自由權之一種。如勞工自願每日工作十一或十二小時，並且自動的與雇主兩方訂立契約，則此種行爲，卽是雙方行使其締結契約的自由權。紐約州勞工法規定麵包廠工人每週——或每日——工作不得超過規定的時間，顯然侵犯個人締結契約的自由權利（Liberty of contract），與中央憲法附文第十四條的規定相抵觸。大理院於受理此案後，認紐約州勞工法與中央憲法附文第十四條規定之契約自由原則相衝突，乃宣佈紐約州勞工法爲無效（參看Lochner vs New York）。但是，如羅科洛不訴之中央大理院，則大理院對紐約州勞工法之是否與憲法相抵觸，卽不予表示意見。不特此也，卽令行政機關或立法機關向大理院徵求關於某項法律的意見，大理院亦拒不表示。一七九三年華盛頓總統對一七七八年締結的美法條約有疑問，乃向大理院徵求意見。大理院法官拒絕其請求。因爲大理院對於條約的意見，必須有兩造爭訴，投訴於大理院，大理院始能按爭執之點，以表示其意見。如事非訴訟，而表示其對於法律的意見，即是超越司法官的地位。但是，美國各州的習慣，有與中央不同者。如麻色傑塞，紐漢姆雪亞，及其他各州——共計十三州——的最高法院對州長或立法機關，幾處於法律顧問的地位。如行政或立法機關有所質疑，司法機關無不表示其對於法律問題的意見。

英國上議院於執行上訴法庭職權時，得向任何現任司法官徵求意見。加拿大大理院對於政府亦有同樣的義務。自一八七五年以來，加拿大大理院因政府的請求而表示法律意見者計三十次。此外如奧大利，保加利亞，瑞典，南美之巴拿馬，哥侖比亞諸國的司法機關，亦有向行政機關或立法機關貢獻法律意見之事。

美國大理院於判決議會通過的法律，是否違反憲法的明文或含義時，必須有下列的先決觀念：在大理院方面，應當承認國會於立法之時，並無觸犯憲法的存心。此種觀念，乃所以尊重立法機關的立法精神。復次，大理院只能判決國會通過的法律，是否與憲法相抵觸，而不能判問國會何以有此法的通過。合法與不合法係屬法律問題，法院應有判斷的責任。至於何以有此法的通過，乃是政治問題，爲立法機關分內之事。簡言之，法院不能究問國會的立法政策，而只能判決所立之法，是否在憲法規定的職權範圍內。

美國議會通過的法律，被法院宣佈無效後，中央或地方行政機關即不予執行。但捨此外，別無其他公佈的辦法，行政機關亦不將其註銷。故實際上，此法律祇失其施行的效力而已。美國大理院法官人數九名，其判決案件，以五人多數的表決爲定案。九人中如有五人的意見，與其他四人的意見相左，則此五人的意見即成爲判決，判詞由此五人中公推一人，草擬而宣佈之，此即所謂大多數判決(Majority decision)。但其餘四人亦得將其反對意見，或共同，或分別的用書面表示，以與多數意見同時宣佈，此即所謂少數意見 (Dissenting opinion)。美國大理院判詞，高深淵博，雖其文字體裁，枯燥無生氣，但在法理方面，則造詣甚深。美國大學設立的憲法科目，不是研究憲法原理，而專在研究大理院的判決例。因每判決一案，即是對憲法條文的意義解釋一次，以覘議會通過的法律，是否與中央憲法的明文或含義相抵觸。但每解釋一次，憲法的意義即發生一次變易。故實際上，美國大理院爲憲法之修正者，而大理院的判決，則又爲憲法精神的寄託所。

美國大理院爲世界上最有威權的司法機關。其所以如此者，有兩大原因：一由於美國人民富有尊重司法的觀念；二由於大理院法官在司法界中均富有威權的法學家。大理院法官，由大總統徵求上議院的同意任命，當選者均經驗深遠，法學優長的司法官與律師。凡專業法律者，無不以大理院法官爲理想中之最高目的地。當一九二八年特福托氏（William Taft）任大理院長時，大理院法官年最幼者五十六歲，年最高者八十八歲。此老服務大理院已二十六年。全院法官九人，平均年齡近六十六歲。故當大理院開庭之時，各法官一排並坐，白髮蒼蒼，垂聽兩造律師，滔滔辯訴，望之幾疑其均爲神仙中人。敬仰之心，油然而生。國家有此法官司法尊嚴，何得不然，人民的生命財產及自由安得不受安全的保障！

年高學優，爲美國大理院法官享有威權地位的由來，但亦有缺點在焉。思想守舊，不能適應工業社會潮流的趨向。每遇勞資案件，大理院多右資本家方面，是以勞工階級，多以大理院爲資本家的護符目之。其次，大理院判決，以法官人數五與四的表決爲定案，是兩方相差，在於一人。今以一人轉移之差，主宰人民的生命財產，以及其他應當享有的基本權利，反對之者，乃有下列的挽救主張：（一）規定大理院於判決案件時，法官九人中，以七與二的表決爲定案，或（二）在憲法上補加一條，規定凡經大理院宣佈無效的法律，得由國會重行通過一次。如國會再予以通過，則此法的效力，卽應恢復。但此兩項主張，迄今均未實現。

大理院法官由大總統徵求上議院同意任命。法官人數，憲法上無明文的規定，故人數之多少，係取決於國會。如大總統與國會溝通，由國會增加大理院法官名額，由大總統取得上議院的同意，任命其親信之人爲法官，兩相結合，卽可置大理院於立法行政兩部勢力之下。不過此種現象，自美國立國一百五十餘年，迄未一現。此無他，民族政治道德使之然也。

歐洲大陸制 從司法機關與議會的關係言，美國司法權居最高的地位，故謂之司法最高權制(Supremacy of judiciary)，其在歐洲國家中，議會通過的法律，如經合法手續之通過，及經合法的手續宣佈施行後，無論其是否與憲法相抵觸，法院之責，惟在執行，而不能拒絕執行。此種制度，謂之議會最高權制(Supremacy of parliament)，法國其顯著之例也。法國人民因違反行政命令致受處分時，得訴之法院，如司法機關認行政命令與議會通過的法律相抵觸時，得以拒絕執行其處分，如行政命令有超越法律規定職權範圍之外時，法院得將行政命令宣佈無效。至於議會通過的法律，則有形式(Formal)與實質（Material）的分別。在形式的方面，係指議案通過議會之時，其經過的立法程序，是否根據憲法的規定而言。例如議案經過兩院之時，是否經過大多數票數的表決；議會通過議案之時，是否在正式開會的期間；及法律效力之施行，是否經過合法手續的宣佈。假使議案通過議會之時，上述的形式，未曾具備，則法院有拒絕執行之權，此又名為 Extrinsic constitutionality。在實質的方面，係指法律內容，是否與憲法的條文或含義相抵觸。法國法院對於法律的內容如何，不能過問，此之謂 Intrinsic constitutionality。

試更以瑞士論之，瑞士中央法院（Federal Tribunal），無解釋中央議會通過的法律，是否與憲法相衝突之權。中央憲法及中央議會通過的法律，由中央議會解釋之。但是各州州議會通過的法律，如與該州憲法或與中央憲法相抵觸時，則中央法院有宣佈無效之權。瑞士人民，對中央議會通過的法律，有複決權，如議會通過的法律與憲法相衝突，人民得要求將此項法律交付複決，是不啻以人民複決的方法，代替司法機關的判決。但是，複決的行使，有兩種限制：第一，議案通過中央議會時，如經議會申明係緊急律者，不得付人民複決。第二議案通過中央議會時，如經中央議會申明不受普通法程的裁制者，亦不付人民複決。

歐戰以後，新立國家司法制度的趨勢，在打破歐洲大陸議會最高權的傳統觀念，而相當的採用美國司法最高權制。德意志憲法第十三條規定，中央法律效力，在各州法律的效力之上。但如政府對於某州法律之是否與中央法律相衝突而發生疑問，或意見不能一致時，中央或地方行政機關得向中央法院請求判決。一九二〇年四月德意志議會更通過議案，指定萊卜色高等法院，專負判決此項疑難問題的責任。如判決地方法律與中央法律相抵觸，則地方法律卽作無效。至於中央法律之是否與憲法相抵觸，則遲至一九二五年時，中央法院始有判決之權。是年十一月德意志中央最高法院民事庭宣言，謂司法機關對於中央議會單行法律，有判決其是否與憲法相衝突之權。普魯士憲法第八十七條規定，凡關於憲法的爭執，由最高法院判決之。但如議會通過的法律與憲法相抵觸，普魯士法院是否有權宣佈其無效，則憲法無明文的規定。

奧大利亞憲法第一百四十條規定，奧大利亞最高憲法法院 (Supreme Constitutional Court) 根據中央內閣的請求，得表示對於地方法律是否與憲法相抵觸的意見；或根據地方政府的請求，得表示對於中央法律是否與憲法相抵觸的意見。但如有人不受地方法律或中央法律的裁制，以致提出此法與憲法相抵觸的異議時，當事人得向最高憲法法院起訴，請求最高憲法法院將地方法律或中央法律宣佈無效。最高憲法法院卽應按照正當解釋，判決地方法律或中央法律之是否與憲法相衝突。

如判定地方法律或中央法律，與憲法相衝突，則由內閣或內閣閣員之一人，正式將該法律宣佈無效。

捷克斯拉夫憲法序言第一第二兩條規定，凡與憲法主文及憲法附文相衝突的法律均作無效。至於判決機關，則由憲法法院（Constitutional Court）任之。除憲法法院而外，其他普通法官，對於議會通過的法律則只能判斷其是否經過合法的宣佈手續；對於行政命令，則有判斷其合法與否之權（憲法第一〇二條。）猶哥斯拉夫與芬蘭兩國憲法對於此制，無明文的規定。波蘭憲法第八十一條規定，凡經政府正式宣佈執行的法律，無論其與憲法抵觸與否司法機關不得過問。

歐洲國家，大都反對法院有解釋憲法及宣佈議會通過的法律爲無效之權，其所持之理由有三：（一）法院解釋憲法，有違分權原則。歐洲政治觀念，認政府只有立法與行政兩大機關，至於司法機關的地位，則在行政機關之下。今若承認司法機關有拒絕執行立法機關通過的法律之權，以使司法機關對立法與行政兩大機關，處於監督與糾正的地位，則是輕重倒置。且也，立法機關直接代表人民，其所立之法，卽是民意的表現。法官則不直接由人民選舉，亦不對人民負責。今以不受人民裁制之法官，而任其撤銷代表人民之立法機關所通過的法律，實屬忤反民意。（二）允許司法機關撤銷議會通過的法律，卽是置司法官於最高的地位，此與歐洲國家議會最高權觀念，根本相反。司法官對於法律的解釋，往往因人而易。如法官而爲資本分子，或傾向資本階級的利益，則其解釋必有利於資本階級。反之，如法官而同情於勞工，則其解釋必有利於勞工。結果，以握有最高權的司法官，勢必流爲階級政治的護身符。(三)司法官解釋憲法，易陷法庭於政治漩渦之中。議會立法，帶有一半的政治需要，贊成或反對此法之成立者，亦飽含政治的背景。是以法官判斷其是否與憲法相抵觸之時，斷不能將當時的政治背景置之不顧。況在近代政黨政治制度下，司法官均有黨籍者，往往法律爭執，影照政黨主張，爲法官者難免不有黨同伐異的觀念。故其對於憲法之解釋，自有曲就的事實。

美國以司法官爲憲法的護主，而以國民輿論爲司法官的監督者。歐洲國家則以立法機關爲憲法的護主，而以複決及改選議會爲立法機關的裁制者。美國國會僅爲尋常法律的立法者，而不代表人民的主權。歐洲國家的議會，不僅爲人民的立法機關，且爲人民主權的行使者。按之此等國家的憲治觀念，憲法乃一種文書，其條文係各種政治性質的主張之總合，如遇疑難，惟政治機關爲最適宜之解釋機關。故嚴格言之，憲法並非法律，乃用以範圍政府職權及人民基本權利的信條，如因議會通過的法律，而發生憲法意義上的爭執，則此爭執，並非法與法之爭，乃法與政治信條之爭，與普通的司法爭執（Justiciable controversy）不同，故不能由司法機關判決，而應由行政或立法兩大政治機關解釋之。

歐洲國家對分權原則，及憲法性質的觀念，與美國不同，已如上述。除此而外，尚有三種不同之點，亦大足爲歐美司法地位異趣的原因：(一)歐洲議會通過的法律，大都取抽象的概括原則，至於法律實施的詳細步驟與方法，則由行政機關於執行之時，以命令補充之。行政命令，如超越法律範圍之外，得由普通法院或行政法院宣佈其無效。故違法者乃是行政令，而非議會通過的法律。受違法之處分者，常爲頒佈補充行政令的行政機關。美制則不然，美國國會通過的法律，條文嚴密，美國法官不獨有拒絕執行行政命令之權，並且有拒絕執行議會法律之權。(二)歐洲國家的憲法，得由議會修正。縱令司法官有拒絕執行議會通過的法律權，但議會仍得將此項被拒絕執行的法律，提出作爲憲法修正案，通過議會，以抵制司法機關的判決。在此情形下，縱令司法官有宣佈議會通過的法律爲無效之權，但宣佈的效力，則祇係暫時的，因爲議會終得而推翻其判決。匪特此也，在此情形下，司法官知會議之能推翻其判決也，對議會通過的法律，必不放膽的施行其司法權。美國憲法，則只能由議會提議修改，至於修正案則由議會外之特定手續通過之。(三)歐洲國家，對於議會通過的法律，有兩方面的觀念：一爲法的形式方面，一爲法的實質方面。兩者分別之點，曾於本節言之。歐洲國家司法官，只能判斷某項法律通過議會之時，在形式方面，是否滿足規定的程序。如不滿足規定程序，則由法院宣佈其無效。至於法之內容是否與憲法相衝突，則法院無過問之權，美國則無此區別。

英國制　英爲議會萬能制，此與歐洲大陸國家的議會觀念頗類似。但細究之，則有不同之點六：(一)英爲不成文憲法國家，實際上，無憲法與普通法的分別。因爲一切的法律，在議會中經過同一的程序，在施行時，其所發生之效力亦同等。歐洲國家則爲成文憲法國家。憲法之成立，與尋常法律之立法程序不同。在實施上，憲法效力，超越尋常法律之上。(二)英國議會有創立及廢止一切法律之權。卽貴族院的存在，與英國王位的繼承，均得以通常的立法手續廢止之。歐洲國家政府職權或人民權利，均載在憲法。議會雖然是更改與修正憲法的機關，但更改與修正的手續，則有明文的規定，與尋常立法手續不相同。(三)英國司法官只有執行議會通過的法律之責任，而無拒絕執行或宣佈其無效之權能。歐洲國家對於議會通過的法律，有形式與實質之分。法院祇有判斷其形式合乎規定程序與否之權，但不能涉及法的實質問題。(四)英國議會於通過某項法律之時，同時於此法之內，規定某部部長得依法頒佈法令，其效力與法律同等。此法令有須於一定期間，經議會追認後，方能發生效力者，但亦有不須經過追認手續，而卽發生效力者，此之謂臨時法令制(Provisional order)。如臨時法令而超越法定範圍之外，法官得廢止之。英國行政官吏，自內閣總理以次，於執行法律之時，如超越規定的職權範圍之外，而危及人民權利，司法官得接受人民的告訴，科以應得之罪。英國人民，自內閣總理以次，受同一法律與同一法院的裁制。歐洲國家行政機關有頒法令權，其效力與法律同等。其所頒佈的法令，不須經過議會的追認。如行政法令而與法律衝突，則司法官得拒絕執行行政法令。如行政官吏於執行法律之時，其行爲超越法律規定的職權範圍之外，而危及人民權利，則由行政法院而不由普通法院接受人民之告訴。歐洲國家人民與人民間之糾紛，由普通法院處理。至於政府官吏於執行法律之時，與人民發生的糾紛，則另由行政法院處理之。英國爲單一司法制，而歐洲國家則爲兩重司法制。(五)英人謂某項法律爲違反憲法，係指此法與英國政治制度的精神相違反，或此法足以使英國政治制度發生驟然的變異，此變異與英國歷來的政治習慣相抵觸而言。至於挽救之法，惟賴國民與論的勢力，以促醒議會的注意，使議會另立一法，以代替之，至於法院則無權過問。歐洲國家謂某項法律爲違反憲法，係指議會通過的法律與經特別程序制定之一種根本大法，相抵觸而言。此項根本大法的效力，在議會單行法律之上。但如議會單行法與憲法相抵觸，其挽救之法，亦由議會另立一法以取消前此通過的法律，此與英制相同。但晚近以來，歐洲國家的議會威信，日趨衰落，人民對之，不甚信任。故司法制度，漸有傾向美制的趨勢，用以裁制立法與行政兩部之權能。(一八)英國爲議會政治制，司法機關不能解釋法律。德意志亦爲議會政治國家，但德意志的司法機關能解釋法律。故司法機關之能否解釋法律，不能作爲議會政治的絕對張本。

英屬各殖民國家，亦多採用美制。加拿大根據一八七五年英議會通過的政府組織法，設有最高法院(Supreme Court of Canada)，加拿大總督得向其徵求對於加拿大政府組織法的意見；或對於加拿大中央議會與各省省議會通過的法律，是否與政府組織法相衝突的意見；或對於各省議會通過的法律，是否與中央議會通過之法律相衝突的意見。凡是最高法院所表示的法律意見，當事人得以用作上訴的根據。且當事人如不服從最高法院的判決，更得上訴於英國樞密院的司法委員會。澳洲憲法規定，如各州法律與中央法律相衝突，則中央法律爲有效。如中央議會通過的法律，經過最高法院判決，認爲與憲法相抵觸，得將中央議會通過的法律宣佈爲無效。南非洲與澳制相同。愛爾蘭司法官，如認議會通過的法律，與一九二二年訂立的愛英條約相衝突，則有宣佈其無效之權。但同時英國樞密院中之司法委員會仍爲最高的上訴院。

從上述觀之，大凡聯邦國家的司法官，均有解釋憲法，及宣佈與憲法抵觸的法律爲無效之權。如美國，澳洲，德意志，奧大利，加拿大，及南美之墨西哥，阿根廷，與巴西均爲聯邦國家，而諸國的法官，均有拒絕執行與憲法相抵觸的法律之權。英儒戴塞（Dicey）謂聯邦政治，卽是純粹的法律主義（Legalism）。但同時歐洲之單一國家，亦日漸放棄其議會最高權的主觀思想，而允許法官有解釋憲法，及拒絕執行與憲法相抵觸的法律之權。

法院獨立的重要條件　法院爲憲法的護主，以納立法行政兩部於規定的職權範圍之內；或爲弱小人民基本權利的保障，以裁制大多數人政治的專橫。但欲做到此種地步，必須使司法官不受行政機關的箝制，與立法機關的束縛。否則，司法官於處理案件之時，卽不能行使其良心上的獨立裁判。司法獨立，其必要的條件有二：（一）任免不受行政與立法兩部的任意支配，與（二）任期的固定。茲分述於左：

（一）任免方法　嚴格言之，任與免係兩種手續，故應分開的討論。試先言「任」命。「任」命方法有四種：（甲）由議會選舉；（乙）由人民選舉；（丙）由行政領袖委任；及（丁）由考試選拔。

（甲）由議會選舉　瑞士中央法院法官，由兩院開聯席會議選舉，美國有四州的法官，由州議會選舉。此外美國康勒喀梯喀州（Connecticut）的法官，由州長推薦，由州議會通過。歐戰後，新立國家，惟伊色東利亞的大理院法官，由議會選舉，大理院以下的法官，則由大理院派任。議會選舉，易爲政黨所操縱，因每於選舉之先，例由議會中各黨議員開黨員大會，以推舉法官候補人。其推舉方法，則由各黨議員於黨員大會之時，按地域匀配的原則，推舉與缺額相等的法官候補人數名。如該黨在議會中爲大多數黨，則該黨推出的法官候補人，卽自然的當選。政黨常被少數有力者之操縱，由議會當選的法官，卽爲此少數有力者的工具。故議會選舉制，在今日行之者甚少。

（乙）由人民選舉　美國四十八州中有三十八州的法官，由人民選舉，故美國爲法官民選制最盛行的地方。但美國中央法院的法官，則不由議會選舉，而由中央行政元首任命。歐洲各國惟瑞士各州的下級法官，由人民選舉。他如南美洲國家，及英帝國，均不採用此制。人民選舉與議會選舉，有一共同的缺點：就是易受政黨的操縱。但以言其弊，則人民選舉，較議會選舉爲尤烈。在民選制度下，競選者必須公開運動，必須表示自己的政見，以圖博得選民的贊助。如自己政見，與一時之多數人民的意見相投，卽獲當選。是被選者，因爲政見之適合民意而當選，並不是因其法學之優長而當選。結果，尊嚴的司法地位，必流爲標榜政治主張者的爭奪場。復次，法官民選制，任期有一定，期滿卽須復選。爲法官者爲謀連任計，對於案件的判決，必不因案情本體的是非爲標準，而以人民方面一時感情衝動的表示爲轉移。蓋不如比，則恐獲罪「輿論，」於將來自己選舉前途有不利。流弊所及，在法官方面，失去司法獨立的精神，而在人民方面，則視司法爲選舉的代價。晚近以來，美國行使司法官選舉制的各州，乃於選舉之外，另立習慣，以資補救。其法如下：一州內之高級法官名額，按照各黨的實力比例分配，例如高等法院法官五人，其中三人屬於該州的大多數黨，其餘二人，則屬於該州的少數黨。如屬於大多數黨的法官期滿，或因故出缺，而須另行選舉，則由大多數黨推舉期滿的法官連任，或另推一人爲候補者。如隸屬少數黨的法官改選，亦由少數黨推舉繼任者，此一法也。其次，由律師公會推舉，將法官候補人名單，提交人民選舉。再次，選舉司法官時，不與其他政務官之選舉同時舉行，且禁止司法官之候補者，作選舉運動，與政治演說。

（丙）由行政領袖任命　此項任命方法有數。有完全由行政領袖獨立任命者，如英國法官以英王名義，由司法大臣（Lord Chancellor）任命，英屬各自治政府——如加拿大，澳洲，及紐錫蘭——均由司法部長任命。波蘭法官由大總統任命。復次，有由出缺之法院或司法部長推舉數人，由行政領袖選任者。智利憲法規定，由出缺之法院推舉候補人名單，呈請大總統選任。奧大利規定（憲法第八十六條）由出缺的法院組織推選委員會，名爲Senate，推舉候補人三名，但如缺額在一人以上，則推舉加倍的候補人，呈送有關係的內閣閣員，由內閣閣員或內閣全體，呈請大總統選任。猶哥斯拉夫規定（憲法第一百十一條）最高法院法官，上訴院法官及下級法院院長由特別組織的推選委員會推舉，呈報司法部長，由司法部長呈請猶王任命。比利時規定（憲法第九十九條）最高法院法官，由最高法院與上議院各推舉加倍的候補人，呈請比王選任。上訴院法官及初審法院院長與副院長，則由各該法院及所在省的省行政院，各推舉加倍的候補人，呈請比王選任。再次，有由行政領袖徵求行政會議，或上議院的同意而任命者。美國大理院法官及其他中央法院法官，由大總統取得上議院三分之二的同意任命之，拉特惠亞法官亦由大總統徵求議會的同意任命之。

行政領袖委任司法官，其利有二：第一，責任專一。如任命不得其人，則責在行政領袖。在行使內閣政治的國家中，任命法官，實際上權在司法部長，司法部長為內閣閣員之一，對議會負責，如議會因法官的任命，對司法部長表示不滿意，得向其提出質問，或對伊投不信任案，以罷免之，是以司法部長不能不慎重將事。第二，使正直的法學家，且不好阿時者，易獲當選。

但從不好的方面言，法官由行政領袖選派，其弊亦有二：第一，行政領袖以個人的好惡，任用不稱職的私人，或將司法缺額，用以酬勞選舉有功的黨人。第二，法官由行政領袖委任，易流於專橫，且易受行政領袖勢力的支配。

（丁）由考試法而任命者　此制恐惟法國有之。按一九〇八年頒佈的考試法，考試分筆試口試兩種，每年在巴黎舉行一次。凡法科學生之領有法學士學位，曾在檢察所服務一年，或曾任律師二年者，始得報名與考。錄取後，派充地方法院法官，以後遂按級昇補，每二年提升一級，或加薪若干。但法國最高法院法官則由政府任免。

其次，司法官經任命後，如有溺職行爲，卽應將其免職。免職的方法，有下列數種：第一，有由衆議院彈劾，由上議院審判者，美國各州多採用此制。但彈劾手續極呆笨，且易激成政黨的爭執。彈劾案如通過議會，須經過法定人數的表決，若法定人數額規定低，則彈劾案通過太容易，若法定人數額規定高，則彈劾案通過甚難。事實上，美國法官之曾被彈劾者甚少。第二，由兩院聯合要求行政領袖罷免，此爲英國制。英國法官如不稱職，得由兩院聯合要求英皇，免其職務。美國有九州採用此制。第三，由最高法院或另外組織懲戒委員會判決，罷免其職。猶哥斯拉夫規定（憲法第一百十二條）司法官非經最高法院，或正式法院的判決，不得免去職務；非經本人的同意，不得調動；非經本人的同意，與最高法院的許可，不得被委派作其他短期工作。芬蘭憲法（第五十九條）規定最高法院法官，最高行政院法官，司法部長，及內閣閣員溺職時，如經衆議院彈劾或經人民告發，由另組的特別法庭判理。至於其他下級法官的免職方法，則無明文的規定。法國法官非經法國最高法院組織的七人委員會之判決，不得將其免職。拉特惠亞憲法規定（第八十四條）司法官非經最高法院的裁判，不得將其免職。他如德，奧，比，捷克斯拉夫，波蘭等國亦於憲法之中，規定法官非經法院的裁判，不得將其免職。但所謂法院者，究指何種法院而言，則無明文的記載。德意志憲法第一〇四條規定，司法官非經法院的裁判（Judicial decision），永遠不得免去其職務，或將其暫時停職，或將其調換，或未至老年休職之期而迫其休職。奧憲規定（憲法第八十七條）與德相同，惟關於短期停職，得由被免職者之法院院長或上級法院以命令行之，但同時須將停職情形，呈報於合法之法庭。捷克斯拉夫規定（憲法第九十九條）非經合法的懲戒手續，不得罷免法官的職務，或將其調換。但如因法院組織有變更，以致職務被取消，或被調換時，則不在此例。波蘭規定（憲法第七十八條）關於司法官的罷免，停職，調換，及給予卹金以強令其休職，必須經過法律的裁判，方爲合法。比利時憲法規定，司法官的罷免須經過公開審判的程序。第四由人民運用罷官權，以罷免司法官。美國四十八州中有七州採用此制，歐洲國家，雖瑞士亦無此制。

（二）任期的規定　司法官任期必須固定，爲司法獨立的又一要點。任期固定的辦法有二：第一，任期終身制，非經法定手續，不得免職。美國大理院法官及其他中央法院法官，係終身制，美國各州中有三州亦採用終身制。英國，德意志，捷克斯拉夫，猶哥斯拉夫，比利時，法蘭西（最高法院法官，及最低級法院法官不在此例）諸國均採用終身制。第二，短期制。此制任期，係由法律規定。美國各州行使此制者居最多數；其規定辦法，高級法院法官的任期，較初級法院法官的任期爲長，平均以六年至九年爲定限。美國近來習慣，凡任滿法官，苟無大過，均能繼續膺選。故於習慣之中，隱立法官永久服務之制。歐洲國家，惟瑞士法官之任期有限制。瑞士中央法官，任期六年，但期滿之後，仍被再選。他如奥大利，芬蘭，波蘭，利仲尼亞，拉特惠亞，伊色東利亞諸國，對於司法官任期，則無明文的規定。

第五章 議會之裁制

第一節 解散議會權

行政領袖用以裁制立法機關的方法有二：一爲否決議會議案；一爲解散議會。關於前者的行使，曾於上章述之。本節將專論解散議會權。

行政領袖之有無解散議會權，爲議會制與總統制分野的又一要點。在總統制國家中，議會的任期有一定。在任期未滿以前，縱令議會完全不代表民意，行政領袖亦不能將其解散另選。此與銀行中的定期存款制相同，銀行定期存款，必須於期滿之時，始能算帳，而不能於中途之時，隨便取用。其在行使議會制的國家，議會任期，雖有規定，但在期滿以前，得將其解散另選。總統制國家的內閣政治命運，不受議會的控制，而行政領袖之所持以抵抗議會者，厥惟否決議案權。議會制國家的內閣政治命運，以能享有議會的信任與否爲轉移，但內閣除行使否決議案權外，尙有解散議會權，以制議會的生死命運。假使議會能推倒內閣，而內閣不能解散議會，則內閣必仰承議會的鼻息，內閣與議會之間，卽不能保持平衡的現象。白芝浩謂『反覆無常爲人多且旨趣不一的議會最顯著之缺點。如不有以裁制之，則被推選的行政領袖益難達到鞏固的地位。』(註二)解散議會權爲使「反覆無常」的議會受內閣的節制之利器。故白氏謂此權爲議會政治的節制機(Regulator)。

議會解散的原因　據英人耶姆斯登的調查，英國自女皇維多利亞卽位(一八三八年)以來，議會被解散的原因如下：(一)議會對內閣作不信任表示，以致被內閣解散；(二)舊內閣辭職，新內閣於就職後因欲取得人民的信任，乃將議會解散，而另選新議會；(三)議會任期將滿，因政府黨迭次補選(By elections)競爭失敗，特提前解散議會，以求民意的表示；(四)內閣享有議會的信任，但同時察知國民輿論對之極表擁護，乃乘反對黨之不備，解散議會，以博選舉的勝利。

內閣於享有國民信任之時，乘反對黨之不備，解散議會，以冀選舉勝利，此之謂 Suprise dissolution。在過去的時候，英國議會之如此突被解散者不止一次。一八七四年格蘭斯敦總理之解散議會，卽其一例。是年一月二十六日議會被解散，被解散之先三日——二十三日——格蘭斯敦總理始將解散議會之意，於內閣會議時向閣員宣佈，越一日——二十四日——格蘭斯敦總理在克林回幾(Greenwich)講演時，始公開的表示其解散議會之意，逾二日——二十六日——而議會卽正式的被解散，再三日——二十九日——選舉結果已有揭曉者。如此倉卒，匪獨各黨事前無準備，卽民衆的方面，因爲無端選舉，足以妨礙各人的作業，於是乃發生極惡劣的反感。此次選舉結果，政府黨失敗，新議會開會時，格蘭斯敦辭職，狄色悅勒（Disraeli）繼任爲總理，此乃突然解散議會之惡果。又一九〇〇年秋，英國有南非洲戰爭，當時議會與國民對保守統一黨內閣（Unionist Ministry），均表示信任。但在內閣方面，以議會任期將滿，最好於享有國民信任之時，解散議會，另行選舉。如果選舉勝利，政府黨卽可延長其政治命運。乃於一九〇〇年九月十七日忽然解散議會，九月二十九日選舉卽有宣告結束者，此次選舉結果，政府黨幸而獲勝。又一九二三年保守黨內閣在議會中的地位本極鞏固。但內閣總理包爾温忽於是年十月宣佈解散議會，提出關稅保護問題，訴之國民，以憑取決。選舉結果，保守黨議員當選者二五八名（選舉以前保守黨有議員三四四名），勞工黨議員當選者一九一名（選舉以前，勞工黨有議員一四二名），自由黨議員當選者一五九名（選舉前，自由黨有議員一一四名。）三大黨中，無一黨居大多數。保守黨因此次選舉結果，議會中議員人數較前減少，足爲國民信任減少的明證。包爾温總理辭職，以勞工黨領袖麥克唐納繼任總理。此爲突然解散議會，激成人民反感，終之政府黨失敗的又一明證。

上述議會被解散的原因，僅指英國習慣而言。至於其他行使議會政治的國家，議會之被解散，其原因亦不外下列五種：（一）選民對議會不表示信任時，直接由選民，或間接由大總統解散之。（二）議會與政府——即內閣——發生爭執時，內閣於辭職前，得解散議會，以訴之人民。（三）議會中的大多數黨，如認時機順利，乘勢改選，以圖繼續其政治命運；或因議會內政黨情形複雜，不能履行其職權，因而解散議會。歐戰後各新立國於制訂憲法之時，有將上述三種情形，明文規定，以爲解散議會的根據者，德意志其例也。其他國家之憲法，有於上述三種情形之中，或採取其一，或採取其二，以爲解散議會的根據者。（四）修改憲法時，解散議會。比利時憲法第一三一條規定，議會兩院得提議修改憲法的某條，此提議通過兩院後，兩院卽自然的解散，另選新議會。新議會開會時，乃根據上屆議會的決議，對於憲法中應當修正的某條，提出修正案。憲法修正案提出後，須經兩院各以三分之二之議員的出席，出席議員三分之二之票數的表決，以通過之。（五）行政元首逝世時，解散議會，此制惟比利時行之。

解散議會權的限制法　議會被解散的原因，已如上述。但行政領袖於解散議會之時，須受有規定方法的束縛，以防止行政領袖的專暴。其束縛的方法，有下列各種：

（一）有須經過上議院之同意者　例如法國是。法國憲法第五條（一八七五年二月二十五日頒佈者）規定，大總統取得上議院的同意，得解散衆議院。一八七七年麥克墨總統根據此條的規定，取得上議院的同意，將衆議院解散。但自茲而後，以至今日，法國衆議院未被解散一次，其原因因不易取得上議院的同意之故。歐戰以後，諸新立國家，惟波蘭與法制相似。按波蘭憲法（一九二一年頒佈）規定，解散衆議院，其法有二：第一，由衆議院議員投票人數三分之二的表決，自行解散之。第二，由大總統取得參議院過半數出席人數五分之三之票數的同意解散之。二法之中，無論採用何法，參議院均須同時解散。在此情形下，參議院爲自身的政治命運計，對於大總統之解散議會，其不表示同情，乃極明顯之事。至於解散衆議院，由衆議院自決，亦爲衆議院所不樂爲。是波蘭衆議院之解散，在事實上，決無實現的可能。一九二六年波蘭通過憲法修正案，取消上述兩項方法，而另規定大總統於解散議會時，須內閣總理暨內閣閣員的副署。奥大利亞憲法（第一百條）規定，聯邦大總統根據聯邦內閣的要求，經過聯邦參議院的同意，得解散任何州的州議會。

（二）有須衆議院本身投票表決者　普魯士憲法第十四條規定，普魯士議會以全體人數大多數票數的表決，得自行解散。一九二一年的波蘭憲法，亦規定衆議院本身投票表決，爲解散的方法之一種。

（三）有須經內閣之副署者　大總統解散議會，必須閣員一人或閣員全體的副署，方生效力。德意志大總統解散議會時，其解散令，須內閣總理的副署方生效力。利仲尼亞，及法蘭西大總統的解散令，亦須有閣員一人的副署，方生效力。猶哥斯拉夫須得內閣全體的副署，方生效力。但是，如現內閣拒絕副署，則大總統或國王得另委他人，組織新閣，由新閣閣員爲之副署，以解散議會。是大總統之解散權，實際上並未受若何的牽制。

（四）有須經人民表決者　拉特惠亞憲法第四十八條與第五十條規定，大總統有向人民提議解散議會之權，如經人民過半數的表決，贊成解散議會，則議會卽應改選。但如經人民過半數票數的反對，則大總統卽應辭職，由現議會另選總統，以滿足前任總統未完的任期。伊色東利亞的規定，則更爲特別。凡經議會通過的法律，如經人民投票否決，及凡經議會否決的法律，如經人民投票通過，則議會卽應改選。此卽複決方法的一種。

（五）有於舊議會解散後新議會召集時改選總統者　利仲尼亞憲法第五十二條規定，大總統有解散議會權，但新選議會開會時，大總統須由議會重舉。此制的用意，在以解散議會的責任，由大總統直接負之，如大總統解散議會爲正當，而有人民之助，則新選議會之議員必爲大總統的同情者，大總統之連任，自爲不可移易之事。假使新議會召集時，現任總統不能連任，而由其他之人當選爲總統，則是總統之解散議會，爲違反民意的舉動。

解散議會權的行使　解散議會的原因，及實現解散的方式，已如上述。但捨此二者而外，尚有一極大問題，卽解散議會之權，究應採之何人之手——由行政元首操之歟？抑由內閣總理操之歟？抑除行政元首與內閣總理之外，尚有其他的合法方式歟？

以英國歷史事實論，解散議會本爲英皇的特權（Prerogative）。但自一七〇一年而後，此特權的行使，係根據內閣之請求，並非由英皇自由獨立行使。在法理上，英皇對於內閣解散議會的請求，有拒絕執行之權。一八五八年英國衆議院以投不信任票恐嚇杜伯（Lord Derby）總理。杜伯乃請於維多利亞女皇，希圖不於信任案通過時，准其解散議會，以爲抵制議會的工具。維多利亞皇后對杜伯所請，有不允意，但她同時向阿卜丁公爵（Lord Aberdeen）徵求關於解散議會的意見。阿氏的答覆是，假使議會對內閣通過不信任案，不信任案通過後，內閣不提出職辭，而要求解散議會，則英皇卽當准予所請。如英皇不准予所請，則卽等於罷免內閣，而應另委他人，以繼承前任內閣的職務。此繼承者，在法律上，對於前任內閣的行事，卽負完全的責任。在此情形下，英皇卽不能超然於政黨競爭之外。是以自一八五八年以至維多利亞女皇終位之時，如內閣提出解散議會的要求，維多利亞皇后均允予所請。

英皇超然於政黨競爭之外，對內閣只能予以諮誡（To advise），鼓勵（To encourage），及警告（To warn）。至於解散議會，則不能拒絕內閣的請求。但議會之解散，非內閣總理一人所能主張，常須經過內閣會議的討論，然後決定。據艾斯葵公爵（Earl of Oxford and Asquith）的自述，英國議會自一六六八年以至一九一〇年，其間四十餘年，解散議會共十一次。除一八六八年及一八八五年兩次均因選舉權擴充案通過後，按照新選舉法，例須解散議會，舉行選舉外，其餘九次，大都均經閣議的表示。例如一八八〇年狄色悅勸總理於解散議會之先，將解散問題，提交閣議討論。狄氏於閣議後，呈報維多利亞女皇，謂『內閣會議經過二小時半的討論，始告結束。凡列席閣員均表示（關於解散議會）意見，首由閣員之為衆議院議員者次第說明，初時意見紛呈，各人主觀亦不一致，但對於最後的結果（卽卽刻解散議會）則均無異議。』（註二）

說者謂解散議會之權，若由內閣操之，則內閣因黨爭之故，恐有不當解散而公然解散議會的危險。此種事實，在英國過去歷史中，曾數見之，但政府黨失敗之時居多。一九二三年保守黨內閣之解散議會，乃其最近之例。此次選舉結果，保守黨失敗，勞工黨起而代之。

歐戰後，諸新立國家之行使議會制者，對於解散議會，其權有由（一）行政元首行使者；（二）有由內閣行使者；及（三）有由人民請願行使者。但究於何種情形之下，議會由行政元首解散而不由內閣解散，或由內閣解散而不由行政元首解散，則憲法無明白的規定，例如，德意志憲法第二十五條規定，大總統得解散議會，但是，同時憲法第五十條規定，凡大總統所頒佈之一切命令及佈告，須有內閣總理或有關係之閣員的副署，方生效力。是大總統之解散議會令，必須內閣總理或閣員一人之副署，方生效力。捷克斯拉夫憲法第三十一條亦規定，大總統得解散議會，但同時憲法第六十八條規定，凡大總統所頒佈之一切行政命令，須有負責閣員的副署。是在事實上，德意志，捷克斯拉夫兩國大總統之解散議會權，須受閣員副署的束縛。芬蘭憲法第二十七條規定，大總統得頒佈命令，舉行議會選舉，但未明言大總統有解散議會之權。一九二四年喀利阿（Kallio）內閣總理因議會中共產派議員與共產黨人，圖謀不軌，乃將共產議員捕逮下獄。議會中社會民主黨分子以拘捕在職議員，有侵犯議員身體自由的保障，乃一致的要求釋放共產派議員。喀利阿總理不予許可。際此之時，施托爾卜總統（Stallberg）力勸喀總理解散議會，以訴之民意。喀總理不應，但施總統堅持解散主張，喀總理不能應命，卒辭職而去，施總統乃於此時解散議會，並任命迦仙都（Cajander）爲內閣總理。（註三）由此觀之，芬蘭大總統之解散議會權，尙須受內閣總理的牽制。猶哥斯拉夫議會由國王解散，解散令由內閣全體副署。但按猶王的解釋，國王解散議會，須經內閣副署的同意，方生效力。但是，如國王認議會無解散的必要，則內閣亦不能強迫國王行使其解散權。一九二四年柏塞克（M. Pasic）內閣總理迭次要求猶王解散議會，均未得猶王的許可。（註四）

行政元首解散議會，須受內閣的牽制。但如內閣向行政元首要求解散議會，行政元首亦有拒絕其要求之權。此乃歐戰後，新立各國之現行習慣，至於行政元首之能否擺脫內閣的牽制，與夫內閣之能否挾制行政元首，則視行政元首或內閣總理個人的魄力，與政府黨在議會中所處的地位之如何爲轉移。總之，此等權能的運用，有此時此地的分別，自非憲法明文所能規定。

其次，由人民請願解散議會，普魯士即其一例。普魯士得由選民五分之一的聯名，提出解散議會案。解散案提出後，付人民表決。如經全體選民過半數的表決，則議會即宣告解散。德意志的烏丁卜（Wurttemberg）與伯費拿（Bavaria）兩邦，亦有人民請願解散議會的規定。解散議會，由人民請願，而不由行政領袖直接行使，此制運用的流弊，在行政領袖對議會缺乏裁制的工具，而在議會方面，對內閣復挾有不信任的投票權。是議會可以挾制政府，而政府則反不能節制議會。議會政治在此制運用之下，卽完全失其伸縮的機能。

前法國大總統龐克利（M. Poincare）對於解散議會權的重要，有下述的意見：『解散議會權爲分權組織的自然保障，此與專制君主的特權完全不同。議會的任期有限定。在此限定期間，議員競爭選舉時向人民允許的事件，得不履行；對於國家的利益，得以忽視；及對於他人享有的職權，得以侵越。假使議會生存的繼續而由議會自主，則議會雖呈紛爭與無效率的現象，仍與本身的命運毫無損失。故爲抵抗上項的侵越行爲起見，行政元首應有權解散議會，舉行選舉，以徵求國民對議員之去取。……』（註五）

（註一）W. Bagehot, The English Constitution, PP. 49-50.

（註二）The Earl of Oxford and Asquith, Fifty Years of British Parliament; Boston, Little, Brown and Co. 1926, PP. 218—220.

（註三）M. W. Graham, New Governments of Eastern Europe, New York, Henry Holt or Co. **1927, P. 237.**

(註四)見 Headlam-Morley 第二〇一頁。

(註五)M. Poincare, Le President de la Republique(Paris, 1193)PP. 158-159.

第二節　創議制　複決制　罷官制

行使議會制的國家，用以裁制議會者，(一)使司法機關有拒絕執行與憲法相牴觸的單行法之權，(二)使行政機關有否決議會議案及解散議會之權，及(三)設立守舊的第二院以減衆議院倉卒立法之弊。

關於上述三種機關的裁制功用及其缺點，已詳述本書上列各節中。除此三種機關而外，尚有由人民直接裁制者。

由人民直接裁制議會，其法有三：(一)創議制；(二)複決制；及(三)罷官制。合此三制而總稱之爲「直接民主制。」但析言之，創議複決兩制，係屬於立法的範圍，故通稱爲直接立法制（Direct Legislation）。至於罷官制，則不僅施之於議員，而且施之於一般的官吏。

採用直接民主制的原因　採用直接民主制的原因，概括言之，有左列三種：

（一）議會信用的墮落　自十九世紀工業革命猛飛突進以來，資本階級遂一躍而爲國家政治的中心勢力，此輩分子爭以議會爲其政治勢力的根據地。爲議員的人們，本身不是資本分子，就是托庇資本分子以圖生存的走卒。結果所及，議會機關遂流爲資產階級的護身符，故其所創立的法律，幾全爲資產階級的本身利益着想。不特此也，議員選舉需費甚大，競選者的成敗得失，恆以選舉費用的多寡爲準則。錢多則勝選，錢少則失敗。流氓市儈，往往捷足先登，此輩人而置身議會，自無以博人民的信仰，而直接立法制遂以興起。

（二）議員怕負責任　法治國家，政府行政，須有法律的根據。但法律須由議會通過，方能頒佈成立。現代的社會情形，日趨複雜，政府行政的範圍益日加擴充，故議會應當創立的法律，亦相因的增加。但此類法律的性質不一，有係節制資本階級的利益者；有係束縛勞工階級的權利者；有爲某種職業團體或某個區域內的人民所反對者；議員們處此情形下，無論其立場如何，其不獲罪於此一階級的人民，則必獲罪於彼一階級的人民。是以，在議員方面，爲避免人民的反感起見，遂亦贊助直接立法制——特別是複決制——的行使，將議會通過的議案交付人民作最後的表決，庶某案之得以成爲法律與否的責任，由人民直接負擔。

（三）促進人民的政治教育　在行使間接民權的國家中，人民只有選舉權，以選舉官吏與議員。但選舉係屬對人的方面，至於立法事業則完全託委議員們去作，而人民則不知不問。此種情勢，自然的產生兩種有害的結果：第一，人民「不知」則議員們可以操縱立法；第二，人民「不問」則民治政治等於虛立。欲救此弊，乃有創議制與複決制的設立，庶使議會應當提出而不予提出的議案，得由人民自動的提出；議會不當通過而予以通過的議案，得由人民投票複決。並且當議案被「提出」與付「複決」之進行期中，贊成者與反對者各得表示其意見，以激起一般人民對於政治問題的興趣。前美國中央參議員波勒氏（Jonathan Bourne）對於創議制在教育上之價值有下述的意見：『創議制能使一般公民將其對於政治問題的解決方法，獲得機會以證明其方法的價值。在代議政治制度下，人民意見間接的由議員於提出議會後，即由議會付審查委員會審查，在審查時間，反對方面得運用其勢力，以阻止審查委員會將審查之議案報告於大會。若在行使創議制的地方則不然，凡遇規定的選民人數額，認某個問題有討論的價值時，得將其作成議案，自動的提出，並得要求將其交付人民表決。創議制可以鼓勵各個公民，無論其地位之如何微末，對於國家或地方的問題加以研究，使各個公民將各人解決某問題的方案提出，以供他人的討論與採擇，使人民對創議案及創議此案的理由之一切宜傳品得予以研究。即此一點，在教育方面實富有極廣大的價值。因此種制度，不僅能鼓勵人民個性的發展，並且能將全體選民的程度提高，而躋於最進化之列。……』（註一）

上述三點，乃所以解釋直接民主制發達的原因。歐戰後，德意志及其他新立國家之採用創議與複決諸直接民主制者，一半乃是對議會表示不信任，一半則在增進人民的政治教育。但是，姑無論其原因如何，凡採用直接民主制的國家，其目的不在廢除議會，而在運用創議複決諸法以補救議會的缺點。人民——或一部分的人民——欲立之法而議會不予提出，則人民得自動的創議，交付議會通過，或交付人民投票通過，是此制——即創議制——的運用，乃所以補充議會之不及。同時人民——或一部分的人民——對議會通過的議案如認爲不滿意，以要求投票複決，或由議會交付人民投票複決，是此制——即複決制——的運用，乃所以補救議會之已失。在行使創議複決兩種直接民主制的國家，如瑞士，美國各州，德意志，拉特惠亞，伊色東利亞，捷克斯拉夫，及德意志各邦，其目的均在補救議會之過與不及，而並不在行使此制以廢止議會的存在。

近代所謂直接民主制，並非謂國家的一切事務，悉由人民直接處理，乃是謂在某種規定的情形之下，人民得運用創議，複決，罷官三種方法，以裁制間接民主制——即議會政治——的過與不及。是以，直接民主制之施行，不在推翻議會政治，而在用以輔助議會政治的進行。

創議制 創議制發源於瑞士，時在十九世紀之中葉。自一八六九年以後，此制先後的普及於瑞士的各州（惟日內瓦一州除外）。一八九一年後，瑞士中央憲法亦得由人民創議修正，但對於中央法律，人民不得創議提出。除瑞士外，一八九八年美國的南達科他州（South Dakota）首採此制。一九〇四年美國阿鋭剛州（Oregon）起而效之。逮至今日，美國四十八州中有二十二州行使創議制。歐洲國家如拉特惠亞，伊色東利亞，愛爾蘭，德意志，及德意志各州亦採用之。

創議制的類別 創議制有兩種：（一）直接創議制，（二）間接創議制。

（一）直接創議制 人民將議案提出後，直接的由人民投票表決者，謂之直接創議制。美國行使創議制的各州，大半採用直接制，但亦有直接與間接兩制並用者。阿鋭剛州憲法規定，創議案——普通法律與憲法修正案之創議案——須有全州法定選民百分之八的聯名，將所創議案的全文，於州選舉舉行之四個月前，呈報州政府秘書長。由州政府秘書長於州選時，一併交付人民票決，此即所謂直接創議制。米西干州（Michigan）則直接與間接兩制並用。普通法律由選民百分之八的聯名，將創議之案，交該州州議會討論。如州議會不予通過，則交付人民投票表決，此即所謂間接創議制。米西干州的憲法修正案由選民百分之十的聯名提出後，不須經過議會的討論，而逕付人民投票表決，此卽所謂直接創議制。

瑞士的創議制爲直接制，但中央與各州的行使則不相同。(甲)中央創議制。此制只能施之於憲法之修改，而不能用之以建議普通法律。創議修正憲法，須有五萬公民聯名之要求，創議時，對於憲法修正案得取詳晰規定與概述的兩種形式。如憲法修正案經創議人詳晰的規定，則由議會直接交付人民投票表決。但如取概述的形式——卽將修正案的原則大綱，概爲申述，而議會對於概述的原則復表贊同，則由議會按照原則的規定，草成修正案，交付人民投票表決。但如議會對於規定的概述原則，不表贊同，則議會提出下列問題：『應否由議會按照創議案中規定的原則，草成修正案』付人民投票表決。如經人民予以可決的通過，則議會卽須按照創議案中的規定原則，正式草成修正案，交付人民投票表決。(乙)地方創議制。除日內瓦一州外，各州如有法定的公民人數的聯名，得對各該州的憲法創議修正。除三州外，其他各州，如有法定選民人數的聯名，得創議普通法律。如創議案而僅係原則，則由州議會請命於人民，是否應由其根據原則，草成議案。如經人民可決，則州議會卽照原則，草成議案，付人民投票表決。但如創議案而經創議人擬成議案，則卽由議會直接付人民票決。但如州議會對創議案草案不贊同，則得由其按照創議草案的原則，另自擬成議案，一倂交人民投票表決。

（二）間接創議制　經法定選民人數提出議案，交議會通過，如議會不予通過，則將原案付人民投票，以定最後的去取者，謂之間接創議制。試以美國麻色傑塞州（Massachusetts）爲例。按麻州憲法的規定，議案得由合格選民十人的聯名創議，呈報該州司法廳，由司法廳審核創議案是否合法，及是否與過去三年內提出的創議案彼此雷同。如無上項的情事，則由州政府秘書長預備空白簽名紙若干，以備選民副署之用。副署人數至少須有選民二〇，〇〇〇人方爲合法。創議案至遲於九月第一週之第一星期三日以前提出，交州議會兩院討論。如州議會兩院不予通過，得另由選民五〇〇聯名要求，將創議案於州選舉舉行時，付人民投票表決。如經選民過半數票數——此過半數至少須占此次選舉投票人數百分之三十——的贊成，則創議案卽成爲法律。至創議修正憲法，則另有規定。創議修正憲法，須有選民十人之發起，選民二五，〇〇〇人之副署，方爲合法。修正案提出後，議會兩院開聯合會議，將修正案原文付表決。但兩院聯合會議得以四分之三之票數的通過，將創議的修正案予以修正。如兩院聯合會以全體人數四分之一的票數對創議之修正案予以通過，則該案卽交付下屆議會討論。如下屆議會對該案仍由兩院聯合會以全體人數四分之一的票數之通過，則該案乃付人民投票表決。

歐洲國家，如德意志，拉特惠亞，伊色東利亞均行使間接創議制。德意志憲法（第七三及第七六兩條）規定創議案由合格選民十分之一的聯名，呈請內閣交議會討論。如議會照創議原案予以通過，則該案即不交付人民投票表決。拉特惠亞的規定，與德意志相同。伊色東利亞憲法（第三一條）規定，創議案須由選民二五，〇〇〇人聯名，方能成立。議會對於創議案，只能予以通過或否決，而不能予以修正。如予以否決，則將原案付人民投票表決。奧大利（憲法第四一條）利仲尼亞（憲法第二〇條）兩國允許法定選民人數得創議法律，但議會有修正或否決之權。

複決制　複決制亦有兩種：（一）強迫複決制（Compulsory referendum）；（二）選擇複決制（Optional referendum）。

（一）強迫複決制　如憲法之制定與修改，必須交付人民投票複決，方算成立者，謂之強迫複決。瑞士中央憲法，瑞士各州憲法，以及美國各州憲法的修改，均須經過人民複決的方式，方算成立。至於議會議案，經過議會的通過後，而必須交付人民投票表決，以定最後的去取者，惟瑞士有八州行使此制——此強迫複決制。除此八州外，又有三州規定，關於某種特別性質的議案，經議會通過後，須交付人民投票複決。

歐戰後，諸新立國家，雖多採用直接民主制，但均有一種保守的趨勢。例如以複決制而論，惟伊色東利亞（憲法第八十七與第八十八兩條）規定，修改憲法，無論係由人民創議，或由議會動議，均須交人民投票表決。他如拉特惠亞（憲法第七八條）規定，修改憲法，得由選民十分之一的聯名創議，呈請大總統將修正案交議會討論。如議會不予通過，則由人民投票複決。但拉憲第七十七條規定，關於國體，領土，國旗，及主權地位四條之修正，必須經過人民投票的表決，方爲有效。利仲尼亞（憲法第一〇三條）與德意志（憲法第七六條）兩國的憲法，由議會動議修正，但人民得要求投票複決。捷克斯拉夫則更明白的規定，修改憲法，不得由人民投票複決。

（二）選擇複決制　選擇複決制有四種：（甲）由議會依法將某類議案付人民複決。美國行使直接民主制的各州，有於憲法中規定，關於州政府的所在地，公共建築物，州公債，州稅超過固定數目，發給銀行營業狀及擴充選民資格等問題，由議會決議後，必須付人民複決。（乙）由法定選民人數的要求，將某個議案付人民複決。美國各州行使此制者甚多。瑞士有七州，及瑞士中央政府，德意志，伊色東利亞，拉特惠亞諸國均亦行此制。瑞士中央憲法規定，凡通過中央議會的議案，如有選民三〇，〇〇

○人或八州政府的要求，得將其付人民複決。德制則稍有不同。德制規定（憲法第七三條）凡議案通過議會後，如經衆議院議員三分之一的請求，則該案執行得延期二月。在此二月期間，如有合格選民二十分之一的聯名要求，則該案即付人民複決。伊色東利亞（憲法第三〇條）拉特惠亞（憲法第七二條）亦有同樣的規定。（丙）由議會決議，將某個議案付人民複決。奧大利（憲法第四三條）規定，議案於通過衆議院後，如經衆議院大多數議員的要求，得將該案付人民複決。澳洲議會得於特別情形之下，將某種議案付人民投票表決。例如一九一五年與一九一七年的強迫徵兵制案，及一九二八年的禁酒案，均由議會交付人民複決。美國各州之行使直接民權制者，多於憲法中規定，關於各州市政府的組織問題，經州議會通過後，交付該區市民投票複決，此即所謂地方複決制（Local option）。（丁）由行政領袖將某項議案付人民複決。德意志（憲法第七四條）規定，參議院對於衆議院通過的議案有否決權。否決後，如參衆兩院意見終不能達到一致，則大總統得於三個月內，將所爭執之案付人民複決。但大總統如不於此期間內將該案付人民複決，則該案即算無效。但是，如衆議院對被否決之案予以三分之二的票數作第二次的通過，則大總統於三個月內須將該案宣佈執行，否則，即須付人民複決。此種規定，與一九一八年英國蒲徠斯之第二院會議報告書（Report of The Second

Chamber Conference）中的主張相同。兩院意見不一致，而訴之於選民，以決去取，此誠民治精神的眞實表現。其次，捷克斯拉夫議會對於內閣提案，如不予通過，則內閣得將此案付人民投票表決。但如人民仍不予通過，內閣應否辭職，則無規定。惟捷憲自施行以來，此類事未曾發現，吾人因缺乏事實的證據，故不能遽加推測。

罷官制　在行使間接民權制的國家，官吏罷免由法律的裁決，彈劾案的通過，議會正式的要求，及行政命令的頒佈諸種方法。但在行使直接民權的國家，除上述諸法外，政府官員得由人民要求罷免，此卽所謂罷官制。其手續係由法定選民人數聯名，將某某現任官員的溺職事實，簡明敍述，而要求重行選舉。其選舉形式，共有三種：第一，當選舉舉行時，被要求罷免的官員與其他競選者得同爲選舉候補人，而以任何人獲得法定票數者爲當選。第二，當選舉舉行時，在選舉票上，將被要求罷免者（例如甲）之人名登載，附以要求罷免的理由，及某甲的辯明，並且於同一選舉票上，載有競選者（例如乙丙）之人名，如選民贊成罷免甲，則書「贊成」二字於甲名之下，而同時於乙丙兩人之中投舉一人，以爲繼任者。如選民不贊成罷免甲，則書「不贊成」——或「反對」——二字於甲名之下。如投票人的大多數均「贊成」免甲，則甲卽被免，而以乙丙二人得票最高者繼其後。現在此制頗爲美國各州所通用。第三，選舉分爲兩次。第一次，將被要求罷免的官員付人民投票表決，如經人民通過，則將其免職，而另舉行第二次選舉，以投舉繼任之人。

歐戰以前，罷官制，行使於瑞士之六州，及美國之十餘州。歐戰後，諸新立國家，採用創議複決兩制者頗多，至於罷官制，則惟德意志及德意志之數邦行之。此外則蘇俄憲法，亦有罷官制的規定。

罷官制的行使　罷官制行使的方法，共有五種。茲分述於左：

（一）罷免民選官員　此爲美國罷官制中最普及的一種。美國選舉，弊竇甚多，行使罷官制，其利有二：（甲）凡不才而行爲不當的民選官員，人民得於任滿之前，運用罷免權以驅除之。（乙）民選官員，常於競選之時，受資本家及政黨頭目的幫助而勝選。但在行使罷官制的地方，當選官員因恐中道被撤，對於資本家及政黨頭目必不敢十分的屈服，對於人民利益必不敢十分的摧殘。

罷免民選官員，在美國僅及於州市及其他之所謂「地方」行政官。但德意志則用之以罷免大總統。德憲第三四條規定，衆議院得以三分之二之票數的通過，將大總統免職問題付人民投票表決。如人民投票結果，否決大總統免職，則大總統卽等於重新當選，衆議院卽須解散，另行改選。但嚴格言之，此乃複決制而非罷官制。

德意志各邦及瑞士六州的罷官制，不用之以罷免行政官，而用之以罷免議員。例如普魯士（憲法第五第六兩條）規定如有合格選民五分之一的聯名要求解散議會，則此項提議即付人民投票表決。但此種解散議會方法，並非如普通一般人們的見解，謂選民對於議員個人如不滿意，得隨時要求罷免其職守。

（二）罷免委任官員　運用罷官制，以罷免政府委任官員。此法在美國惟堪沙士（Kansas）一州行使。但是委任人員，如屬於專門技術的方面，則最不宜利用缺乏專門知識的民衆運用罷官權，以決定其去留。

（三）罷免司法官　美國西部阿利仲拿（Arizona），阿銳剛，及加利福尼亞諸州行使此制。

（四）撤消法院判決(Recall of judicial decisions)　美國各州法院對於州議會通過的單行法律，如經判決其與州憲法相牴觸，卽有拒絕執行之權。一九一三年科羅勒多州憲法規定，該州之高等法院有宣佈州議會單行法是否與州憲牴觸之權。如高等法院判決該州之某項法律爲違背州憲，則於判決後之六十日內，選民得聯名要求，將該案的決判交付人民投票表決。如聯名人數滿足合格選民百分之五，則於判後之九十日內舉行投票手續。一九二一年科州高等法院認一九一三年該州憲法的規定與美國中央憲法相牴觸，宣佈爲無效。嗣後其他各州，未見有行使此制者。

（五）建議罷官制（Advisory recall） 美國北達科他（North Dakota），及阿利仲拿兩州對於中央的官員得建議罷免。阿州參衆議員候補人於競選之時，須表示承認人民有罷免其職守之權。此外對於中央法官之服務該州者，亦得由該州人民用投票手續通過，向美國大總統建議，罷免其職，同時並得推荐一繼任者，以供大總統的採擇。北達科他州亦於一九二○年規定，該州人民得罷免該州的參衆議員。

直接民主制行使的程序 直接民主制於行使之時，在程序方面，有左列數要點，值得吾人的注意。

（一）請願人數的規定法 此可分爲下列三種：（甲）規定選民人數若干名，以爲合法的標準。例如美國米西西比州規定，創議案須有七五，○○○合格選民的聯名，方算成立。歐洲新立各國大都採用此法。但是，創議人數與要求複決人數，其規定有不一致者。往往創議人數較要求複決的人數額爲高。美國麻色傑塞州規定，創議案須有合格選民二○，○○○的聯名，而要求複決，則祇須合格選民一五，○○○的聯名。米西西比州亦然。創議以合格選民七五，○○○人爲合法，而複決則祇須合格選民六，〇〇〇人的要求。(乙)按選民人數百分比的規定以爲標準，美國各州多用此法。創議人數百分比，較之要求複決人數之百分比爲高。例如阿鋭剛州以合格選民百分之八爲創議合法人數，而以合格選民百分之五爲要求複決合法人數。關於創議人數至高者爲百分之十，至低者爲百分之三。如係罷官案，則有以合格選民百分之二十五的聯名方爲合法者。(丙)以地方區域爲規定的標準。例如美國勒卜拉斯加州(Nebraska)的規定，創議案須該州内五分之二的郡(Counties)之合格選民百分之五的聯名要求，方爲合法。北達科他州規定，須該州過半數郡之合格選民百分之十的聯名要求，方爲合法。又如米蘇勒州規定，創議案須該州三分之二的衆議員選舉區内的合格選民百分之八的聯名要求，複決案須該州三分之二的衆議員選舉區内的合格選民百分之五的聯名要求，方爲合法。

(二)聯名前後的經過　達到法定的簽名人數，爲直接民主制實行上困難之一點。是以，發起創議或複決或罷官的團體，常雇請專人，向選民請求簽名。此類雇員，多無固定的工資，完全以選民簽名人數的多寡爲轉移。選民簽名者一人，勸簽人得洋五分，但亦有盡義務者。美國廳色傑塞州規定，任何區域(County)内簽名的選民人數，至多不得占全體簽名人數四分之一。如係罷官案，則發起者常將簽名紙暨罷官狀懸佈適中的公共場所，以備選民自動的簽名。簽名者須註明本人地址。如簽名人數，滿足法定額，則將簽名紙暨請願案呈報政府祕書長。政府對於簽名者須經過審查工夫——審查有無冒名及威嚇利誘情事。如係複決案，則對於要求複決時間，亦有限制。列如麻色傑塞州規定，要求複決，須於議案通過議會後之三十日內，有選民十人向州政府祕書長提出申明，申明後，如於議案通過議會後之九十日內滿足法定的簽名人數，則卽呈報州政府，該項議案成爲法律的效力，卽以停止，而由州政府於下屆普選時，將該案付人民複決。但是，如呈報滿足法定簽名人數之日，距普選舉行期間不及三十日，則複決案須待至再下屆普選時，方付人民投票表決。

對於通過創議案與複決案的人數問題，其規定極不一致。美國各州以得到投票人數的大多數票數者，卽算通過。德意志規定，複決案須有合格選民全體的過半數參加投票，方爲有效，如係憲法修正案，則至少須有選民全體的半數投票贊成，方能成立。法定人數，規定過低，易演少數政治的流弊。關於此點，著者當續論及之。

直接民主制行使的限制　此項方法，又可分爲兩種：

(一)創議制與複決制行使的限制　創議制與複決制行使的限制方法，可分：(甲)關於某類性質的議案，不得由人民創議或複決。例如，宗教性質的議案，司法官員的任免，財政議案——預算，賦稅，及公債等類議案（德意志憲法第七十三條規定，預算案及賦稅性質的議案應否付人民複決，則由大總統決定）及外交條約，宣戰媾和，國防，頒佈動員令等問題。（乙）議案之被宣佈為緊急律者，不得由人民創議或複決。凡關於公共治安及公共衛生的議案，於通過議會時，得由議會議員以三分之二的表決，宣佈其為緊急律（Emergency law）。經議會如此的宣佈後，該案即不付人民投票複決。此種規定的流弊，在易使議會利用三分之二的人數，假借維持治安，及保障公共衛生的名義，將不正當的議案，逃脫人民複決的檢查。例如美國南達科他州州議會於二十年內，通過議案二，五七三件，其中一，〇三九件經該州議會規定係緊急律，不得由人民要求複決。為避免此種弊病起見，美國行使直接民權的州，有於憲法中規定，凡關於州政府買賣土地及特許營業狀等類性質的議案，不得藉口宣佈其為緊急律。

（二）罷官制行使的限制　罷官制行使的限制方法有三種：（甲）官員就職後之一定期內，人民對之，不能行使罷官權。此種定期，謂之「顏面期」（Period of grace）。顏面期的規定，有從三個月至一年不等。（乙）官員在一屆任期之內，人民對之，只能作一次罷官權之行使。第一次失敗後，不能要求作第二次的罷免運動。(丙)被要求罷免而未被罷免的官員，其競選費用，有由政府賠償者。

直接民主制行使的成績　議會政治的最大罪惡，爲少數專政，而行使直接民主制的目的，卽在挽救此弊；使由少數政治而變爲多數政治；使由階級政治而變爲全民政治。但按之各國實行的成績，此種目的，是否達到，則不可不予以研究。

(一)直接民主制仍爲少數政治　試以瑞士而論，由一八九三年至一九二四年，瑞士中央法律經複決而成立者共三十八件。其中十九件係經選民登記總數半數以上人數投票表決的結果，其餘十九件係經選民登記總數半數以下人數投票表決的結果。在同一時期中，創議而成爲法律者計十九件，其中七件係經選民登記總數半數以下人數投票表決的結果。至瑞士各邦，其實行的成績，以視瑞士中央尤不及。卜恩州(Bern)由一八九三年至一九一二年由複決而成立的法律計六十二件，其中五十二件均經選民登記總數半數以下人數投票的結果。巴色爾農業州(Rural Basel)由一八九三年至一九一二年由複決而成立的法律計四十三件，其中有三十七件係經選民登計總數半數以下人數投票的結果。華勒州(Valais)由一八九五年至一九一三年由複決而成立的法律共二十五件，其中無一件經過選民登記總數半數以上投票表決之結果。

又如美國，一九二五年與一九二六年之間，美國四十八州中有三十八州交付人民複決的議案共一九四件，其中屬於憲法修正案者計一三七件，此一九四件之中，被複決通過者一一六件。若以此一一六件複決案所得的票數額——反對贊成兩方面的總票數——與同時當選官員所得的票數額相比較，則只有一九件複決案所得的票數額，能超過當選官員所得的票數額百分之五十以上。北喀羅林拿州（North Carolina）通過一複決案，贊成方面的票數占此次投票選民的總數百分之一三。南喀羅林拿州通過複決案二七件，贊成方面的票數額占此次投票選民的總數由百分之一七至百分之二〇。一九一二年，美國科羅勒多州人民通過吏治法，贊成者三八，四二六人——占全州選民人數百分之一四・六一，反對者三五，二八二人——占全州選民人數百分之一三・四二，總計贊成反對兩方投票人數七三，七〇八人——占全州選民人數百分之二八・〇三。換言之，科州一〇〇個選民中有二八人對於此案表示意見，此二八人中有十四人投票贊成，十三人投票反對，結果，吏治案通過！

選舉權爲間接民治制，但證以過去事實，則人民對於間接民治制的興趣，較對於創議複決直接民主制的興趣爲高。假使直接民治制下的創議案或複決案，與間接民治制下的大總統選舉案或州長選舉案同時付人民投票表決，則大總統選舉人或州長所得的票數，必遠過創議案或複決案所得的票數之最高額。試以一九一二年美國各州選舉的結果爲例，有如左表。

一九一二年美國各州行使直接與間接民主制所得票數比較表

州名	選民登記總數	選舉大總統舉選人票數	選舉省長票數	創議案最高票數	複決案最高票數
Arizona	31,119	23,722		19,644	19,977
California	987,368	673,527		502,934	514,929
Colorado		263,000		192,651	138,983
Maine			132,105	102,073	106,700
Missouri			609,210	594,784	
Montana			79,778	59,316	64,696
Nevada		20,031			10,983
New Mexico		48,380			43,671

Oklahoma		252,446		228,116	
Oregon		136,021		118,369	108,422
South Dakota			112,000		89,116
Utah			111,495		36,169

從右表觀之，選民對人的問題投票者多，對法的問題投票者少。假使吾人認間接民主制不能代表人民的大多數，則直接民主制亦有同樣的弊病。是以美國學者阿利爾氏（Emmett O'Neal）謂：『美國各州州議員乃人民的直接代表，係由人民中選舉而來。假使議員們而眞無本事，無價值，及腐敗不堪，其原因不是人民自己腐敗不堪，就是人民對於本身的利益與自由完全置之不顧。由人民選舉出來的議員，其品德當與人民齊等。如人民經過屢次的試驗與選擇，而不能獲得有知識與正直的代表，則余（阿氏自稱）決不願意置身於由此種人民用創議與複決而成立的法律之下』。（註二）

（二）直接民主制行使的次數　直接民權，在使用的國家，其行使的次數並不多。例如瑞士自一八九三年至一九二三年，共計三十年之久，瑞士聯邦憲法由人民創議修正者共一九次，其間成功者五次。瑞士各州由一八九三年至一九一三年，共計二十年之久，其間由人民創議而通過的議案只一五件。更以複決權而論，由一八九三年至一九二四年，共計三十一年之久，在此時間，瑞士聯邦憲法的修正案交由人民複決者共二十三次，此二十三次中有十八次被人民投票通過，有五次被人民否決。在同一時期中，由聯邦議會通過的議案，交付人民複決者共十七次，其中被通過者七次，被否決者十次。瑞士各州之行使複決制者，其次數較瑞士中央爲多。例如愁泥汗州(Zurich)由一八九三年至一九〇八年共有複決案八十一件，其中被通過者六十五件，被否決者十六件。德意志自一九一九至一九三〇年人民行使創議權兩次，複決權兩次。第一次爲一九二六年人民創議沒收前皇族財產，創議案被議會否決，按照憲法第七十三條第三段規定，應付人民複決，複決結果，亦未被通過。第二次爲一九二九年人民創議反對楊沃温賠款計劃，創議案提出後，經議會否決，復照憲法規定，付人民複決，複決結果，亦未被通過。一九二一年愛爾蘭自由邦憲法亦規定創議制與複決制的行使。但自憲法實行以後，創議制未曾行使一次，複決制則常被衆議院中居少數黨地位的共和黨，利用以阻止議會工作的進行。一九二八年憲法被修正時，創議複決兩制均被取消。

若以美國而論，其行使的次數，比較瑞士爲多。由一九〇〇年至一九一九年，美國各州的複決案共七一七件，其中經人民可決者三〇七件。其次，罷官制，一九〇三年加利福尼亞州首先採用，至一九二八年時，罷官投票曾行使二〇八次，官吏之被罷免者計一三〇人。至於各州創議制行使的次數，則乏可用的統計，故無從推論。由直接民主制通過的議案總數，以與由間接民主制度下的議會通過之議案總數相比較，則前者爲數甚屬微末。例如由一八九九年至一九一七年，美國南達科他州議會共通過議案二，五七三件，在此同一期間，議案及憲法修正案之付人民複決者計七三件。又如阿銳剛州議會由一九〇四年至一九一七年通過的議案共二，六五四件，在此同一期間，議案之付人民複決者則祇一七〇件。

複決案經人民通過者爲數不多，此卽表示議會不應當通過而通過的法律，以致遭人民的否決，並非常有之事。創議案少，乃表示議會應立而不立的法律，以致人民自動的創立之法不多。創議制的目的，小半在使「大」多數人民有自動立法的可能，但大半則在使少數人民有建議立法的機會。

直接民主制，乃議會政治的補救工具，其實行的功效，以國家領土的廣狹，人口的多寡，社會的組織情形，及政黨操縱的力量爲轉移。蒲徠斯在所著近代民主政治書中，於討論直接民主制時，有下述的結論：『任何國家，如因鑒於瑞士及美國人民的直接立法經驗，思起而效法之者，則對於本國內是否有適宜於實行此種制度的情形，不可不考慮及之。國家領土的大小，及人口的多寡，爲行使直接民主制適宜與否應當考慮之點。領土大，人口多，不獨選舉費用大，並且不能得到完滿的結果。因爲在此種情形下，政黨勢力及階級團體的力量亦因而增加。假使無政黨及團體力量的運動，則票數即不易獲得。瑞士之成功，大半因選舉區域比較的爲小之故。一國的人民，如有宗教種族的隔閡，則其人民所投之票，必與各人的宗教信仰，及種族界別相映照，且其人民對於議案本身的價値，亦不能表示獨立的意見。因階級利害的衝突，或因經濟利害的懸殊，而社會中此階級的人民與彼階級的人民對峙，同時各個階級均迷信其各本階級的新聞報紙，及擁護其各本階級的利益。選舉——特別是人民衆多的選舉——舉行之時，階級團結的趨勢必發達至危險的境地。若在議會之中，甲方易聆乙方的爭持理由，甲乙兩方分子因易發生友誼的接觸之故，怨恨之心亦易消弭。若傾全國之人，交相爭執，則大亂之與，靡知底止。』

是以『由上述言之，在一小國之內，其民族統一，且饒有知識，而不易受感情的衝動，不爲政黨團體所操縱，與不爲黨爭所鼓惑者，則直接立法制易收良好的結果。……』(註三)

(註一)Munro, W. B., The Initiative, Referendum and Recall, New York, D. Appleton, 1912.

PP. 202-03.

(註二)Hall, A. B., Popular Government, New York, Mac Millan, 1923, P. 1

(註三)Bryce, Modern Democracies, Vol. II, PP. 432-3.

第六章　議會政治與政黨

第一節　議會政治下的政黨地位與組織

議會政治，就是代表制，由人民選舉代表，以議論政治。在面積似村落大的選舉區域中，選民人數極少，彼此均能認識，各人意見，可以於平常交談之頃互相交換。是以，關於官吏的選舉用不着組織團體替張三李四事前運動，用不着經過預選（Nomination）的階梯，而即自然的達到「衆望所歸」的結果。但是，選舉區域面積擴大，選民人數增多，彼此既不認識，意見即無從交換，關於官吏的選舉，遂有團體組織的必要，其目的在，第一，使主張相同的選民，得有組織的結合，且懸此主張，以徵求新的同志。第二，推舉與我主張相同之人競選，且運用團體的力量，作有組織的宣傳與公開的運動，一方面使我方的競選者獲得更多的選民之投舉，一方面對與我主張不同的團體之競選者下攻擊令，使其他的選民不投舉此人。此類的團體，就是政黨。政黨，按蒲洛克斯教授（Robert C. Brooks）的定義，本來是：『多數個人或各類的個人自由集合的團體，以主張某種主義與政策，且認此主義與政策較其他的一切爲優異，而應作爲政府之行政方針。但爲直接達到所主張的主義與政策之實施起見，政黨乃提出並且擁護他們的領袖作爲政府職務的候補人。』（註一）

復次，在行使選舉制的議會政治國家中，政黨團體不止一個，而必須有兩個，或兩個以上，同時並立，以收運用之妙。伊爾伯（Sir C. Ilbert）謂：行使內閣政治，必須先有政黨的組織，且此政黨組織，必須係兩黨制。前面曾經說過，內閣政治就是議會政治，議會政治的要義，乃由議會中多數黨領袖以組織內閣的政治。在內閣政治國家的議會中，反對黨與政府黨有同一生存的必要。反對黨就是議會中的少數黨，政府黨就是議會中的大多數——或多數——黨。政府黨與反對黨的分野，不是永久的而是一時的——因爲在某一個時間中，甲黨在議會中的議員人數比較的爲多，甲黨的領袖遂組織內閣，是以甲黨就是政府黨。乙黨因爲在議會中的議員人數較甲黨爲少，無組閣的能力，是以立於反對黨的地位。但甲乙兩黨地位之不同，並非武力戰勝的結果，而完全以議會中黨員人數的多寡爲轉移。假使議會中的少數黨而變爲多數黨，則反對黨卽一變而爲政府黨。反之，假使議會中的多數黨而變爲少數黨，則政府黨卽一變而爲反對黨。議會中政黨的地位有變易，卽內閣的構成分子有變易。

反對黨的存在，爲運用議會政治必不少的工具。羅威爾告訴我們：『承認反對黨爲正當的團體，運用口辯的方法，以攫取政權，爲政黨政治成功的首要條件，亦卽民主政治成功的首要條件。至於其他之成功條件，則以此爲出發點。』(註二)

反對黨能公開的存在，在英國政治史中已有二百餘年的歷史。孟祿教授說：『……在一六八九年前，英國有不少的派別——蘭克斯眞派（Lancastrians），約克派（Yorkists）克文利亞派（Cavaliers），圓頭派（Roundheads），請願派（Petitioners），及反對請願派（Abhorrers），凡此各派均否認反對者有存在權。故此派當權，則驅逐其他各派於國外。因爲不如此，幾無以表現其愛國之心。此類派別，並非今日之所謂政黨。迨至一六八九年後，英國人民始發生兩種覺悟：第一，反對政府者未必就是政府的敵人；第二，人民對於政府可以立於反對的地位，但不得卽指爲叛逆。行之既久，最後，更且承認議會中有強有力的反對黨，爲促進政府行政效率的良好利器。惟其如此，方足以使內閣趨於正軌。……議會中的少數黨，並非皇帝的敵人，而是皇帝忠心的反對者（His Majesty's loyal opposition）。』(註三)

於反對黨之上，加以「忠心」二字，實包含極深遠的意義。因爲反對黨乃是反對主持內閣的政黨領袖及其政策，但其爲國之「忠」，則與任何人同。國在黨之上，某個政黨偶因在議會中居大多數黨的地位，出而組織內閣，代表英皇，執行國政。但此黨並非國家的本體，同時議會中其他政黨，深信此黨的政策錯誤，不能當國家之重任，乃對之施以攻擊，以達到推倒此黨，取而自代之目的。但是反對此黨者，並非反對國家的本體。且以黨的構成分子論，無論其爲多數黨，或少數黨，均只代表國民的一部分，是更不能因一時享有政權的原故，而遂自視爲國家的本體，以撲滅一切對峙之政黨。

英國有句成語：反對黨的責任爲『永不建議，總是反對，以推倒政府。』有反對黨的存在，可以裁制政府黨的專橫。而在政府黨方面觀之，有反對黨的對峙，卽可藉以固結內部的團體。試以英國而論，英國內閣權力之大，已見前述，但其所以不至流爲專制者，以議會中有強有力的反對黨之監督，爲其最重要的原因。

總括上所論述，吾人認下列二點，爲議會政治生存的必須條件：第一，在議會政治國家中，至少必須有兩個政黨的存在，以公開競爭。第二，政權交替，議會中甲黨起，乙黨仆，係採用投票表決的結果。

從組織方面言，政黨組織，起始於議會，然後遍及於國中。英國政黨的發達，卽經過如此的階級。所以討論政黨的組織問題，須先從（一）議會內的政黨組織起首，然後（二）討論議會內政黨組織與議會外政黨組織的關係。

議會內的政黨組織　此問題應分為三方面討論：(一)政黨領袖。(二)鞭手（Whip）。及(三)黨員秘密大會（Caucus）。茲分述於左：

(一)政黨領袖　先言英國。英國衆議院有三大政黨——卽保守黨，自由黨與勞工黨。一九三一年十月普選後，新議會開會，自由黨又分為自由黨與國家自由黨（National Liberals）二派，勞工黨又分為勞工黨與國家勞工黨（National Labor）二派。現在英國衆議院中實際上有五個較大的政黨之存在。但吾人認此種現象係屬暫時的，將來總有恢復到三黨的常態之時。每個政黨有領袖一人，他的稱號，不是「總理」或「會長」或「總裁」，而僅是領袖（Leader of the Party）。多數黨如組織內閣，多數黨的領袖卽自然的為內閣總理。政黨領袖由各本黨議員每次議會開會時推舉。但按習慣，一經被推舉為領袖之後，卽不斷的連任，直至本人辭職或死亡之時為止。

英為兩院制國家，貴族院與衆議院的同黨議員共戴一個領袖，而不分開的各自擁戴。一九二三年保守黨領袖羅·龐納辭職，貴族衆議兩院的保守黨議員選舉包爾溫繼任，是議會兩院保守黨議員的共同領袖，係經兩院同黨議員選舉認可的結果。且按近來習慣，貴族衆議兩院的政黨領袖，例由衆議員充任。例如自由黨衆議院的自由黨領袖，同時卽是貴族院自由黨的領袖。歐戰以前，各黨的政黨領袖，常由貴族院議員充任，歐戰以後，此種習慣，卽以保守黨而論，亦已改變。一九二三年衆議院保守黨議員包爾温當選爲兩院保守黨的領袖，但若以資格名望而論貴族院保守黨勾尙公爵（Lord Curzon）遠在包氏之上，但勾氏因係貴族院議員，故未當選。

論權力，以保守黨領袖爲最大。凡保守黨領袖對外所發表的主張，保守黨議員有遵行的義務。一九二三年包爾温在未當內閣總理以前，宣言贊成年滿二十一歲的女子有選舉權，包氏的宣言，事前並未商得同黨議員的同意，惟因處於政黨領袖地位的原故，其所主張，雖屬個人意見，但經其發表之後，人們均認包氏的宣言就是保守黨的政策，保守黨議員有努力實現其主張的責任。但除保守黨而外，他如自由勞工兩黨的領袖，則無偌大的權力。自由勞工兩黨的政策，均由黨代表大會決定。黨的領袖在未經代表大會決定以前，其所發表的主張，對同黨議員無拘束力。

其他議會政治的國家，在議會內的政黨領袖地位與英制不甚相同。例如法國，法爲多數黨制，議會內的各政團雖各有其領袖，但除共產黨與社會黨而外，因爲各黨的黨紀，不似英美兩國政黨黨紀那樣的嚴密，故議員的政治行爲亦比較的爲自由。並且有的團體完全係屬人的組織，例如克里蒙梭派（Clemencistes）或龐克銳派（Poincaristes），完全以克里蒙梭或龐克銳的主張爲主張。對於政團所發表的政綱可以不必服從。競選之時，可以自命爲甲黨的黨員，但於選舉以後，可以脫離甲黨而入乙黨。有的團體，旣無政策的主張，亦無公認的領袖，僅係十數議員的集合，以圖在議會中佔取一部分的勢力，以便乘機利用，達到分享政權之目的。至於德意志的情形，則與法又不相同。德意志議會內各政黨多基於民族宗教及階級利害之不同而成立，各黨的議員大都具有同一的經濟利害觀念與背景，彼此旣以利害相同爲結合，故其步驟亦易趨於一致，並且因爲運用名單投票制的原故，議員們的政治命運直接的操於政黨領袖之手中，政黨領袖的主張就是政黨本身的主張，所屬政黨的議員對此主張有遵守履行的義務，其有不遵守者必受除名的處分。現在德意志的國家社會黨(National Socialist Workers Party)爲德議會中組織最嚴密之政黨，以赫特勒(Hitler)爲領袖。國家社會黨本係赫氏一手造成，故嚴格的說，赫特勒就是國家社會黨，赫特勒的主張就是國家社會黨的主張。國家社會黨的議員對赫氏的主張，有絕對遵行的義務；赫特勒在本黨中的權威，爲英美兩國的政黨領袖所不能望及。

美國國會中只有兩大政黨。即以衆議院而論，衆議院議長例由大多數黨的領袖議員當選，除議長而外，大多數黨尙有議場領袖(Majority floor leader)一人，由大多數黨議員推舉。議場領袖不充當任何審查委員會的委員，其責任專在指揮本黨在衆議院中之進行工作。大多數黨領袖得雇用祕書一，立法書記一，及書記官二，他們的薪俸由衆議院支給。衆議院少數黨有領袖一人（Minority floor leader）。少數黨領袖由少數黨議員推舉，得雇用祕書一，及書記二，其薪俸亦由衆議院支給。

（二）鞭手（Whip） 鞭手爲議會中政黨組織最重要而不可少的部分。政黨團體之所以能維繫者端賴此人。鞭手制盛行於英美及英屬自治殖民國家議會中，至於大陸國家議會內的政黨組織，則未見有鞭手的設立。美國衆議院中的共和民主兩大政黨，各有鞭手一人，由兩黨議員開祕密會推舉。英國衆議院政府黨方面有主任鞭手一人，助理鞭手三人，均由內閣總理指派。主任鞭手在名義上係財政部政務祕書（Parliamentary Secretary to the Treasury），在過去的時候，主任鞭手的掛名職務，是 Patronage Secretary of the Treasury。助理鞭手在名義上亦在財政部有掛名職務，稱爲 Junior Lords of the Treasury——財政部委員。助理鞭手三人中，須有一人爲蘇格蘭籍人。衆議院中的反對黨亦各有鞭手三人，由反對黨領袖指派，但他們在政府中無掛名職務，故亦不由政府給俸。議會內反對黨鞭手由政府給俸，恐惟加拿大有之。英國議會中政黨的鞭手須放棄其辯論權與投票權。

照羅威爾的說法，政府黨鞭手是內閣總理的中官軍(Aides-de-camp)。與情報司 (Intelligence department)。 阿斯覺哥克 (Ostrogorski) 也說鞭手是政黨內閣的舞臺經理者(Stage managers)。政府黨鞭手的責任有五：(甲)團結政府黨議員，使議案付表決時，能盡數的應聲出席，以免為少數黨攻其不備。(乙)將政府黨議員內部的意見，留心採訪，隨時呈報黨的領袖。(丙)對於不熱心努力或有意倒戈的同黨議員，予以鞭促或設法開導。(丁)預擬議會中審查委員會委員人名單，然後由推舉委員會提出大會。(戊)衆議院議員用分列表決法 (Division) 時，以鞭手為記點員 (Tellers)。

(三)同黨議員祕密大會(Caucus) 此制亦惟英美兩國議會時常行使，大陸國家議會內的政黨直到最近，始漸採用。試以美國論之，美國衆議院中共和黨或民主黨在新選議會開會以前，由各黨在議會中所組織的選舉委員會主席(Chairman of Congressional Committee)召集同黨議員大會，選舉祕密會主席 (Chairman of Party Caucus) 及書記各一人。祕密會的功用有二：第一，推荐議會中職員的候補人，例如衆議院的候補議長，在共和黨方面，係先由共和黨議員開祕密大會推荐一人為候補議長，至於民主黨方面的議長候補人，亦先由民主黨議員開會推荐，然後各自提出衆議院全體大會，投票通過。是以關於職員的選舉，衆議院大會不過追認大多數黨議員祕密會所擬定之人而已。第二，各黨在議會中的立法方針，由祕密大會先行決定，一經決定之後，則出席之議員，即當採取一致的行動。例如張三提出的戶籍法，已經審查委員會審查完了，報告大會，此法在大會未付表決以前，民主黨議員即召開祕密大會，以決定應取的步驟——究應投票贊成戶籍法，抑應投票反對之。假如決定贊成，則戶籍法在大會付表決時，凡民主黨議員之出席黨員祕密會者，即應一致的投票贊成，姑無論議員本人的立場如何。換言之，衆議院中之各黨的團體行動，由各黨議員開會決定，凡是出席議員，對於本黨祕密會決定的主張有服從的義務，至於未曾出席黨員祕密會之議員，則其行動不受決議案的束縛。前衆議院共和黨領袖迪爾遜 (John Q. Tilson) 在答覆著者的信中告訴我們，謂關於該黨黨員祕密會的法定人數，討論案表決法，及其他程序，均無成文的規定，而僅以普通會議法爲張本。但按衆議院民主黨的習慣，黨員祕密會開會由祕密會主席召集，但如有同黨議員二十五人的要求，亦得由主席召集會議。關於推荐職員，由出席黨員的大多數票數表決，關於政策的決定，須由出席黨員三分之二的票數表決之。

歐戰以後，美國衆議院中民主共和兩黨的黨員祕密會甚少召集，其原因有二：一因黨權集中於少數政黨領袖，當共和黨在衆議院中爲多數黨時代，有指導委員會 (Steering Committee) 的成立，以爲該黨的首腦機關。二因議員行動較以前爲獨立，不願受祕密會議的拘束。

議會爲人多的機關，美國的衆議院有四百餘人，英國的衆議院有六百餘人，法國衆議院的人數亦在六百以上，而同時提出於議會的議案總是盈百累千，何者應付討論，何者不應付討論，討論應於何日起始至何日終止，討論時關於修正案的提出應如何限制——種種問題，必須有中心的首腦機關以解決之。就是黨議員祕密會議，人數亦嫌過多，動作亦不靈敏。是以近數年來，美國國會中黨員祕密會甚少舉行，取而代之者爲指導委員會。

美國衆議院中的指導委員會（Steering Committee）係共和黨爲大多數黨時在衆議院中的最高幹部組織，委員會委員由推舉委員會（Committee on Committees）提出，交付黨員祕密會（Caucus）表決通過。以性質論，指導委員會係祕密的組織，無成文細則，以規定其開會程序。起初之時，即此委員會的存在，亦爲多數黨領袖所否認。會期無一定，會員人數由五人增加至七人，以多數黨領袖（Majority floor leader）爲當然主席，其餘委員均係大多數黨中的重要份子。衆議院議長，法程委員會委員長，及大多數黨鞭手均得列席委員會議。故總共計算，指導委員會實有委員十一人。若以之指揮行政，人數仍嫌其多，是以自一九二七年以後，衆議院共和黨無形中又成立一種特別祕密中心機關，以議長爲領袖，連同其他三人，成其所謂四巨頭委員會（The Big Four），以代替前此指導委員會的工作。一九三一年十二月新國會開會，民主黨在衆議院中爲多數黨，此黨在議會中的中心組織，究竟如何，目下尚未得知。德意志衆議院中設有幹事團（英名 Senior Council，德文名 Aeltestenrat）由議長，議長代表，及各政團代表二十一人合組而成。幹事團的職權在贊助議長管理衆議院應行事務，排列議事程序，及選派審查委員會委員長。不特此也，凡衆議院議案於付表決前，均由各政黨先開黨員祕密大會，決定各該黨議員應取的行動。如決議對某案投票贊成，則凡屬同黨議員均須投票贊成。有時組織內閣的各政黨舉行聯席祕密黨員大會，以使各黨議員對於某個議案能採取一致的行動。議案付審查時，各審查委員會委員的行動，常受所屬政黨黨員祕密會決定主張的約束。

英國自由保守兩黨執政時，內閣就是衆議院中的執行委員會，而以內閣總理爲其首。假使不掌政權而處於在野黨的地位，則前任閣員就是此黨在衆議院中的執行委員。前任內閣閣員的席次位居議長對面左手的前一排，卽所謂 Shadow Cabinet 者是。至於勞工黨的組織則與保守自由兩黨不同。勞工黨在衆議院中設有執行委員會（Executive Committee of Parliamentary Labor Party），如遇勞工黨當國，則勞工黨在衆議院中，一方面有內閣爲領袖，一方面復有執行委員會的設立，在此情形下，卽不啻兩重領袖制。荷蘭衆議院設有中央組（Central Section），由議長與各審查委員會委員長合組而成。中央組的職權，爲決定議會立法工作的進行，及議案辯論時間的分配等事。

議會內政黨組織與議會外政黨組織的關連　關於此點，就吾人知之較詳者爲英國政黨的組織。英國政黨本來分爲兩部：一部爲議會內的組織，一部爲議會外的組織。議會內的組織，例如勞工黨，謂之議會勞工黨（Parliamentary Labor Party）。議會勞工黨由議會內勞工議員組織而成，有公推的領袖一人，此外有鞭手三人，有執行委員會，委員人數十三人。麥克唐納是議會內勞工黨的領袖，同時也是全國勞工黨的公認領袖，但是以麥克唐納在議會外全國勞工黨中所處的地位論，僅是全國勞工黨執行委員的會計。

議會外勞工黨最高的機關是全國代表大會（Labor Conference），代表大會有修改黨章及決議一切的職權。代表大會每年舉行一次，每次會議地點，由執行委員會指定。代表名額係根據下列的原則規定：（一）工會每會員一千人得推舉代表一人。（二）每個工會的評議會（Trade Council）得推舉代表一人及（三）每選舉區內勞工團體的女會員滿五百名者得推舉女代表一人。此外，（一）勞工黨中央執行委員，(二)議會內現任勞工黨議員，(三)曾任勞工議員及(四)曾得勞工黨的許可充任勞工議員候補人者，均得出席代表大會，但無投票權。代表大會以執行委員會週年報告書內之事項爲討論範圍。個人提案須於四月一日以前寄送祕書長，由祕書長印送各地方工黨團體參閱。如對提議之案，須提出修正案者，則修正案須於五月十六日以前寄送祕書長彙收。代表大會議事程序，亦由祕書長負責預擬。

由代表大會產生執行委員會（Executive Committee），執行委員人數二十三名，代表下列幾種組織：(一)十三名代表工會及社會主義團體，由每個工會或社會主義團體推荐執行委員候補人一名，但如工會會員或社會主義團體會員超過五〇〇，〇〇〇者，得推荐候補人兩名。(二)五名代表各地方勞工黨分部，由每個選舉區內之勞工黨分部推荐執行委員候補人一名。(三)四名代表婦女，由每個勞工團體推荐執行委員女候補人一名，但如勞工團體會員在五〇〇，〇〇〇以上者，得推荐女候補執行委員二人。以上三種候補人，經各隸屬的團體提出後，交代表大會用祕密投票法選舉。(四)勞工黨會計亦爲執行委員之一人，由代表大會選舉。至於勞工黨的主席，副主席，及祕書長則不在執行委員二十三人名額之內。祕書長係永久職。勞工黨的重要位置，不是主席與副主席，而是會計與祕書長。

勞工黨在倫敦設有中央股（Central Office），又名組織股（Party Organization），爲勞工黨辦事上的總樞紐。中央股雖受執行委員會的管轄，但實際上受祕書長的指揮。中央股的職員，除祕書長外，有助理祕書一人，黨代表一人（A national agent），婦女組織主任一人（A chief woman organizer），及財務主任一人（A finance officer）。中央股的職權很大：各地方勞工黨分會由他監督；黨費的用途由他經理；宣傳的工作由他負責；勞工黨議員候補人的資格須得他的允許；有的時候，各地方的勞工黨部並且請他推荐適當的候補議員。執行委員會下設有下列各部：（一） National Societies Section，（二） Organizations Section，（三） Lccal Constituency，（四）Women Members，（五） Scottish Council，（六） International Department，（七） Advisory Committees，及（八） Research, Press and Publicity Department。此外尚有勞工青年團（Labor Party League of Youth）。

上述組織，僅指勞工黨本部而言。勞工黨祇乃勞工運動中帶有政治性質的組織之一種，而勞工黨的基本成分則在工會。工會的勢力可以支配工黨。不特此也，英國勞工的整個組織的最高機關，似乎不在勞工黨的執行委員，而另外有所謂全國聯合評議會（National Joint Council）的設立。全國評議會的構成分子有三：（一）工聯協會的評議員（General Council of Trade Union Congress）；（二）議會內勞工黨執行委員（Executive Committee of Parliamentary Party），及（三）議會外勞工黨執行委員（Executive Committee of The Labor Party）。全國聯合評議會設主席，祕書，及副祕書各一人。

總括起來，英國勞工的政治組織，若用圖表說明，彼此的關連有如左列。

議會外勞工黨組織

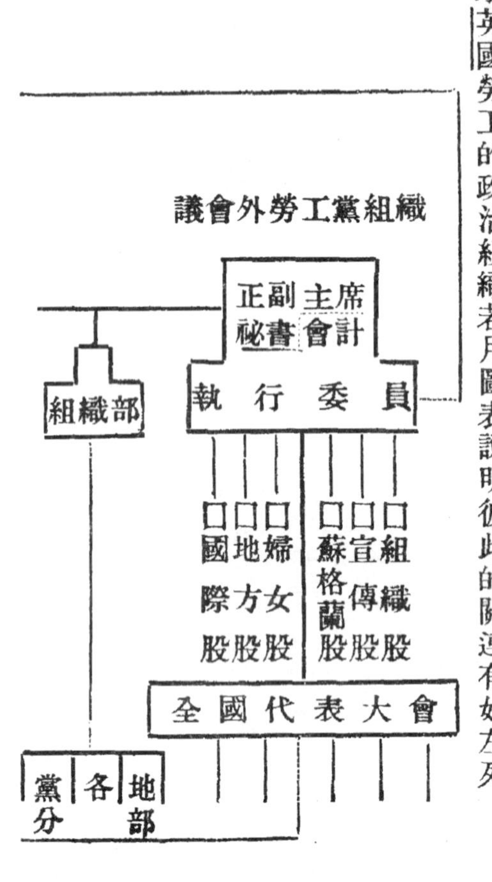

全國勞工聯合評議會

主席
正副秘書

議會內勞工黨執委　工聯協會評議員　議會外勞工黨執委

工會團體

勞工方

議會內勞工黨組織

執行委員
議會內勞工黨

勞工黨議員得出席代表大會

其次，自由黨。議會內自由黨的領袖，同時必當選——由代表大會選舉——爲議會外自由黨全國協會的會長，此其關連一。自由黨全國協會之行政委員會(Administrative Committee)中有議會內自由黨議員代表九人充任委員，此其關連二。自由黨協會以組織委員會（Organization Committee）爲最重要，而組織委員的主席則例由自由黨議員充當，此其關連三。自由黨的主任鞭手同時是自由黨行政委員會與組織委員會的當然委員，此其關連四。(五)自由黨議員得出席自由黨代表大會（Council），茲爲明白其關連起見，作圖如左：

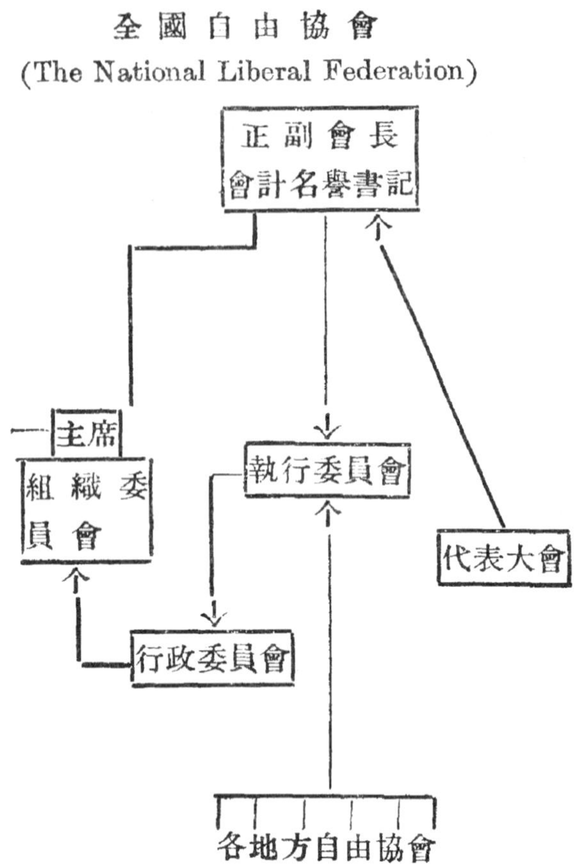

中央組

自由協會代表大會（Council）的構成分子爲：（一）全國自由協會職員——正副會長，及會計；（二）執行委員主席；（三）自由黨議員；（四）設有自由協會之選舉區內選民人數每六，○○○人推出代表一人。代表大會每年舉行一次。全國自由協會的正副會長，會計，及名譽書記由代表大會推舉。執行委員會委員八名，除協會正會長與會計外，其餘六人由會長與會計推舉。其次，行政委員會委員人數四十四名，由執行委員，自由黨議員代表，全國自由黨婦女協會代表，自由黨青年團代表，及蘇格蘭自由協會代表合組而成。行政委員會的職權，爲經管財政，及物色議員候補人。但是委員人數過多，辦事不易，於是乃有組織委員會的設立，人數九名，將行政委員會的工作取而代之。組織委員會的主席乃全國自由協會事實上的總頭目，就是以前鞭手所指揮的中央組，現在也受組織委員會主席的監督。

英國勞工黨與自由黨的組織，均患重床疊架的弊病。至於保守黨的組織又如何呢？保守黨（The

National Union of Conservative and Constitutional Association）也有全國代表會，每年舉行一次。也有中央組與組織委員會。以前之時，中央組以議會內保守黨主任鞭手爲總管，此時議會內外保守組織上的連貫，繫於主任鞭手的身上。一九一一年保守黨改組，主任鞭手退出中央組，而專管議會以內之事，同時復另立組織委員會，而將中央組受組織委員會主席的指揮。組織委員會主席是議會外保守黨的總幹事，例由身任保守黨議員之人充當，係部長階級，他對保守黨領袖負責。

英國三黨在議會內外組織上的關連已如上述，若以與歐洲國家的政黨組織相比較，則又大不相同。歐洲國家——例如法國——議會中的政黨有的是由於一部分議員們自相結合的結果，他們在議會以外並無團體的組合，而僅是「空中樓閣」的辦法。法國衆議院中屬於右派的各政團，在議會外，全國各地方並無所謂黨部的組織。並且有的議員實行其所謂屬人主義——如克里蒙梭派，白里安派，完全以某某個人的「馬首是瞻」。惟左派的急進社會黨及社會黨的組織，則與英美兩國的政黨組織相類似。各地方有分部，每年有代表大會。在歐洲國家中，政團地位的取得，本來很容易。按法蘭西，德意志兩國衆議院議事法程的規定，凡議員結合人數滿十四名或十五名者，卽可取得政團的地位。德意志衆議院內各審查委員會及幹事團(Senior Council)名額的分配，與主席團(Presidium)

的人選問題，均按各政團人數的多寡成爲比例。

不特此也，晚近趨向，議員們不代表政治團體而代表經濟或種族組織。一九三〇年德意志普選結果，衆議院中議員有代表經濟黨(Economic Party)者，有代表德意志土地黨者 (German Land Party)有代表德意志農民黨者 (German Peasants Party)，有代表漢洛華德人派者 (German Hanoverians)。波蘭議會中有所謂德意志派，猶太人派，白俄派，及農人派。在經濟情形及民族複雜的國家中，政黨的組合，決不能如英美兩國，能由二三個政黨包羅一切。但是近年以來，就是美國的民主共和兩黨，亦呈化分的趨向，其化分的原因，亦係經濟的。例如在美國西北部的共和黨議員代表農業區域，他們在國會中贊成穀類的入口稅高，贊成工業製造品的入口稅低。美國東北部的共和黨議員代表工業區域，他們在國會中關於關稅問題的主張，與上面所述恰恰相反。又如美國南部棉菸出產區域的民主黨議員，在國會中的關稅主張，與美國南部及西部蔗糖出產區域的民主議員，在國會中的關稅主張完全立於反對的地位。不特此也，共和黨有禁酒派，民主黨亦有禁酒派，共和黨有反對美國加入國聯者，民主黨亦有反對美國加入國聯者。是以有人謂美國共和民主兩黨，恍如兩個空酒瓶，外面貼上共和黨與民主黨的牌子，內面可以隨意盛入各種各色的酒。美國如此，英國的情形——尤其是一九三一年冬普選後的情形，亦不見好。現在英國衆議院中，大大小小共有九個政黨：（一）保守黨，（二）勞工黨，（三）國家勞工黨，（四）獨立勞工黨，（五）自由黨（路易・喬治派），（六）國家自由黨（National Liberals），（七）自由國家黨（Liberal Nationals），（八）獨立派，及（九）愛爾蘭自治派（Irish Nationalits）。

美國在形式上只有兩大政黨，但每黨之內有數個經濟中心，而此黨與彼黨黨員間的經濟立場，則又互相交錯。在如此的情形下，產生兩種必然的現象：（一）政黨領袖對黨員的控御力減削，此黨的黨員們與彼黨的黨員們，因經濟利害的共同立場，可以隨時結合，以推倒政黨領袖的主張。（二）國會內黨爭的熱度減輕，兩黨間黨員所具之經濟利害共同觀念，卒以超越共和民主黨幟之上，有的問題——例如現在美國的失業與財政問題，不是某一個政黨的問題，而是各黨及全民的問題。現在美國的大總統是共和黨人，而衆議院中則民主黨黨員居多數，衆議院的議長是民主黨人，但現在在民主黨勢力支配下的衆議院與胡佛總統——共和黨黨員——合作的程度，較之一九三一年共和黨勢力支配衆議院之時，與胡佛總統合作的程度爲高。這是放棄政爭，共挽國難的合作表示，這也是代議政治的特點。此不獨美國爲然，卽英國亦是如此，英國現在的國家內閣，係保守，自由，勞工三黨合組而成，以應付英國目前的財政困難。

政黨之必須經濟化，已成爲不可制止的趨勢。但是，話說至此，吾人對於代議政治的根本理論，尙有一重要問題：就是在政黨政治運用之下，議員所處的代表地位是怎樣？

關於議會政治的代表原則，本來有兩種不同的見解：一種認議員僅僅是某一個選舉區的代表，他應當秉承他所代表之選舉區內的選民之命令（Instructions）以行事。由此種見解看來，議員的地位，恰如商業支店的代理人（Agents），他只照着總行批發來的貨物出售。這種代表原則，在美國謂之Doctrine of instructions，在歐洲謂之Imperative mandate。第二種見解認議員不是代表某個選舉區，而是代表國民的全體，他的政治行爲是獨立的，而不受某個選舉區或某個團體的命令之驅使，他的主張應以國民全體的福利爲歸宿，而不應爲某一個地理區域或某一個團體的人民之權利是爭。

英國在十九世紀初葉時，上述的第二種理論——姑名之爲全民代表理論——頗占勢力。但自十九世紀中葉以至現在，事實所趨，發生下述的幾種現象：第一，競選爲議員者係屬政黨的黨員。前面曾經說過，英國勞工黨的議員候補人，必須經勞工黨中央組的承認，方能取得其候補資格。第二，議員候補人競選時，須表示服從其所隸屬之政黨的政策主張。第三，選民投舉某某爲議員，並不是因爲某某能代表全民的利益，而是因爲某某隸屬於某個政黨，而此政黨的政策主張與他的經濟利益及政治立場相同。第四，政黨在選舉競爭的時候，有公開表示的政策與 Pledges ——空頭支票，選舉後，在議會中居大多數黨——或多數黨——地位而組織內閣之政黨，須謀其政策之實現及空頭支票的兌現，而隸屬於此黨的議員則應擁護其政黨領袖，以達到所主張的政策有實現之可能。第五，議員所代表的不是某個地理選舉區，而是代表某種主張的政黨，或某種經濟的與民族的團體。第六，議員的政治行爲是不自由的，他須受黨的命令。在理論上，英國的衆議員是代表全民，在實際上，英國的衆議員是代表某種利益的政黨之工具。

其次，美國的情形又如何呢？美國的議員對於黨的行爲雖比較的爲自由，但對於地方的利害關念則比較的爲深；對於所屬選舉區的人民意見的服從性亦比較的爲強。一九二六年紐約州人民通過複決案主張修改中央的禁酒法，以解放酒禁。紐約州的中央參議員柯卜蘭(Copeland)本是贊成酒禁者，但自上述複決案通過後，卽宣言願意拋棄其自己的主張，服從紐約州人民的公意，以努力於禁酒法修改的實現。又一九二八年美國麻色傑塞州四十個州參議員選舉區中，有三十六個選舉區的選舉票上載有下列之複決議案：『本區當選的州參議員，應於新選的州參議院開會時，通過決議，要求中央國會提議廢止憲法補文第十八條，即普通所謂酒禁律是。』麻州州參議會於開會後，居然的遵照複決案的表示通過決議，要求中央國會提出廢止酒禁案。

畢爾（Charles Beard）教授在所著美國政治史料中謂，美國憲法的原則是中央的參議員與衆議員不能由選民頒給命令。但是原則自原則，事實自事實，美國議員之被選民「命令」乃係常有之事，不過「命令」頒發之後，遵與不遵須由議員自定。一八九八年美國肯都克州（Kentucky）州議會要求肯州的中央參議員林賽（Lindsay）辭職（當時的中央參議員係由州議會選舉出來的），因爲從州議員們的主觀看來，林氏在參議院中對於財政案的主張，與他所隸屬的政黨及肯都克州的人民之主張相抵觸。但林氏於接到此項要求後，匪獨抗不辭職，並且很鄭重的宣言：『我不僅代表某一黨或某一派，並且代表全肯都克州的人民。我服務的期限，係由中央憲法規定，不能由肯都克州的州議會削奪。……各州州議會的決議，中央議會常予以接收，並且予以極愼重的考慮。但是各州的州議會不能決定參議員的職責，或取消他的地位。我的參議員地位是從肯都克推舉出來的，但我同時也是合衆國的參議員。當事關全國各部的公衆利益付決議時，我們所予之考慮，應當從廣義的國

家觀念點着眼。』(註四)

歐洲國家亦認議員是全民的而不是地方的代表。此種理論，當法國革命初起之時，卽已成爲爭論的焦點。一七九五年法國憲法第五十二條規定：『立法院的議員不是選擧他們的州之代表，而是全國的代表，選民不得賦予任何特別的命令(Specific instructions)，』當拿破崙時，全民代表原則，失其應用，迨至一八四八年第二次共和憲法成立時，始得復被採用。一八七五年十一月三十日所頒佈之第三次共和根本法補文第十三條規定：『任何企圖使衆議院議員受命令的束縛者，皆作爲無效。』法國自第三次共和國成立以來，所有單數選擧制(Scrutin d'arrondissement)與複數名單選擧制(Scrutin de Liste)的爭執，都是全民代表理論與非全民代表理論兩派爭執的表現。全民代表學說印照於其他之國家者，有一七九七年西錫盤共和國(Cisalpine Republic)憲法的規定，及一八二〇年德意志黑沙侯國(Grand Duchy of Hesse)憲法的規定。此後如一八三一年比利時的憲法，一八四八年沙丁拉及瑞士的憲法，一八五〇年普魯士的憲法，一八六六年北德意志的憲法，一八六七年奧大利亞的憲法，一八七一年德意志帝國的憲法，及丹麥與葡萄牙兩國的憲法，均有同樣的規定，議員是全民的代表，不受任何區域的人民之命令指揮。

歐戰以後，各新生國家如德意志，奧大利亞，希臘，捷克斯拉夫，波蘭，伊色東利亞，與埃及諸國均於憲法之中，有同類明文的規定。

但是，上述諸國，都是行使政黨政治的國家。在政黨政治運用之下，姑無論憲法上規定得如何的明白，但事實上，議員所代表者不是全民，而是某個政團，或某部分的人民之利益。議員們所努力以謀實現者，不是全民的主張，而是某一個政黨或某一個階級的人民之主張。

所以，我們的結論是，在現代代議制度的政黨政治國家中——尤其是在行使名單比例選舉制的代議政治國家中，議員是某個政團的代表，而不是某個選舉區之人民的代表；議員的關係對政團是直接的，而對人民則是間接的；議員的政治行爲須受政團的拘束，而是不自由的。

(註一)Brooks, R. C., Political Parties and Electoral Problems, Harper, 1923, P. 14.

(註二)Lowell, L., The Government of England, Mac Millan, 1921 Edition, Vol. I, P. 452.

(註三)Monroe, W. B., The Governments of Europe, Mac Millan; 1931, EdP. 36.

(註四)Luce. R., Legislative Principles, Houghton, 1930, P. 473.

第二節　職業代表制

在以地理區域爲選舉單位的現代議會政治制度之下，選民與被選者之間，並無其他之共同的利益觀念。此制的缺點曾經不少學者之指摘。其指摘之理論，凡稍習政治學者度能知之。玆申引二說，以概其餘。柯·安洛（Harold Cot）在所著經濟自由中謂：『現在以地域爲選舉區內之選員全體，互相間對於議會中的種種問題，無共同之利益（Communal interest）。……吾人應闢新的制度，以應付新的問題。吾人計劃，如望將來成功，則應於所懸之目的地，與用以達到目的地之工具的性質，兩者間有直接及理性之連貫以爲原則。今日最緊急的問題，爲工業的與商業的。是以，應付此問題之工具的基礎，亦應爲工業的或商業的，而非地域的。……』

柯爾在所著社會思想中所言尤爲激切：『代表失實，且至極不堪的地步，惟見之於衆口承認爲無所不能之議會中。……議會雖自認代表全民的種種，實際上並未代表全民中一民的任何種切議會應付所有一切不同之事件。至於此一切不同之事件，需用各類不同之人材以應付之，則不之顧。欲避免現在議會制度之虛僞，只有一途：即按職業團體規定代表方法，一業一個團體，一業一個代表機關。換言之，眞正民主政治，不求之於負有萬能的一個議會，而求之於各業並立的代表機關。』

持職業代表說者，不止安柯兩氏，且亦不自安柯兩氏始。法國革命初起時，米勒波謂議會應如鏡然，射映社會中各種階級的利益。一八一五年法國憲法附文第三十三條關於議員之選舉，有地域原則與工商職業原則同時並行的規定。

惟自十九世紀末至二十世紀開始時，職業代表學說，風行一時。若就各家主張，盡爲申述，則爲本文篇幅所弗許。茲舉其最著者如左：(一)主張職業選舉制與比例選舉制並行者，有法儒卡瓦（Charles Benoist）。(二)主張議會採兩院制：一院按地域選舉原則組織，一院按職業選舉原則組織者，有法儒狄驥（Leon Duguit）。(三)基爾特社會主義派，以柯爾（G. D. H. Cole）爲代表，主張設立一政治院代表消耗分子。此外由全國基爾特團體，共組基爾特國會（A Congress of Guilds），以代表職業分子。政治院與基爾特國會之上，設最高裁判院，以解決兩院間一切問題的爭執。(四)魏伯夫婦（Sidney and Beatrice Webb）的主張，創立兩院，一爲政治院，其組織如現在之英國議會然，與內閣相依爲命。一爲經濟院，有固定任期，但在某種情形下，得將其解散。政治院負外交，殖民，行政，國防，及司法方面的立法責任。經濟院負經濟與社會方面的立法責任。兩院如有爭執，則選舉委員會協解。如協解不能，則更由兩院全體聯席大會票決。如聯席大會仍無效，則解散兩院，或將爭執的議案，交付人民複決。

就上述各家的主張觀之，有兩大要點，爲吾人所不能忽視：(一)各家所主張者爲一賦有經濟性的巴力門，此巴力門至少關於經濟社會兩方面的立法案有獨立自由權。質言之，此巴力門乃代表國民，行使經濟立法與社會立法的主權機關。(二)在兩院制之行使下，經濟院與政治院爲同等的主權機關，享有獨立的職權。

在歷史過程中，職業代表制雖未曾實現，但職業代表制的原則與形式，則不得謂之爲無。法國革命以前的議會包括貴族，教士，平民三個階級。歐戰前普魯士議會由三級選舉制組成。奧大利亞議會由五級選舉制組成。

其在今日，具有職業代表制的形式，而實質則傾向貴族或資產階級者有英國的貴族議院。英國貴族院包括六種不同的分子：(一)皇族；(二)英格蘭世襲貴族，人數在六百以上；(三)愛爾蘭貴族代表十六人；(四)蘇格蘭貴族代表二十八人；(五)法律議員六人；及(六)教士議員二十六人。意大利上議院由二十一個不同的階級組織而成。革命前，西班牙上議院有議員一百八十人，其中三十名代表西班牙教士皇家學院各大學及經濟學會。其餘一百五十名係按財產資格及由各地方議會選舉而來。羅馬尼亞上議院除商會，工會，及農會代表外，各大學得選派上議員一名。

但是，上議院乃立法議案的覆審機關，其本身存在的價值，已成爲今日政治科學上的中心問題，雖間具有職業代表制的形式，然亦不過貴族與資本階級的大本營，不得謂爲職業代表制度的實現。

歐戰後新興國家憲法起草之時，主張職業代表制者各國有之。德國瑋瑪會議時，大多數社會主義派提議設立兩院：一爲政治院；一爲經濟院。經濟院由生產團體按雇主勞工平等原則，選舉代表組織而成。此院對於經濟性質的議案有創議權；對於政治院通過的一切議案有否決權。兩院有爭執時，無論何院，得將爭執的議案，交付人民複決。但是，大多數社會主義派之反對黨力攻雇主勞工平等選舉原則之不當。因雇主人少，勞工數多，若各舉議員全數之半，其不平等極爲顯然。受德國職業代表制爭執的影響者，有拉特惠亞之西曼博士。西曼博士曾提議以第二院爲職業議會。猶哥斯拉夫之教士黨人亦主張於政治院之外，另立經濟院，規定議員名額二百名，一半由人民按職業普選，一半由全國各職業團體選舉。兩院職權平等——關於經濟與社會方面的立法權由經濟院先決；關於政治性質的議案由政治院先決。經濟院通過的議案，交政治院復議，政治院得否決之。反之，政治院所通過的議案，亦須經過同一的過程。如各不相讓，則兩院開聯席會議以解決之。至關於宣戰，媾和，訂約，預算，皇位，及修改憲法等問題，則由兩院聯席議決。其後因憲法審查委員會建議採一院制，而前項主張遂無形的取消。

波蘭憲法起草之時，社會主義派亦提議廢止上議院，而以勞工院代之。勞工院由各州各市的勞工團體，選舉代表組織，任期三年。凡關於勞工議案，及關於勞工與資本兩方的議案，勞工院有創議權與否決權。如政治院對於勞工院通過的議案，予以否決時，則勞工院得以三分之二之票數的表決，將原案交人民複決。此提議被民主派反對，以致未能成立。

上述各國職業議會主張失敗的主因，由於保守的民主黨人反對之故，但主張職業代表制者，對於制度本身的機體組織，無分析的計劃，亦爲失敗原因之最重要者。例如：(一)議案之屬於經濟的性質與屬於政治的性質，不易截然分開。經濟性質的議案及社會性質的議案由經濟院先決，政治性質的議案由政治院先決，此乃理論上的規定，但在事實上，則不易嚴格的劃分。賦稅案係屬於經濟的；但何稅當收，何稅當廢，以及稅率的增減等問題，至少一半係屬於政治的。(二)兩院——經濟院與政治院——爭執的解決，無滿意的方法。若在內閣制度的國家，其困難尤甚。內閣將對何院負責？對兩院負責歟？則一身事二主，爲內閣政制所最忌。若只對政治院負責歟？則事實上，經濟院即等於附庸，大權必落於政治院手中。(三)經濟院分子的組織問題，亦乏適意或平允的建議。關於雇主與勞工兩方面代表名額的分配，將取平等原則歟？抑以人數的多寡爲比例歟？抑按各個職業團體之地位或性質的輕重爲原則歟？若採最後之說，則團體地位或性質輕重之別，又將根據何種原則而定之？

歐戰以後實行職業代表制的國家，可別爲二類：（一）爲憲法所規定者有蘇俄，德意志，猶哥斯拉夫，波蘭，丹士格自由城，及捷克斯拉夫。（二）根據單行法而實行者有法蘭西，意大利兩國。他如西班牙（一九二四年三月法令，）土耳其（一九二七年七月法令，）墨西哥（一九二八年九月法令，）日本（一九二四年四月法令）諸國，則曾明令採行。希臘，奧大利亞，羅馬尼亞，及葡萄牙諸國則計議採納。茲將各國職業代表制的實行，分述於左：

蘇維埃俄國　俄國憲法第四部第十三節規定，凡年滿十八歲的男女，無國籍，宗教，居所之別，而具有下列資格之一者，得有選舉權及被選舉權：（一）以勞工爲生活，且此項工作，係屬生產而有益於社會者；（二）蘇維埃海陸軍兵士；（三）屬於甲乙兩項的人民，因身體傷害而損失其工作能力者。同時對於下列人民，取消其選舉權與被選舉權：（一）因他人勞工而生利之雇主；（二）不勞而獲者，如放債生利，或坐地收租之人；（三）商人或經紀階級；（四）教士；（五）革命以前的警察，偵探，及皇族。蘇俄組織，與其他國家的職業代表制度根本不同，著者當專文討論，故止於此。

猶哥斯拉夫　憲法第四十四條規定，設立經濟院（Economic Council），起草關於經濟及社會方面的法律。此院迄今尚未成立。

波蘭　憲法第六十八條規定，各業如農會，商會，工業會，技術工人會，及勞工會各立經濟自治團體，由各團體聯合組織最高經濟院（A Supreme Economic Council），以指導人民的經濟生活，及提議經濟議案。此院迄今聞仍未成立。

丹士格自由城　憲法第四十五條與第一一四條規定，勞工與雇員各自組織同業會（Trade Councils），協同雇主團體規定工資及工作情形，然後由立法機關根據兩方規定的原則，以通過議案。此條是否實行，與實行後成績若何，尚無所知。

捷克斯拉夫　憲法第九十條規定，由政府設立機關，賦予經濟職權（Economic functions），而不賦予行政權。根據此項規定，捷政府於一九一九年設立經濟顧問會（An Advisory Board for Economic Questions）。一九二一年此經濟顧問會經過一次之改組。

關於經濟顧問會會員的分配，共分三類：（一）農業工人，商業工人，及雇員代表六十人，由各工人及雇員團體推舉，呈請政府任命。（二）農工商業業主代表六十人，由銀行公會，工業會，商會團體推舉，呈請政府任命。（三）政府選派經濟專家及其他重要職業界分子三十人，此三十人中，至少須有四人代表消耗階級。會員人數共一百五十名，任期三年，不支薪，惟給往返川資。

經濟顧問會的職權，爲搜集關於某件議案之事實統計，及一切有關係的材料，以報告於議會。凡關於經濟性質的議案，政府得請顧問會研究。但經濟議案之有政治的意味或爲黨爭之的者，如預算案，社會保險案，及行政機關改組案，則不交顧問會討論。

經濟顧問會設有常務委員會八：（一）財務常委會，委員三十五；（二）社會政策常委會，委員三十人；（三）商務常委會，委員三十人；（四）國際貿易常委會，委員二十人；（五）農業常委會，委員十五人，（六）交通常委會，委員十五人；（七）行政管理常委會，委員二十人；及（八）建築與房屋常委會，委員十五人。常委會委員係按各業會員人數之比例選任。議案之送交顧問會者，均交常委會審查討論。經濟顧問會會員全體大會，自成立後，三年之中，只舉行一次。所有的工作，全由各常委會分別擔任。故常委會爲經濟顧問會的靈魂，經濟顧問會之本身祇不過軀殼而已。一切議案，經常委研究討論後，即直接的送達議會。政府與議會對於經濟顧問會常委的意見，無採納之責任。一九二八年經濟顧問會各常委共開會議九十九次。以過去的成績論，經濟顧問會爲搜求事實與編集統計之有用機關，大足爲議會政治的補助。

德意志　一九一九年德意志新憲法第一百六十五條關於職業代表制的規定，其制度的組織，共分兩種：(一)勞工參事會(Workers Council)此項組織，共有三種：(甲)工廠勞工參事會由勞工與雇員組織之。(乙)區勞工參事會。(丙)中央勞工參事會。(二)經濟院(Economic Council)此項組織，計有兩種：(甲)區經濟院，由區勞工參事會與雇主代表，及其他有關係之人民團體代表組織之。(乙)中央經濟院，由中央勞工參事會，與雇主代表及其他有關係的人民團體代表組織之。至此兩種組織的職權：(一)勞工參事會的目的，在謀雇主與勞工間的平等合作，及與雇主方面(甲)規定工資，(乙)規定工作情形，與(丙)規定關於一切生產的問題。(二)經濟院的職權，爲(甲)關於經濟性質的議案，由內閣先交經濟院討論，然後向議會提出。(乙)關於經濟性質的議案，經濟院有向政府提議權。(丙)如政府對於經濟院提出的議案，不予同意，則經濟院得將該案直接的向議會提出。並得派遣代表，出席議會辯護。

瑋瑪憲法通過後，國內職業團體的組織，破碎不全，欲謀整理，使各業組織，趨於一脈相通的選舉單位，亦非短促時間所能做到。同時雇主與消耗分子復向勞工團體力下攻擊，彼此之間，對於經濟院議員名額的分配，爭執不已。欲實現憲法第一百六十五條規定的組織，而使之趨於滿意，甚爲困難。德政府爲謀補救計，乃以命令成立工廠參事會，及臨時中央經濟院。(一)工廠參事會，係根據一九二〇年一月的法令成立。其組織以工廠爲單位者，計有兩項團體：(甲)工廠參事會，此處又有兩種組織：一種名勞工參事會，由勞工組織之；一種名雇員參事會，由雇員組織之。(乙)工廠委員會，由勞工參事會與職員參事會選舉代表組織之。其以工區爲單位者，每區之同業工廠，或此區與彼區之同業工廠，或屬於一個廠主而不在同一區域的同業工廠，得組織一擴大勞工參事會。至於工廠參事會的職權，則關於勞工工資，及工作情形的規定，係處於顧問的地位。

按照憲法規定，工廠參事會之上，有區勞工參事會與中央勞工參事會。但按一九二〇年法令的規定，除設立工廠參事會外，不謀區勞工參事會與中央勞工參事會的實現，而先成立臨時中央經濟院，係根據一九二〇年五月四日的法令成立。茲分述之：(一)組織。議員三二六人(原定二百人)由一九二〇年五月四日法令所規定之職業團體的執行委員會推派之。其團體名稱，概別爲：農業森林團體，代表人數六八人；園藝魚業團體，代表六人；工業團體，代表六八人；商業銀行保險團體，代表四四人；交通及公用事業團體，代表三四人；手工業團體，代表三十六人；消耗合作團體，代表三〇人；官吏及學術團體，代表十六人；參議院選派代表一二人；政府指派代表一二人。各團體代表舉出後，呈報經濟事務部核准，再由經濟事務部長通知各被選者。雇主與勞工兩方代表人數名額，取平等的原則，例如農業森林團體應出代表六八名，其分配方法如下：關於農業方面者，農業業主選出代表二二名：農業工人團體選出代表二二人：農業小地主選出代表十四人；某種農業團體選出代表四名；其他六名由森林團體雇主勞工兩方各選出三名。臨時經濟院，本由職業團體的代表，組織而成。但不屬於職業性質的消耗合作團體而能選派代表參加此應甞議者一。中央臨時經濟院之下，迄今仍無區經濟院的設立。以視憲法所規定者，僅滿足其一半。(二)職權：(甲)關於社會及經濟性質的議案，內閣先向臨時經濟院提出，徵求意見。(乙)臨時經濟院對上項性質的議案有創議權。創議之後，交內閣提出。但是，如內閣對創議案不予同意而又不向議會提出，則將如何，殊乏明文的規定。(三)內部的組織。臨時經濟院設有常務委員會三：(甲)社會政治委員會；(乙)經濟政治委員會；(丙)正式中央經濟院及區經濟院組織起草委員會。每個委員會至多不得過三十人，由雇主勞工兩方代表的同等人數，及政府代表與消耗合作代表組織之。(四)成績。此爲吾人最當注意之點。因此制實行的良否，均足予吾人以不少的啓迪。(甲)常務委員會工作成績甚佳。大凡關於此類性質之專家機關，其全部的工作，全特委員會分析研究。經濟院自一九二〇年至一九二二年，各委員會共開會議約二千次，而經濟院全體大會則只開五二次，且自一九二三年後，全體大會迄未開會一次。委員會開會時人數少，彼此關係較親近，階級觀念易減削，且無新聞記者及外人旁聽，會員得盡量的自由的發表其專家意見。勞資兩方會員，因不受外力的牽制，在委員會中彼此更得自由的交換意見，是以，常有在委員會中所發表的意見，與在大會時所發表者相背馳。(乙)政府代表及參議院代表在經濟院中居重要的地位，此並非政府及參議院之勢力使然，乃因所派的代表學識富，經驗足的結果使然。政府代表十二人中任總長者一人，曾服務工會且係名記者三人，政府官吏二人，社會科學教授六人，此六人爲經濟院委員會中最活動，最有用，而最有威權之分子，亦即臨時經濟院的主腦。(丙)臨時經濟院與政府的關係，多不甚圓滿。因政府各部均各有專家顧問機關。各部立法議案，均先由各部專家顧問研究討論，然後送交臨時經濟院，以符法定手續。各部只信任自己專家顧問的意見，如臨時經濟院的意見，對於提案有利者，則咨送議會，甚或斷章取義，以爲己助，其有不利於提案之意見者，則留中不發。近來有人根據憲法的規定，主張正式成立永久經濟院。此項主張，若被議會通過，則經濟院人數將由三二六人減至一二三人，經濟院的職權亦必較現在爲大。但從臨時經濟院的工作成績看來，十年試驗的結果，人多認爲滿意，德國經濟院的地位，恐已永久確定。

法蘭西　一九二五年一月議會通過議案，設立中央經濟院(Conseil National Economique)，規定議員四七名，由三種團體選舉代表組織；(一)消耗及公共團體——如消耗合作社，市長聯合會，父母聯合會等團體——共選代表九名；(二)勞工團體選舉代表三〇名；(三)資本方面團體選舉代表八名。中央經濟院的職權，全係專家顧問性質。每年開會四次。此外得由會長或祕書長的動議，召集特別會議。以祕書廳爲常務辦事機關，設有常務委員會。一九二七年至一九二八年之間，經濟院的報告，被議會採納者數及三十。工作成績，尙滿人意。惟代表人數，有提議增加至一五〇名者，如提議被通過，則選舉團體的單位，必須改組。

意大利　一九二八年頒佈選舉法，劃全國爲一個選舉區，議員名額四百名。(一)推選手續，由法律認可之十三個勞工與雇主團體的最高機關，推舉二倍於議員名額之候補人(即八百名候補人。)此十三個團體爲：全國農業協會；全國農業工人協會；全國工業協會；全國工業工人協會；全國商會；全國商務工人協會；全國航業空運聯合會；全國航業空運工人聯合會；全國陸運內河航業協會；全國陸運內河航業工人聯合會；全國銀行協會；全國銀行工人協會；及全國藝術職業聯合會。議員名額，雇主與勞工兩方採平等的原則。除上述十三團體外，復由政府認可之教育，文化，及社會慈善團體，推舉議員名額四分之一（一百名）的候補人。(二)各團體將所推舉的候補議員名單，呈請法西斯蒂中央委員會（The Grand Fascists Council）圈定——自由圈定——人數四百名。同時法西斯蒂中央委員會認爲必要時，得於圈定的人數外，另自提出各科專家若干人，爲候補議員。(三)議員候補人名單由法西斯蒂中央委員會圈定後，交付人民「票舉」。(四)選舉機關，以羅馬的上訴院爲全國選舉監督。

綜觀各國職業代表制度，實行時間甚短，得失如何，不敢遽爲肯定的斷論。但就大體言，吾人可得下列結論二點：(一)在一黨專政的國家，意大利的制度最巧妙，候補議員由雇主勞工及其他的法定團體推舉，職業選舉原則也。候補議員由法西斯蒂中央委員會圈定，一黨政治之實行也。圈定後交人民「選舉」，人民參政之形式也。在此制之下，職業代表，民權主義，一黨專政，合三位而一體，意大利人的聰明，誠令人折服！(二)在議會制度下之國家，內閣對衆議院負責，所設職業代表機關，只名經濟院，而非巴力門。巴力門是政治的機關，有立法權；有批評或監督政府權；有監理政府財政的出入權。經濟院——如德，法，捷克斯拉夫諸國的經濟院——係專家顧問性質，爲搜集及研究事實的機關。在現在德，法，捷諸國經濟院制度之下，巴力門的職權爲決定某一件事應當作與不應當作（Ought a thing to be done?)。經濟院的責任爲考察事實，使巴力門決定去作之事，得有專家的指助，以達到「止於至善」的可能。是以，經濟院與巴力門匪獨並立不悖，而且相助爲理，成爲議會政治之最有用的工具。

但是，現行的職業代表制不能認爲係狄驥，柯爾，及魏伯夫婦的主張之實現。

第七章 結論

議會制的發展及其行使，已見本書上述各章。著者執筆至此，對於此制的總價格，認為有作一估計的必要。

凡稍習政治學的人們，都能知道民主政治分為直接民治與間接民治兩種。間接民治就是代議政治，而代議政治又有總統制與內閣制的分別。內閣制在歐洲大陸國家又名為議會制。中國一般人們的誤解是，以為只要有民選的代表機關，就是議會政治；只要有內閣的組織，就是內閣制。此種誤解，雖經過中國二十多年的政治鬬爭，迄今尚深根固蒂的植印於一般政治領袖者的腦海中！

議會制祇不過民主政治的一種，自本世紀開始以來民主政治所受的攻擊幾與日俱增；民主政治的缺點，已被暴露無遺。學者如賽璣威克（A. G. Sedgwick），（註一）如曼亨利（Henry Maine），（註二）如李克（W. E. H. Lecky），（註三）如柴斯克（H. Treitschke），（註四）如馬恪克（W. H. Mallock）（註五）等對於民主政治均有深刻的批評。

賽璣威克認民主政治的錯誤，在缺乏適當的方法，以獲得責任的實現。曼亨利反對民主政治的理由有二：第一，他認民主政治本來就是不穩固的政治；第二，他認民主政治是缺乏訓練及庸人的政治。李克所見，與曼亨利有相同處。李氏說民主政治是羣衆政治，而羣衆多半是無知識，無才能，及無訓練的人。不特此也，據柴斯克的論斷看來，民主政治，例如法蘭西，完全由少數銀行家，利用民主政治的形式，以謀達到他們自己的利益。實際上，這種民主政治是金錢政治，是資本政治。所以，馬恪克也說，民主政治之爲物，根本卽未見有成立者。

蒲徠斯是對於民主政治最富有研究的人，也是對於民主政治持論最平的人。他從研究世界上六大民主國家——美，法，加拿大，瑞士，南非洲，及澳洲——的結果，對於民主政治提下列幾點的批評：（一）民主政治制度下，行政與立法機關易受金錢勢力的操縱，美國的撈員（Lobby）組織，就是最好的證例。（二）民主政治有變爲少數政客的一種營業或職業的趨向。（三）行政機關的浪費。（四）對於行政技術的重要不能認識，且對於所謂自由平等原則，亦容易誤解。（五）政黨勢力超越其所應居的地位。（六）立法議員及民選官吏嘗允許不正當的法律及不正當的庇護，以爲選擧的交換條件。但是，蒲徠斯同時告訴我們，關於上述民主政治六項中之第（一）第（二）及第（三）三項爲行使任何政治制度共有的弊病。至於第（四）第（五）及第（六）三項弊病雖常發現於民主政治國家中，但他們並不是如影之隨身，有不可分開的情勢。

議會政治的缺點，已爲不可掩飾的事實。蒲徠斯同時告訴我們，凡是對於議會政治不滿意的人們，應當提出一個比較更好的制度，以代替現行的議會政治。

君主專制之不能代替議會政治，已爲顯然的事實。然則，狄克推多政治，又將如何？不錯，自歐戰告終以後，狄克推多政治誠有繼漲增高之勢，如波蘭，猶哥斯拉夫，西班牙，土耳其及意大利諸國均先後的推倒憲治，而產生狄克推多政治。但是，如欲實現狄克推多政治，吾人認爲有個先決的問題，就是，欲求狄克推多政治的實現，必須先有能勝任爲狄克推多之人。

狄克推多政治是代表人物，並不是一種制度。人物是天生的，非通電擁戴，標語口號所能造成的，而制度則是組織而成的。例如意大利，先有莫索里尼，然後纔有意大利的法西斯蒂獨裁政治，並不是先有法西斯蒂的組織，然後纔產生莫索里尼其人。

若以狄克推多政治與議會政治相比論，彼此不同之點，有如下列：(一)狄克推多政治是個人獨裁，議會政治是由握有選舉權的人們直接的或間接的執政。(二)狄克推多政治是非常人政治，必須有此非常之人，然後方能產生此非常政治。而議會政治則是常人政治，或又稱爲水平綫政治，是由選民互相選舉而成立的。(三)狄克推多政治是無繼續性的政治，因爲當狄克推多的人的壽命有限，此人去世之後，往往無同等的才能之人以承其乏，其結果，常易演成政治上的紛亂。議會政治是有繼續性的，因爲國民的選舉權不是隨國民各個人的壽命而終止。(四)狄克推多政治是將政治重心完全寄託於一人身上，無所謂平衡（Balances）與裁制（Checks）。如寄託得人，則是極有效率的政治，如寄託不得其人，則全局崩潰。議會政治是將政治重心寄託於幾個法人或幾個組織的身上，受平衡與裁制的牽連。此部與彼部的職權相平衡，彼部的職權受此部的裁制。一部失其效用，尚有其他的部分可作補救。但是，因爲各部互相牽連的關係，動作甚爲曲折，故效率亦因而低降。狄克推多政治是偶然的與暫時的政治，以補救一時政治之危命。但以偶然的與暫時的產生，其不能補救或改進常存的議會政治之缺點，乃極明顯的事實。

指摘議會政治的人們，往往忽略了一種根本上的觀察點。此點爲何？就是議會政治的失敗，不失敗於議會政治發源的英國民族，而失敗於模仿議會政治的歐洲大陸國家之非英國民族。

關於政治與民族性的關係，約翰·密爾曾有極確切的議論，本書第一章第二節已申引之，茲不重述。

研究政治學的人，決不能拋棄民族性的重要，此與研究農業的人之不能拋棄土壤學，同一原則。議會政治在英國有悠久的歷史，最近雖遭遇空前的財政難關，但自國家統一內閣成立之後，本年度的預算，卽達到出入相符的程度，而安然的將前此空前的難關渡過，這都是英國民族性特長的表現。但是，英國的民族性究竟是甚麼？

白芝浩（Bagehot）告訴我們：『內閣政治是很稀少的，因爲行使內閣政治的先決條件甚多。行使內閣政治，必須有幾種國民性同時並存，而此數種國民性，不常同時發現於世界上的一個民族之中……』據白氏的觀察，英國民族有三種特性，爲內閣政治運用成功的主因：（一）選民間的互信(Mutual confidence of the electors)；（二）國民的沉靜心理（A calm national mind）；及（三）國民的理智力（Rationality）。三者之中，尤以第一項爲最重要。所以白氏謂：『受治於經選任的國務員(Elected ministers)之管制，已成爲我們的習慣。所以，我們幻想世界上的人類，也必然甘心的受如此的管治。從至少的限度說，因爲知識與文化促成的進步，使我們自然的，不知不覺的，及不經過說服卽允許一部分特別指定的人，去代替我們推選政府的執政者，這似乎是世界上最簡單的事，但同時也是最嚴重的一件事……。』(註六)不特此也，白氏又繼續的謂：『……我敢放膽的說，惟在具有低服性的民族中（Deferential nations），內閣政治方有行使的可能。想起來似乎奇怪，但有的國家裏，其間無知識的大部分民衆，願意的受有知識的少數人之治理。數字上占大多數的一羣國民——姑無論由於習慣或由於選擇，均無關閎旨——願意的與切望的將他們選舉執政者的職權委託於少數的代表行使。他們將所享有的權利，讓給一團被挑選的特殊分子（The elite），並且對於享有此特殊分子的信任之人表示服從。他們承認受過教育的少數國民是他們的複選人（Secondary electors），是選舉政府執政者的選舉人。他們對於優尙的人們——卽能够選出好的執政者之人們，與不爲其他之階級所反對的人們——表示忠心。一個國家處於這種良好境地，其益處在宜於產生內閣政治。……』（註七）

低服（Deferential）民族性的反面，就是『旣不能令，又不受命』的民族性。

但是，白芝浩所謂被挑選的特殊分子（The elite），究竟是世襲的貴族，抑是資本家與財閥？白芝浩的答案是：『英國是一種低服性的民族組成的國家。這種風尙的養成與由來，實在非常的奇怪。中等社會階級——受有教育的一般普通大多數——是英國現在的無上威權者。近代英國的輿論（Public opinion）就是乘四人馬車，熙熙攘攘，禿頭半老的人之意見。英國之所謂輿論，並不是貴族階級的意見，也不是受過最好的教育或是最優秀的人們之意見，而僅是受過教育的普通民衆之意見。他們這些人是人類中最平凡的人們。假使我們向選民的全體方面看去，我們所見者都是一羣無興趣的凡庸。假設我們再往舞臺的後面看去，我們發現操縱選舉與從事選舉工作的人們，更不能使我們發生興趣。英國憲治之顯明形式，就是一大羣的人民，願意服從少數的被選者，假使我們更從此少數的被選者方面看去，我們發現此少數被選者雖然不屬於最低下與不體面的階級，但他們也是知覺遲鈍的人們。假設在一羣排列的人衆中，而任由我們挑選，他們眞是最末的人們，能够在廣大的國家中，獲有獨占的被選權利。……』（註八）

上面是白芝浩在一八七二年對英國政治從國民性方面觀察得來的結論。在當時是如此，在現在也是如此。但自勞工階級享有選舉權及男女普及選舉制實行以來，英國的治者階級與選民團比較的更爲普通化（Commonplace），當選爲議員者的水平綫知識，比較的愈往下降。

復次，除民族性而外，尚有永久文官制（Civil service），亦爲議會政治成功必不可少的要素。議會政治是外行主政，專家作事的政治。在議會政治的國家中，行政長官是外行，而所屬的永久文官則是專家。行政長官隨議會中政黨勢力的起伏，新陳更迭，循環不已。永久文官則自服務之日，直至老年休職，或死亡或自願休職之時爲止。英國的常務次長，其服務期限，總在二十年以上。法國內閣，平均每八個月改組一次。自一九二八年六月至一九三二年五月，四年之間，法國內閣改組十次，平均每個壽命在五個月以下。法國內閣閣員的更迭，雖如是之多，但政府的行政，則並不因是而發生停頓，或發生前後矛盾，或缺乏一貫的現象。例如法國的預算案——一九三二年的預算案，實際上兩年以前——一九三〇年秋——即已起始編制。際此兩年期間，財政部長張來李去，不止數易，但預算的編制則由負責的永久文官進行不怠，其工作並不因部長的更替而停頓。

議會政治國家的行政效率，可以從文官制的嚴密與否作測驗。英國是我們最好的證例，英國的內閣閣員有時而充當財政部長者，時而充當海軍部長者，時而充當殖民部長者，在形式上看來，他是具有萬能的本事，其實當閣員的人，只要具有常識與行政能力，如當財政部長，則財政部中有無數的專家文官供給他的事實與意見。如當海軍部長，則海軍部中有無數海軍專家作他的助手。如當殖民部長，則殖民部中自然的有無數的專家文官爲他計劃一切。帕墨斯登公爵兼任殖民部部長時，尙不知英國的殖民地有多少，與殖民地方究在何處，臨時還須殖民部的文官打開地圖，給他指點一番。一八四五年愛爾蘭總督曾告訴我們，殖民部常務次長是英國愛爾蘭政策的主要源泉。所以殖民部長雖時有變更，但英國的殖民政策，因爲有永久文官的原故，則是一貫不移的。

議會政治的失敗，不是議會政治本身的罪惡，而是行使議會政治的人民，缺乏幾種應當具有的民族性，與缺乏良好的永久文官制之組織的原故。

議會制度並不是最好的政治制度，而是比較的易於運用，比較的富有伸縮性，比較的容易趨向民治的途徑，及比較的容易使各個利害不相同的階級，能够得着平等機會的發展之政治制度。議會政治並不是比其他的政治制度優點多，而是因爲他比其他的政治制度缺點少，而易於補救。

在現在的四面環攻之中，議會政治將來的命運，究竟如何，殊非著者所能預測，但以之與其他的政治制度相比較，則覺有左列五大要點，可供讀者的參考與迴索：

（一）議會政治比較的爲簡單。例如英法兩國，選民只投舉議員，而且政府的組織，亦無重牀疊架的弊病。

（二）議會政治比較的爲易於應響（Responsive）。在議會政治下，人民的意見，容易達到政府之前，如政府違背民意，亦比較的容易予以糾正。因爲政府閣員對人民代表機關負法律上與政治上的責任；行政領袖與立法議員的任期，亦有一定的限期，期滿卽重行選舉。好的呢，選民可以重選他，不好的呢，選民可以不要他，而另舉賢者以代之。

(三)在議會政治下，人民的基本權利，比較的容易得到應當享有的保障。議會制的國家，各權分立，容易產生平衡與裁制的局面。假使人民的自由受行政機關的摧殘，他可以向司法機關去起訴，甚至可以由立法機關提出彈劾或質問。人民的財產，行政官署決不敢予取予求。

(四)議會政治比較的爲公開。立法機關可以向政府質問，行政領袖有時必須向議會解釋或答辯。政府的預算，必向人民的代表機關提出；宣戰媾和，發行公債，以及徵取賦稅，決不能隨由二三個人一手決定。普選之時，凡是重要的內政外交問題，更有公開的辯論機會。

(五)議會政治下，人民的意志比較的能自由表示。凡是信仰不同，及主張不同的人們，均可以糾合同志組織團體，以自由的表示其意志。任何政團，只要選舉票數充足，只要能在議會中佔有相當的議員名額，就有執掌政權的可能。

最後，我們要問：議會制是不是資本政治制度？我們的答案是，議會制不是爲資本階級而設立的政治制度，不過在議會政治的國家中，資本階級的勢力很大，足以壟斷一切而有餘。這是因爲自工業革命勃興以來，工廠遍立，資本家不獨有錢，並且有組織，而同時人民選舉權之取得，又以財產爲標準。

資本階級能够攫取政權。勞工階級因爲無錢，但最大的原因是因爲無組織，所以不能與資本階級爭衡。但自十九世紀末葉，以至現在，在資本主義最發達的幾個國家中，至少男子普及選舉制已經實行，工會團體已得法律的承認，勞工的組織力量亦繼漲增高，勞工在政治上的勢力，亦是有進無已。例如一八三二年的英國是貴族當政，一九三二年的英國是勞工黨領袖麥克唐納任內閣總理。一九〇〇年英國衆議院只有勞工議員一名，一九二四年英國衆議院的勞工議員增加至一九一名。法國的勞工勢力，則更爲顯著。按照一九三二年五月普選的結果，法國衆議院中勢力最大的政黨是左派的急進社會黨與社會黨，極左的共產黨亦有議員二一名。德意志向以左傾的社會民主黨的勢力爲最大，極左派的共產黨一九二〇年在衆議院中只有議員四名，至一九三〇年時，議員人數增加至七六名。在工業發達的國家中，勞工勢力只有繼漲增高，以壓迫資本階級。將來之時，勞工階級運用選舉投票的方式，必能將現在資本家操縱的議會政治，而變爲勞工階級的議會政治。

(註一)參看 A. G. Sedgwick, "The Democratic Mistake," 1912.

(註二)參看 Sir Henry Maine, "The Popular Government" 1886.

(註三)參看 W. E. H. Lecky, "Democracy and Liberty" 2 Vols.

(註四)參看 H. Treitschké, "Politics"

(註五)參看 W. H. Mallock, "The Limits of Pure Democracy, 3rd ed· 1918.

(註六)Bagehot, W., The English Constitution, Oxford Press, 1928 Edition, P. 225.

(註七)見前第二三五頁。

(註八)見前第二三五——二三六頁。

中華民國二十二年十月印刷
中華民國二十二年十月出版

議會制度（全一册）

定價大洋二元二角五分
（外埠酌加運費匯費）

著　者　邱昌渭

發行者　世界書局有限公司代表人　沈知方

出版印刷者　上海大連灣路　世界書局

發行所　上海及各省　世界書局